现代汉语虚词研究方法论

(修订本)

马真 著

图书在版编目(CIP)数据

现代汉语虚词研究方法论/马真著.—修订本.—北京:商务印书馆,2016(2022.9重印)
ISBN 978-7-100-11882-8

Ⅰ.①现… Ⅱ.①马… Ⅲ.①现代汉语—虚词—研究方法 Ⅳ.①H146.2

中国版本图书馆 CIP 数据核字(2015)第 309348 号

权利保留,侵权必究。

XIÀNDÀI HÀNYǓ XŪCÍ YÁNJIŪ FĀNGFǍLÙN
现代汉语虚词研究方法论
(修订本)
马真 著

商 务 印 书 馆 出 版
(北京王府井大街36号 邮政编码100710)
商 务 印 书 馆 发 行
北京艺辉伊航图文有限公司印刷
ISBN 978-7-100-11882-8

2016 年 1 月第 1 版　　　开本 850×1168 1/32
2022 年 9 月北京第 3 次印刷　印张 12

定价:60.00 元

修订说明

《现代汉语虚词研究方法论》2004年出版以来,多次重印,承蒙学界重视与肯定,许多高校将该书作为现代汉语语法教学的必读参考书,有的直接将本书作为虚词专题课的教材,这令我感到欣慰。但本书出版至今毕竟已有10多年,需做适当修订。这次修订,具体如下:

一、近几年来,我应邀在国内外一些高校做学术演讲,在互动过程中,常常会有一些老师或学生问我:"研究语言不觉得枯燥吗?"我每每以自己长期以来从事现代汉语虚词研究的切身体会告诉他们,"不枯燥,反而感到其乐无穷"。现在将我的切身体会缀集成文,以"语言研究的乐趣"为题,放在本书开头,作为代序。

二、将原书第贰部分"比较是把握虚词意义的最基本的方法"和第叁部分"研究虚词语法意义的两项要义",在编排上换了个次序,即"研究虚词语法意义的两项要义"成为第贰部分,"比较是分析、研究虚词最基本的方法"成为第叁部分。相应的,有些部分内容做了调整与修改,具体如:

1. 原先放在"研究虚词语法意义的两项要义"部分"一 要重视虚词运用的语义背景分析"里的"实例(三):常常、往往",现在调整到"叁 比较是分析、研究虚词最基本的方法"这一部分,并作为这一部分最后一小节,标题为"六 比较,要步步深入,不断验证——'常常'、'往往'之比较"。

2. 叁·四"实例(二):也"部分的文字,也做了相应的修改。

三、原先"绪论"部分第一小节"现代汉语中的虚词"实际讲了两个问题，一是虚词在汉语中的重要性，二是为什么将副词列入虚词。为醒目起见，现在干脆将第一小节分为两小节：一　虚词在汉语中的作用；二　为什么将副词列入虚词。

四、将近几年来自己的一些新的研究成果增补进本书，具体是：

1."贰　研究虚词语法意义的两项要义"这一部分，在"一　要重视虚词运用的语义背景分析"里，增补了"实例（三）：按说"；在"二　警惕将虚词所在的格式的意义归到那虚词身上"增补了"实例（四）：辞书对介词'把'的注释"。

2."叁　比较是分析、研究虚词最基本的方法"这一部分，在"一　同义或近义虚词比较"里，增补了"而且、况且、何况"这一实例。

3."肆　每个虚词都需进行多角度、多方位、多层面的综合分析与研究"这一部分，增补了有关"也"的新的研究成果，标题为"实例五　再说副词'也'"。

4.对"常常"与"往往"的意义与用法有新的发现，在第叁部分比较这两个副词时，增补了这方面的内容，具体见"六　比较，要步步深入，不断验证——'常常'、'往往'之比较"。

最后，我要感谢商务印书馆汉语编辑中心主任余桂林先生和责编王金鑫先生对修订稿的认真审阅，他们的大力支持和帮助，使这个修订本能较快与读者见面。

目　　录

语言研究的乐趣(代序) ············· 1

零　绪论 ····················· 1
　　一　虚词在汉语中的作用 ············ 1
　　二　为什么将副词列入虚词 ··········· 3
　　三　虚词研究的重要性 ············· 6
　　四　关于虚词研究 ··············· 11

壹　多角度考察研究汉语虚词的用法 ········· 21
　　一　句类 ··················· 21
　　二　词类 ··················· 29
　　三　音节 ··················· 40
　　四　轻重音 ·················· 45
　　五　肯定与否定 ················ 50
　　六　简单与复杂 ················ 61
　　七　位置 ··················· 64
　　八　跟其他词语的配搭 ············· 82
　　九　语义指向 ················· 86
　　十　社会心理 ················· 88

贰　研究虚词语法意义的两项要义 ·········· 91

2 现代汉语虚词研究方法论

一 要重视虚词运用的语义背景分析 …………… 91
　实例（一）：反而 ………………………………… 92
　实例（二）：表示加强否定语气的"并"、"又" ………… 100
　实例（三）：按说 ……………………………… 107
二 警惕将虚词所在的格式的意义归到那虚词身上…… 108
　实例（一）："既来之，则安之"里的"既" ………… 109
　实例（二）："除了教课，还负责工会工作"、"除了大饼就是
　　　　　　 油条"里的"除了" ……………… 111
　实例（三）："小王吃了一个苹果，我也吃了一个苹果"
　　　　　　 里的"也" ……………………… 112
　实例（四）：辞书对介词"把"的注释 …………… 128

叁 比较是分析、研究虚词最基本的方法 …………… 132
一 同义或近义虚词比较 …………………………… 133
　实例（一）：更、还、再 …………………………… 133
　实例（二）：太、极 ……………………………… 139
　实例（三）：都、全、净、只 ……………………… 144
　实例（四）：不、没（有） ………………………… 150
　实例（五）：别、甭 ……………………………… 154
　实例（六）：而且、况且、何况 …………………… 157
　实例（七）：和、及、及其、以及 …………………… 159
　实例（八）：等、等等 …………………………… 162
二 意义相对的虚词比较 …………………………… 166
　实例（一）：时间副词"就"、"才" ………………… 166
　实例（二）：吗、呢 ……………………………… 169

三　说明同一方面问题的虚词的比较······171
　　实例(一):关于修饰数量词的副词······171
　　实例(二):关于表示程度的副词······180
　　实例(三):关于时间副词······197

四　有无某虚词的比较······221
　　实例(一):好了······222
　　实例(二):也······223

五　形似实异的虚词比较······224
　　实例(一):不管、尽管······224
　　实例(二):只有、只要······226
　　实例(三):以至、以致······228
　　实例(四):从而、进而······231
　　实例(五):既、即······233

六　比较,要步步深入,不断验证——"常常"、"往往"
　　之比较······236

肆　每个虚词都需进行多角度、多方位、多层面的
　　综合分析与研究······240
　　实例(一):表示重复的副词"又"、"再"、"还"······240
　　实例(二):时间副词"已经"和"曾经"······257
　　实例(三):表示程度浅的副词"还"······269
　　实例(四):关于"名₁的名+比+名₂的名+形容词性词语"
　　　　　　　这类"比"字句······283
　　实例(五):再说副词"也"······292

伍 汉语虚词研究需要继续深入 ·················· 300
  一 副词 ·················· 300
  二 介词 ·················· 309
  三 连词 ·················· 325
  四 助词 ·················· 327
  五 语气词 ·················· 333
  六 在分析、研究方法上有深化的空间 ·················· 338

主要参考文献 ·················· 339
虚词索引 ·················· 344
原版后记 ·················· 352

语言研究的乐趣

（代序）

一般人都会觉得研究语言不如研究文学那么有意思，我原先也是这样想的。

1955年我报考北大中文系就是冲着文学去的。可是我们那个年代，大家思想都很单纯——一切服从组织分配，国家的需要就是我们的志愿。入学开始是不分专业的，文学、汉语两方面的基础课都得学习。1957年开始分专业（当时叫"专门化"），一般都报文学专业，组织上就来动员我报汉语专业，说"你年纪轻，学语言容易"，于是我就二话没说进入了汉语专业。1960年毕业后留校任教，开始了从事现代汉语的教学与研究工作。在工作中我逐渐感觉到，研究文学固然有意思，研究语言也非常有意思，而且语言研究有另一种乐趣。我们知道，科学研究贵在探索与创新。当我们在研究中发现新的语言事实，或发现某种新的语言规律的时候，当我们用翔实的语言事实，用严密的逻辑推理，修正甚至完全纠正前人的某种说法的时候，当我们提出一种新的更有解释力的分析理论和方法的时候，就会产生一种辛勤劳动后丰收的喜悦，就会觉得语言研究其乐无穷。

一

我想就从我对副词"也"的研究谈起。1982年我在《中国语文》第 4 期上发表了《说"也"》一文。这篇文章在汉语语法学界得到了好评,引起了反响。

怎么会引发我去研究副词"也"的呢？80 年代初,我们中文系领导要我给汉语专业高年级学生开设一门专题课,叫"现代汉语虚词研究"。在备课的过程中,我翻阅了各种语法论著和工具书。我发现,当时一些谈论现代汉语虚词的著作或工具书,包括一些权威的语法著作和辞书,如《现代汉语八百词》《现代汉语词典》等,在说到副词"也"所表示的语法意义和用法时,都列了好多种。如果将当时有关"也"的不同说法归纳起来,副词"也"竟能表示将近十种语法意义,除了"表示同样或相同"外,还有什么"表示并列关系"呀,"表示递进关系"呀,"表示条件关系"呀,"表示转折关系"呀,"表示假设关系"呀,等等。当时我就有点怀疑,我想副词"也"果真能表示那么多语法意义吗？在"现代汉语虚词研究"课上谈论到副词"也"时,我能只是罗列各家对"也"的看法吗？我总得说点自己的意见;而要说自己的意见,我就得先对副词"也"做一番思考与研究。研究首先从"副词'也'真的能表示那么多语法意义"这一问题开始。为了能解开这个疑团,做出合理的回答,我先搜集了大量包含副词"也"的例句。当时还没有用电脑,全靠手工翻阅书报杂志,搜集一个个例句,抄成一张张卡片。然后对卡片例句进行细致的分析,同时针对文献资料上对副词"也"的种种说法,分别进行研究。

我先研究了并列复句中的"也"的实际作用。譬如说,下面例(1)并列复句中的"也",几乎各种语法书和辞书都认为是表示并列关系:

(1) 他吃了一个面包,我也吃了一个面包。

这个并列复句中的"也"真是表示并列的语法意义吗？我就有点儿怀疑。我将例(1)跟下面的例(2)进行比较：

(2) 他吃了一个面包，我吃了一个面包。

例(2)与例(1)的差别只在有没有用"也"上。我细致比较研究了不用"也"的例(2)和用了"也"的例(1)二者之间的区别。

例(2)和例(1)在学界都公认是并列复句。那是因为不管是例(1)还是例(2)都是把"他吃了一个面包"和"我吃了一个面包"这两件事并列起来说的。这说明，一个复句是不是并列复句，不取决于是不是用副词"也"。

那么例(1)里的"也"有没有可能是起"增强并列关系"的作用呢？我又进一步细细分析了例(1)和例(2)在表达上的异同。这两个复句，都是把"他吃了一个面包"和"我吃了一个面包"这两件事并列起来说，这是它们的相同之处。但是二者有区别：例(2)没用"也"，只是客观地将"他吃了一个面包"和"我吃了一个面包"这两件事并列起来说，除此之外没有别的特殊的意味。而例(1)用"也"，除了将"他吃了一个面包"和"我吃了一个面包"这两件事并列起来说之外，明显的还有一层意思，那就是强调后者(我吃了一个面包)与前者(他吃了一个面包)类同，即"他吃了个面包"，"我"跟"他"一样，"吃了个面包"。

由此我们获得一个初步的看法："也"在并列复句中的作用不是强调二者的并列关系，而是强调二者类同。

但光凭这两个句子的比较，还缺乏说服力，还必须进一步对"'也'在并列复句中表示类同"这一看法加以实证，同时必须进一步对一般所谓的"'也'在并列复句中表示并列关系"的说法进行证伪。

我思考的第一个问题是：如果并列复句的两个分句所说的两件事情或两种情况，毫无类同之处，能不能用"也"？例如下面这样的复句：

(3) 约翰是美国人，柯彼得是德国人。

(4) 妹妹在哭，弟弟在笑。

例(3)和例(4)是大家都公认的表示并列关系的复句，可是我们没法通过加上副词"也"来加强这种并列关系。我们绝对不说：

(3') *约翰是美国人，柯彼得也是德国人。

(4') *妹妹在哭，弟弟也在笑。

这就说明，如果并列复句的两个分句所说的两件事情或两种情况，毫无类同之处，就不能用"也"。这也再一次说明，副词"也"在并列复句中的实际作用是表示类同，而不是表示并列关系。

我思考的第二个问题是：如果所说的两件事或两种情况有类同之处，是否一定用"也"？结果发现，用不用"也"取决于语境，具体说取决于是否需要强调二者的类同关系。请看例(5)、例(6)：

(5) "你们考了多少分？""他只考了六十分，我只考了六十三分。"

(6) "你们考得好吗？""他只考了六十分，我也只考了六十三分。"

例(5)和例(6)的答话部分，就基本内容看，所说的两种情况是一样的，都是"他只考了六十分"和"我只考了六十三分"。但是，因为例(5)是问："你们考了多少分？"这个语境决定了答话无需强调二者的类同性，只要如实分别说出两个人的成绩就可以了，所以没有用"也"，也不宜用"也"。而例(6)是问："你们考得好吗？"答话人"我"自己觉得六十分也好，六十三分也好，成绩都不怎么样。这一语境决定了答话需要用表示类同的"也",以强调二者的类同性——"我"和"他"都考得不太好。

可见,并列关系复句用不用"也",关键在于有无类同关系,需要不需要强调类同性。

我用类似的研究思路分析了递进复句里的"也"。下面例(7)是用了"也"的递进复句:

(7)世界语不但我不会,他也不懂。

如果像有的学者所说的那样,例(7)的递进关系是由"也"表示的,那么删去"不但"递进复句应该也能成立,然而事实并非如此。请看:

(7')世界语我不会,他也不懂。

不难发现,去掉了"不但",例(7')马上变成并列复句了。可见例(7)递进复句的递进关系不是由"也"表示的,那递进关系似乎跟"不但"的关系更密切。确切地说,那递进关系是由"不但/不仅……,(而且)也/还……"这样一种句法格式表示的。

我对各类用"也"的复句逐类进行了认真的分析。最后获得了可靠的结论:**各类复句中的"也"的实际作用都毫无例外地只表示类同。用"也"的复句里的并列关系、递进关系、条件关系、转折关系、假设关系等,都是由整个复句格式所表示的,而并不是单由"也"所表示的。**

我不仅获得了上述具体结论,更从理论高度提出了这样一条虚词研究必须遵守的原则:在虚词研究中,切忌把虚词所在的句子格式所具有的语法意义硬归到这个虚词身上。

前人关于"也"的研究结论显然不符合语言事实。如果我们不研究,那就跟着前人错下去。这种错误的结论,对我们母语为汉语的中国人来说,不会有什么影响,因为我们说汉语不是按本本上说的规则去说的,而是根据从小习得汉语所形成的丰富的语感来说的。对外国学生来说,这种错误的结论就会影响他们说汉语,他们会以为如果要强调并列关系就可以加副词"也"。有的外国学生就说出了下面这样的有偏误的句子:

(8) *我想跳舞,朴成男<u>也</u>想喝咖啡。

(9) *我们釜山比较暖和,首尔<u>也</u>比较冷。

显然,我这项研究,不仅出产了一个具体的研究成果,在《中国语文》上发表了《说"也"》这篇文章,同时让自己切身感受到了研究、探索的乐趣,更使自己认识到只有通过踏实的研究,通过不断的思考、探索、验证,才能一步步获得新的想法,才能获得有价值的研究成果。

但是,对"也"的研究并不就到此为止了。2010年我在美国访问,有个美国孩子在向我们介绍他的朋友佩雷斯时,说了这么一个用"也"的并列复句,引起了我的注意:

(10) *佩雷斯是我很要好的朋友,他是犹太人,从小生活在纽约,很喜欢学习中文,除了母语,现在他会说中文,也会说一口流利的英语。

我当时就觉得最后这两个小句有点别扭。别扭在哪里呢? 觉得最后两个小句的次序好像应该倒一下,应该说成:

(10') 佩雷斯是我很要好的朋友,他是犹太人,从小生活在纽约,很喜欢学习中文,除了母语,现在他会说一口流利的英语,也会说中文。

这个句子引发我思考这样一个问题:用了"也"的并列复句,如果有A、B两项,那么该哪一项在前? 哪一项在后? 如果不好好思索,可能就会这样回答:那就要看说话人着意要说"谁跟谁类同",如果是要说 B 跟 A 类同,那么 A 在前,B 在后;如果是要说 A 跟 B 类同,那么 B 在前,A 在后。例如:

(11) 他吃了个面包,我也吃了个面包。

(12) 我吃了个面包,他也吃了个面包。

例(11)是要说"我"跟"他"类同,例(12)是要说"他"跟"我"类同。情况就那么简单吗? 例(10)的事实说明不会那么简单。这就引发我对用了"也"的并列复句里的并列项孰前孰后的问题,去做进一步的考察与分析。

经考察分析,包含"也"的并列复句,从形式上来看,有两大类型,一类是只在并列各项的最后一项用"也";另一类是并列各项每项都用"也"。无论前一类还是后一类,都还可以具体分为两种情况:

第一种情况:A 和 B 在语义上不分主次,孰前孰后,确实完全取决于语境,就看说话人是要说"谁跟谁类同";第二种情况:A 和 B 在语义上不平等,孰前孰后就有讲究。每一类都具体可以细分为几种情况,而且内中各有规律可循。

科学研究就是这样,在继承前人研究成果的基础上不断进行探索,不断有所前进。我想研究者的乐趣就在这里。

二

下面再谈一个很有意思的现象,那就是程度副词"有(一)点儿"的用法。

首先需要跟大家交代说明,现代汉语里有两个"有(一)点儿"。一个是"有(一)点儿脏"、"有(一)点儿冷"里的"有(一)点儿";另一个是下面对话里的"有(一)点儿":"你还有水吗?""还有一点儿。"今天我要说的是前一个"有(一)点儿",即"有(一)点儿脏"、"有(一)点儿冷"里的"有(一)点儿",这是一个程度副词,表示程度浅。

程度副词"有点儿"修饰形容词,会出现一些很有意思的现象。请看:

(1) a. 有点儿大　　　有点小　　　〔前者、后者都能说〕
　　b. *有点儿不大 *有点儿不小　〔前者、后者都不能说〕
　　c. 有点儿骄傲　*有点儿虚心　〔前者能说,后者不能说〕
　　d. *有点儿不骄傲 有点儿不虚心〔前者不能说,后者能说〕

大家看,情况复杂吧!给人的感觉似乎没有规律。以汉语为母语的中国人都会用副词"有点儿",而且无需考虑什么情况下能用,什么情况下不能用,也不会出错,因为我们有丰富的语感。可是外国学生用起副词"有点儿"来就感到为难了,搞不清楚什么情况下能用,什么情况下不能用。

这内中到底有没有规律可循?语言事实告诉我们,是有规律可循的。请看下面的例子:

(2) 有点儿笨　　　*有点儿聪明

　　有点儿脏　　　*有点儿干净

　　有点儿骄傲　　*有点儿虚心

　　有点儿危险　　*有点儿安全

　　有点儿野蛮　　*有点儿文明

　　有点儿小气　　*有点儿大方

　　有点儿虚伪　　*有点儿诚恳

　　有点儿粗心　　*有点儿细心

有点儿难受　　＊有点儿舒服

有点儿消极　　＊有点儿积极

有点儿本位　　＊有点儿顾全大局

有点儿做作　　＊有点儿自然

可见,"有点儿"对它所修饰的成分,在意义上有选择性——"有点儿"可以修饰消极意义的形容词或者说贬义形容词,不能修饰积极意义的形容词或者说褒义形容词。

形容词前面加否定副词"不",情况就倒过来了——"有点儿"只能修饰"不＋褒义形容词",不能修饰"不＋贬义形容词"。请看:

(3) 有点儿不聪明　＊有点儿不笨

有点儿不干净　＊有点儿不脏

有点儿不虚心　＊有点儿不骄傲

有点儿不安全　＊有点儿不危险

有点儿不文明　＊有点儿不野蛮

有点儿不大方　＊有点儿不小气

有点儿不诚恳　＊有点儿不虚伪

有点儿不细心　＊有点儿不粗心

有点儿不舒服　＊有点儿不难受

有点儿不积极　＊有点儿不消极

有点儿不顾大局＊有点儿不本位

有点儿不自然　＊有点儿不做作

这是不是违反了我们前面说的"有点儿"的使用规律?没有违反。因为"不＋褒义形容词"表示消极意义,而"不＋贬义形容词"不表示消极意义了,而近乎积极意义了。"有点儿"还是只修饰消极意义的形容词性成分。

现在来看副词"有点儿"修饰中性形容词的情况。中性形容词,无论往大里说的,还是往小里说的,都可以受"有点儿"修饰。例如:

(4) 有点儿长/短　有点儿大/小
　　有点儿硬/软　有点儿厚/薄
　　有点儿冷/热　有点儿高/低
　　有点儿浓/淡　有点儿多/少
　　有点儿咸/淡　有点儿胖/瘦

中性形容词,大家公认在意义色彩上,既不表示消极意义,也不表示积极意义,怎么也能受副词"有点儿"的修饰呢?要知道,中性形容词就它本身而言,既不带褒义,也不带贬义,但在实际语言交际中,有时可以视为褒义(如果说话人喜欢、如意),有时可以视为贬义(如果说话人不喜欢、不如意)。以肉的肥瘦为例:

(5) a.这块肉比较肥,还是买那块瘦一点的吧。〔视"肥"为贬义〕

　　b.这只鸡还比较肥,我们就买这只鸡。〔视"肥"为褒义〕

当中性形容词受到副词"有点儿"修饰,就只取它"可视为贬义"的意义。"有点儿+中性形容词"这整个句法格式就含有不合心意的意思,表示"与要求的比较,性质偏离了",只是偏离的幅度不大罢了。例如:

(6)(这衣服)有点儿长。

这就是说跟要求的长度比,衣服稍微长了一点,轻度偏离了,不合说话人心意。

从上面的分析可以看出,格式"有点儿+形容词"有两个特点:

第一,这格式里的形容词只能是贬义的或中性意义的形容词。

第二,进入格式的形容词,不管是表示贬义的还是表示中性意义的,整个格式都是表示不如意的意思。

现在有两个问题请大家思考:(一)为什么不能说"有点儿不大"、"有点儿不小"、"有点儿不长"、"有点儿不短"、"有点儿不咸"、"有点儿不淡"?(二)不能说"有点儿聪明",可是"有点儿聪明了"又可以说了,这又为什么?要知道,在日常言谈交际中,"不+中性形容词"是表示"合适"、"满意"的意思。例如:"这鞋怎么样?大吗?""不大,正合适。"显然,"不+中性形容词"含褒义,所以不能说"有点儿不大"、"有点儿不小"、"有点不长"等。那么为什么可以说"有点儿聪明了"呢?要知道,"形容词+了"表示性质的变化,而"有点儿聪明了"里的"有点儿"不是直接修饰"聪明",而是修饰"聪明了",这里的"有点儿"实际表示"变化幅度不大"的意思。

副词"有点儿"我们常用,想不到其中还有那么有意思的现象与问题吧?而将这有意思的现象与问题探索了,揭示出来了,研究分析了,解释了,就会有一种愉快、欣慰的感觉。

这种研究,同样,对我们以汉语为母语的人来说似乎不是很需要;可是对外国人学汉语来说,用处可大了。常常会发现外国学生错用副词"有点儿"的情况,请看:

(7) *这里有点儿干净,我们就在这里坐吧。

　　*这里的风景有点儿好看。

　　*金英姬有点儿虚心,我愿意跟她做朋友。

这些例子里的"有点儿"都宜换成副词"比较",说成:

(7') 这里比较干净,我们就在这里坐吧。

　　这里的风景比较好看。

　　金英姬比较虚心,我愿意跟她交朋友。

其实,对我们母语为汉语的中国人来说,也有用处。万一你跟外国朋友交往,遇上外国朋友说了类似上面例子的病句,你就不至于一头雾水,你就会帮助他纠正,而且能说出些道理来,不会只是告诉他们"这是我们汉语的习惯"。这也就是说,具备了这些知识,你对问题就不但能知其然,而且能知其所以然了。

三

现在再举个"比"字句的例子。"比"字句的基本格式是:

X 比 Y 怎么样

X 和 Y 都是比较项,"怎么样"部分一般都是形容词性词语。例如"今天比昨天暖和"。我今天不全面谈论"比"字句,只说一种情况,那就是当 X 和 Y 都为名词修饰名词即"名的名"偏正词组时,其格式为:

名$_1$的名+比+名$_2$的名+形容词性词语

例如:

(1) 我的汽车　比　你的汽车　新。

这种"比"字句在实际使用中有一些很有意思的现象。具体说,为了表达的经济,这种"比"字句里"比"的宾语"名$_2$的名",有时可以省去中心语"名",有时连"的"一起都省去,而有时又什么都不能省。具体可以归纳为以下四种情况:

(2) A. 我的马比你的马跑得快。

　　⇒ 我的马比你的跑得快。

　　⇒* 我的马比你跑得快。〔可以说,但意思变了〕

B. 飞机的速度比汽车的速度快。

⇒*飞机的速度比汽车的快。

　　⇒飞机的速度比汽车快。

C. 我们的马比你们的马多。

　　⇒ 我们的马比你们的多。

　　⇒ 我们的马比你们多。

D. 我的父亲比你的父亲健谈。

　　⇒*我的父亲比你的健谈。

　　⇒*我的父亲比你健谈。〔可以说，但意思变了〕

都是格式相同的"比"字句，为什么"比"的宾语"名₂的名"会有不同的替换呢？是什么因素造成"名₂的名"的替换呈现不同的情况呢？内中有无规律可循？这个现象本身就很有意思，这么有意思的问题，引发了我探索的欲望，我不能不去探索。我收集大量的语料，并从句法、语义、语音、语用甚至汉民族的社会心理等多方面去考虑，去比较分析。根据我的研究，影响不同替换的因素大致可以有这样五方面：

　　1. 定语和中心语之间的语义联系——这是基本因素，影响全局的。

　　2. 充任定语和中心语的"名₂"与"名"的性质。

　　3. 形容词性词语的具体情况。

　　4. 社会心理。

　　5. 句子重音。

　　各种不同因素对"替换"的不同影响，具体见本书"肆·实例（四）"。这里只说一个有意思的情况。

　　当定语和中心语之间的语义联系属于亲属关系的"名₂的名"，一般属于D类情况。值得注意的是，当"名₂的名"里的"名"是长辈、上级时,只能是 D 类情况,如下面的例(3);如果"名$_2$的名"里的"名"是指晚辈、同辈或下级时,则就可以 属于 A 类替换,如下面的例(4)。试比较:

(3) 我的姑妈比你的姑妈有经验。

　　⇒* 我的姑妈比你的有经验。

　　⇒* 我的姑妈比你有经验。

(4) 你的女儿比我的女儿能干。

　　⇒ 你的女儿比我的能干。

　　⇒* 你的女儿比我能干。

例(3)里的"名""姑妈"是指长辈,只能采用 D 类替换;例(4)里的"名""女儿"是指晚辈,就采用 A 类替换了。因为 A 类替换用于人时,含有不够敬重不够礼貌的意味。语言事实告诉我们,用"的"字结构指称人时,往往含有不够礼貌的意味(比较:"理发的师傅"和"理发的")。

下面举两个有意思的例子:

(5) 我的妻子比你的妻子年轻。

(6) 我的丈夫比你的丈夫年轻。

表面看,"丈夫"、"妻子"属同辈的称呼。按说都可以采用 A 类替换。但由于长期以来丈夫在家庭居主导地位,为一家之主。这种社会心理,决定了例(5)能采用 A 类替换,而例(6)不能采用 A 类替换,得采用 D 类替换。请看:

(5') 我的妻子比你的妻子年轻。

　　⇒ 我的妻子比你的年轻。

　　⇒* 我的妻子比你年轻。

(6') 我的丈夫比你的丈夫年轻。

⇒* 我的丈夫比你的年轻。

⇒* 我的丈夫比你年轻。

如果把"丈夫"换成"爱人",那"爱人"不管实际是指丈夫还是妻子,都可采用 A 类替换了。例如:

(7) 我的爱人比你的爱人年轻。

⇒ 我的爱人比你的年轻。

⇒* 我的爱人比你年轻。

下面的例子更有意思:

(8) 他的朋友比你的朋友大方。

⇒ 他的朋友比你的大方。

⇒* 他的朋友比你大方。

(9) 他的朋友比你的朋友小气。

⇒* 他的朋友比你的小气。

⇒* 他的朋友比你小气。

(10) 他的朋友比你的朋友更小气。

⇒ 他的朋友比你的更小气。

⇒ * 他的朋友比你更小气。

例(8)因为是说"他的朋友比你的朋友大方",言下之意"你的朋友小气"。这在说话者的心目中,暗含着对"你的朋友"有意见,甚至看不起。所以例(8)可以用 A 类替换。而例(9)是说"他的朋友比你的朋友小气",言下之意"你的朋友"是比较大方的,所以不会去采用 A 类替换,因为前面说过 A 类替换所得的句子是一种不很礼貌的说法。例(10)则又可以用 A 类替换了,因为在说话人心目中不管是"他的朋友"还是"你的朋友",都是小气的,就又可以采用不礼貌的说法。

这多有意思啊！大家也觉得有意思吧。我想如果是你们自己研究出来的，可以想见，那乐趣有多大了！

四

最后再举一个例子——关于副词"别"的意义与用法。

现代汉语里有一个否定副词"别"，这大家都知道。一般辞书上都说副词"别""表示禁止或劝阻"，如："别动！"、"你就别去了。"我在日本访问时，有一位教中国语的日本老师问了我这样一个问题：现代汉语里副词"别"修饰动词性词语时，为什么会呈现两种不同的情况：

一种情况是，有带"了"和不带"了"两种格式（当然带"了"不带"了"意思不同），如：

别吃了！　　　　　别吃！

另一种情况是，只有带"了"的格式，没有不带"了"的格式，如：

别喧了！　　　　　＊别喧！

这有什么规律吗？

这位教中国语的日本老师所提的问题很有意思，很值得探究。而从现有的辞书或语法书中找不到现成的答案。这就要靠我们自己去研究解决。

这里需要提醒大家注意的是，我们发现问题以后，不管是自己发现的还是别人提出的，都不要就事论事，不要只是就提到的那个具体句子或结构来思考，而应该一方面在自己头脑里思索类似例子，另一方面要去搜集大量语料，然后在这个基础上来考虑、寻求所要的答案。像上面提到的例子，我们就应该举出尽可能多的一

系列的具体实例:

(1) 　　　甲　　　　　　　　　　　乙

　　A. 别吃了　　　　　　　　　别吃
　　　 别去了　　　　　　　　　别去
　　　 别写了　　　　　　　　　别写
　　　 别看了　　　　　　　　　别看
　　　 别喝了　　　　　　　　　别喝
　　　 别参观了　　　　　　　　别参观
　　　 别讨论了　　　　　　　　别讨论
　　　 ……　　　　　　　　　　……

　　B. 别掉了　　　　　　　　　*别掉
　　　 别忘了　　　　　　　　　*别忘
　　　 别摔(＝摔跤)了　　　　　*别摔(摔跤)
　　　 别烫了　　　　　　　　　*别烫
　　　 别噎了　　　　　　　　　*别噎
　　　 别呛了　　　　　　　　　*别呛
　　　 别裂了　　　　　　　　　*别裂
　　　 别皴了　　　　　　　　　*别皴
　　　 别病了　　　　　　　　　*别病
　　　 (鸡蛋)别挤破了　　　　　*(鸡蛋)别挤破
　　　 ……　　　　　　　　　　*……

实例多了,就容易看出二者的差异来。细细比较分析,我们会发现,否定副词"别"其实并不像一般辞书所说的那样,只是"表示禁止或劝阻",实际上可以表示两个意思,可以有两种用法:

第一个意思,就是一般书上所说的,"表示禁止或劝阻"。在这一意义上,既可以有"别+动词"的说法,也可以有"别+动词+了"的说法,如"你别吃"和"你别吃了"。

第二个意思,则是"提醒听话人,注意防止发生不希望发生的事情"。在这一意义上,只有"别+动词+了"的说法,没有"别+动词"的说法。比如"小心,别烫了"、"别噎了"、"那鸡蛋别挤破了"等,其中"烫了"、"噎了"、"挤破了"等都是不希望发生的事情,用否定副词"别"来提醒对方注意防止这类不好的情况发生。在实际话语里,听不到"小心,别烫"、"别噎"、"那鸡蛋别挤破"等说法。

"别"在第一种用法里,后面可以有"了",也可以没有"了";当然带不带"了"意思是不一样的——带"了",是对方已经在进行某种行为动作,或计划中要进行某种行为动作,说话人希望中止这种行为动作,譬如,"你不要吃了",就是叫对方中止吃某种东西的行为动作;而不带"了",一般是禁止或规劝对方不要进行某种行为动作。

"别"在第二种用法里,也就是提醒对方注意防止不希望发生的事情发生,这时一定要带"了"。比如,"小心,别烫了"不能说成"小心,别烫";"你别噎了"不能说成"你别噎";"那鸡蛋别挤破了"不能说成"那鸡蛋别挤破"。

上面的分析实际就总结出了一些规律来,就可以回答那位日本老师所提出的问题了。

但是,问题并没有到此为止。比如说,"写错"也是属于不希望发生的事情或情况,那为什么又既可以说"别写错了",也可以说"别写错"呢?这个问题还值得我们进一步去思考、研究。通过对A组和B组实例中的动词的分析,发现这跟动词所具有的语义特征有关。A组动词,都具有[+自主,+可控]的语义特征;而B组动词都不具有这一语义特征。而"写错"里的动词"写"就具有 A 组动词的语义特征。假设 A 组里的动词为 Va，B 组里的动词为 Vb，那么 A 组和 B 组实例中的动词的差异可以表示为：

Va：[＋自主，＋可控]

Vb：[－自主，－可控]

这样，进一步总结出了造成 A、B 两种情况的规律，对那位日本老师所提的问题也就能做出了更好的回答。我们也自然会获得一份"收获"的喜悦。

五

有意思的实例太多了。总之，只要我们做有心人，时时注意从书本上、从现实的语言生活中去发现问题；而发现问题后，不要放过，用心去思考，去分析研究，寻求满意的答案。如此有心用心，坚持下去，我们就会不断增强自己的研究能力，不断提高自己的研究素养，久而久之，就乐在其中了。这个时候，对我们来说，语言研究不仅是一种责任（为教学，为语言学事业的发展），也是一种乐趣了。探索的乐趣会促使我们不断深入研究。而要使探索、研究能不断解开谜团，获得带有规律性的结论，最关键的是八个字：**有心用心，勤于思考**。发现问题，要靠这八个字；分析问题、解决问题，也要靠这八个字！

零 绪论

一 虚词在汉语中的作用

虚词是跟实词相对的。虚词在数量上比实词少得多,就现代汉语来说,常用的虚词大约只有700多个;可是使用频率却很高,在语言中起着"经络"的作用,占有极为重要的地位。

任何语言都有虚词,虚词在任何语言中都很重要,而在汉语中尤其重要,那是因为汉语是"非形态语言",许多重要的语法意义都要靠虚词来表达。用不用虚词,用哪一个虚词,往往会直接影响句子的结构和意义。因此,在汉语中虚词是表达某种语法意义所不可少的重要的语法手段。虚词所表示的意义是语法意义,比较虚灵,不像实词那样实在、具体。从语法功能上看,虚词都不能充任主语、谓语、述语、宾语、补语、中心语等主要的句法成分(副词能作状语,但状语不属于主要句法成分)。虚词在汉语中的实际作用主要有五个方面:

第一,帮助表达实词之间的某种语法关系。例如:

(1) 木头和桌子都搬走了。

(2) 木头的桌子都搬走了。

例(1)用"和",表示"木头"与"桌子"之间是联合关系;例(2)用"的",表示"木头"与"桌子"之间是修饰关系。再如:

(3) 老王满意得笑了。

(4) 老王满意地笑了。

例(3)用"得",表示"满意"和"笑了"之间是动补关系；例(4)用"地",表示"满意"与"笑"之间是修饰关系。

第二,帮助表达实词之间的某种语义关系。例如：

(5) 张三把李四说了一通。

(6) 张三被李四说了一通。

(7) 张三对李四说了一通。

例(5)—(7)表面看,包含的词语基本相同,所差的只在使用的介词不一样。可是我们知道,正是由于使用的介同不同,改变了句子内部实词之间的语义关系。例(5)用"把","说"是"责备,数落"的意思,"张三"是"说"的施事,"李四"是"说"的受事；例(6)用"被","说"也是"责备,数落"的意思,但"张三"成了"说"的受事,"李四"成了"说"的施事；而例(7)用"对","说"是"陈述,诉说"的意思,"张三"是"说"的施事,而"李四"则成了"说"的与事了。

第三,帮助实词添加某种语法意义。例如：

(8) 我看见她拿了两个苹果。

(9) 我看见她拿过两个苹果。

(10) 我看见她拿着两个苹果。

同是动词"拿",例(8)"拿"后面带上"了",表示"拿"这个行为动作实现或者说完成了；例(9)"拿"后面带上"过",表示"他"曾经有"拿苹果"这种经历；例(10)"拿"后面带上"着",表示"拿"这一行为动作的持续。显然,"了"、"过"、"着"帮助动词添加的语法意义各不相同。

第四,帮助改变词语的表述功能。请比较"吃"和"吃的"——"吃",是动词,从意义上说,表示行为动作；从表述功能看,表示陈述。但是,如果后面加上助词"的","吃的"就成了名词性成分了,从意义上看,表示事物了,可以指"吃"的动作者(如:"谁吃羊肉?吃的举手。"),可以指"吃的东西"(如:"我先去买点儿吃的"。);从表述功能看,表示指称了。为什么会有这么大的差异呢?这是那个虚词"的"在起作用。

第五,帮助表达某种语气。例如:
(11)他有孙子了。
(12)他有孙子啦!
(13)他有孙子吗?

例(11)句末用"了",句子表示陈述语气;例(12)句末用"啦",句子表示感叹语气;例(13)句末用"吗",句子表示疑问语气。

由于虚词在汉语中有着非常重要的作用,所以,汉语语法研究历来以虚词为主要内容。

二 为什么将副词列入虚词

按词的语法功能,我们把现代汉语的词分为以下十五类:名词、动词、形容词、区别词、状态词、代词、数词、量词、副词、介词、连词、助词、语气词以及叹词、拟声词。我们把其中的副词、介词、连词、助词、语气词这五类称为虚词,名词、动词、形容同、区别词、状态词、代词、数词、量词称为实词,叹词、拟声词作为特殊词类另归并为一类。(马真1997)

把介词、连词、助词、语气词看作虚词,大家不会有意见。要把副词归入虚词,会有不同意见。事实上,自《马氏文通》以来,副词该归入虚词还是实词,一直有不同看法。归纳起来有三种意见:一是虚词;二是实词;三是半虚半实词。那我们为什么要把它归入虚词呢?

副词在汉语中实际也是起着下述五方面的作用:

副词也能"帮助表达实词之间的某种语法关系"。举例来说,"他们上海人",既可以分析为同位性偏正关系,也可以分析为主谓关系。如果在"上海人"之前加上"也","他们也上海人"就只能理解为主谓关系。

副词也能"帮助表达实词之间的某种语义关系"。例如,"鸡不吃了",这是现代汉语语法研究与教学中讲解歧义结构的一个经典例子。"鸡"既可以理解为"吃"的动作者(或称"施事"),也可以理解为"吃"的受动者(或称"受事")。如果将否定副词"不"替换为表示劝阻的否定副词"别",说成:"鸡别吃了。"成为祈使句,就不再有歧义,那"鸡"只能理解为"吃"的受动者。

副词也能"帮助实词添加某种语法意义"。请比较下面这两句话:

(1) 张三在那儿敲着。

(2) 张三还在那儿敲着。

例(1)、(2)都表示行为动作的持续,或者说行为动作正在进行,但二者有区别:例(1)没有副词,只是表示在说话人说话的时刻,张三"敲"的这个动作正在进行;而例(2)多了个副词"还",就表示张三"敲"这个动作从说话前某个时点到说话时刻都一直在进行。换句话说,例(1)没有副词"还",句子只表示在说话人所指明的时点里"敲"这一动作正在进行;例(2)有了副词"还",句子则表示所说的行为动作的进行跨两个时点——说话人所指明的某个时点和在此之前的时点。(马俊英 2003)

至于"帮助改变词语的表述功能",这当然不会像助词"的"那么明显,但副词确实也有这一方面的作用。譬如说,名词固有的表述功能是"表示指称"(郭锐2003),但某些名词前一旦加上副词,其表述功能马上就改变,变为表示陈述。例如,我们不说:

(3)("教室里有人吗?")"＊教室里小王。"

(4)＊你们电灯、电话?

那是因为例(3)里的"小王"和例(4)里的"电灯、电话"都是表示指称的名词,不能单独直接用在表示陈述的谓语位置上。但是,例(3)如果在"小王"前加上范围副词"就",例(4)如果在"电灯、电话"前加副词"也",在后面加"了",它们的表述功能就转变为表示陈述了,它们就能作谓语了,句子就能说了。请看:

(5)"教室里有人吗?""教室里就小王。"

(6)你们也电灯、电话了?

最后,副词也能"帮助表达某种语气"。例如:

(7)今天准保会下雨。

(8)今天也许会下雨。

(9)今天难道会下雨?

例(7)—(9)都是谈论"今天会下雨"的事,但例(7)用副词"准保",句子表示一种强烈的肯定语气;例(8)用副词"也许",句子则表示一种不确定的或然语气;例(9)用副词"难道",句子就表示一种疑问语气。

总之,把副词归入虚词是有一定道理的。除此以外,还有很重要的一点,那就是副词的个性很强,副词所揭示的该类词的特点(只能作状语)对了解每个副词的用法是远远不够的,而这跟大家所公认的其他类虚词是完全一样的。当然我们也承认,有一部分副词,如"俨然"、"预先"、"擅自"等,相对说来,意义比较实在,语法的作用要弱一些,但这些副词的使用频率一般都很低。

我们把副词归为虚词,无意来否定他人把副词归为实词的看法。正如不少人都谈到,分类,或者说归类,有一定的相对性。现代汉语里的词怎么分,或者说怎么归类更好一些,这要服从于我们自己所描写的现代汉语语法体系。就我们所描写的语法系统说,我们觉得把副词归入虚词更好一些。

三 虚词研究的重要性

前面说了,虚词在汉语中占有极为重要的地位。虚词数量虽少,但它的使用频率很高,而且个性很强,运用复杂,所以从写作上看,不管是外国人还是中国人,毛病常常出在虚词的使用上。我们曾经在外国留学生中做过一个调查,从两个班学生一年的作文中,收集了 1464 个语法病句,其中虚词使用不当的病句有 952 个,占语法病句的 65%。下面举个实际的例子:

(1) *他做什么也很勉强。

例(1)是留学生作文里的一个病句,把"也"改为"都",句子就没问题了。为什么呢?请比较下面的句子:

(2) a. 什么都好。　　　　　　*什么也好。
　　 b. 什么都不好。　　　　　什么也不好。
　　 c. 他做什么事都很认真。　*他做什么事也很认真。
　　 d. 他做什么事都不认真。　他做什么事也不认真。
　　 e. 他觉得什么水果都好吃。*他觉得什么水果也好吃。
　　 f. 他觉得什么水果都不好吃。他觉得什么水果也不好吃。

不难发现，在"……什么……＋都/也＋形容词性词语"这种周遍性主语句式里，"也"只用在否定句中，"都"则不受限制。（陆俭明1986）这种细微的差异，一般讲虚词的工具书或教材都不太注意，留学生当然不会知道这种区别，所以出现例(1)这样的病句是很可以理解的。再举个例子来说，我们让日本学生把下面的日语句子翻译成汉语：

(3) 北京 の 天気 は 大阪 よりずっと寒い。
　　　Pekin no tenki wa osaka yori zutto samui.
　　　北京　　　天气　　大阪　比　多　　寒冷

很多学生翻译成：

(4) ＊北京的天气比大阪很冷。

(5) ＊北京的天气比大阪冷极了。

这当然错了。他们为什么会错呢？原因可能是多方面的，但是我们想，这可能跟目前已有的讲解现代汉语虚词的工具书有点关系，因为目前的这类工具书对于"X 比 Y 怎么样"这种"比"字句里的"怎么样"部分，如果要用到程度副词，该用什么样的程度副词，都没有作明确的说明。

对于中国人来说，写作中虚词使用不当（包括该用而没有用），也已成了一种"多发病"、"常见病"。不光是学生写作，就是报刊书籍上虚词方面的病例也不少。据不精确的统计，虚词使用不当的病句占病句总数的30％，占语法方面的病例的51％。

汉语虚词使用上的毛病，常见的有以下一些：

一、不该用而用

(6) ＊一味用打、骂、吓、哄的方式教育**的**孩子，对孩子成长不利。

(7) *北京大学校长**和**全国科普协会副主席周培源教授今天上午分别会见了杨振宁博士和美国科普协会代表团。

(8) ***在**老师和同学们的热心帮助**下**,使他在学业上跟上了其他同学。

(9) *练习**被**我做好了。

例(6)—(9)里的黑体字"的"、"和"、"在……下"、"被"都应删去。例(6)原本是要说"用……的方式教育孩子对孩子成长不利",现在在"教育"与"孩子"之间多了个"的",句子意思就成了"……孩子对孩子成长不利",这显然不通。例(7)读者看了会以为"北京大学校长"和"全国科普协会副主席周培源教授"是两个人,其实是同一个人。要知道,"北京大学校长"和"全国科普协会副主席周培源教授"之间是同位关系,而同位关系之间是绝对不能用"和"的。例(8)是犯了滥用介词而造成的缺主语的毛病,本来"老师和同学们的热心帮助"是可以充当后面"使他在学业上跟上了其他同学"的主语的,由于不恰当地用了介词"在",使"老师和同学们的热心帮助"失去了作主语的地位。这个句子除了将"在"、"下"删去外,也可以有另一种改法,那就是后面不用使动句式,将"使"删去,让"他"作主语。例(9)是滥用介词"被"的毛病。

二、该用而没用

(10) *在"太平天国国际学术讨论会"上,太平天国将领李秀成持两种不同的评价。

(11) *县政府许多干部对护林员揭发林业局局长带头偷

运木料的问题,普遍感到气愤。

例(10)在"太平天国将领李秀成"前面应加上介词"对",缺了这个"对"句子意思变成李秀成对某个问题持不同评价了,这当然是很荒谬的。例(11)在"护林员揭发"后应加上"的"。作者原本是要说大家对林业局局长带头偷运木料的问题感到气愤,缺了这个"的"句子意思变成大家对护林员的揭发举动感到气愤,这就跟原意大相径庭了。

三、该用这个虚词而用了那个虚词

(12) *这面新出土的铜镜,经初步考证是秦代**和**西汉的制品。

(13) *红光电机厂**把**三分之一的资金进口了急需的仪器。

例(12)应将"和"改为"或",因为不可能把一面新出土的铜镜考证为两个不同时代的制品。例(13)"把……资金进口了……仪器"不通。应将介词"把"改为"用"。

四、虚词用对了,但放得不是地方

(14) *顾老师除了会说日语外,陈老师也会说日语。

(15) *当时父亲因为被老板解雇了,所以没能念完高中就去杭州谋生了。

例(14)"除了"应放在句子头上,因为下文不是继续说"顾老师如何如何"。例(15)"因为"也应前移,或放在句子头上,或放在"父亲"前,照现在的表达法,后半句的内容也是说明"父亲"的,而这并不符合文章的原意。

五、句子里共现的虚词不搭配

(16) ***不管**价钱**再**贵,也必须把它买下来。

(17) *一个演员**只有**真正全身心地投入,并进入自己所扮演的角色,**就能**演谁像谁,把角色演活。

例(16)连词"不管"跟"再"不搭配。或将"不管"改为"即使",或将"再"改为"多(么)"。例(17)"只有"跟"就能"不搭配。如要保留"只有",把后面的"就能"改为"才能";如要保留"就能",就将前边的"只有"改为"只要"。

六、没能满足所用虚词的特殊要求

(18) *不知怎么搞的,我老是把字不能写得很整齐。

(19) *老年人最好在睡觉前稍微喝一杯葡萄酒,这对睡眠、心脏都有好处。

介词"把"在使用上有些特殊要求,突出的一点是否定副词"不"、"没有"等和助动词"能"、"可以"等不能放在"把"字之后紧挨着动词,而要放在"把"之前。例(18)显然不合这个要求。例(19)副词"稍微"在使用上也有特殊要求,那就是它不能修饰一个简单的动词或形容词,例如我们可以说"我得稍微休息休息"、"只要稍微不留神就会出岔儿"等,但不能说"*我得稍微休息"、"*只要稍微留神就不会出岔儿"。最常见的情况是,"稍微"要求它所修饰的动词或形容词后带上表不定量的数量成分,如"稍微休息一会儿"、"稍微吃一些"、"稍微大一点"、"稍微买几个"等;而不能是确定的数量成分,我们不能说"*稍微买三个"。例(19)"稍微"修饰的动词"喝"后边所带的数量成分"一杯酒",是个确定的数量,不是一个不定的数量,所以不合要求。

从上面的分析,我们可以看到,虚词在汉语中使用频率高,运用复杂,这就构成了虚词在汉语语法中的特殊的重要性。因此,汉语语法研究历来以虚词为主要内容。在我国,系统研究汉语语法的历史从1898年《马氏文通》问世算起,至今也只一百一十七年,但是,研究虚词的历史则将近两千年了,远在汉代就有人注意了,汉代许慎《说文解字》(公元121年)就收了不少虚词。元代开始有了专门著作,那就是卢以纬的《语助》。明代以后更多,如袁仁林的《虚字说》、刘淇的《助字辨略》、王引之的《经传释词》等。民国以后有钟歆的《词语通释》、杨树达的《词诠》、吕叔湘的《文言虚字》等。解放以后这方面的书就更多了。总之,不管从语法研究,从语言运用看,虚词都占有极重要的地位。但是,总起来说,我们对汉语虚词研究得还是很不够。无论从哪个角度说,都需要我们对每个虚词从意义和用法两方面进行详细的描写与说明,特别需要我们注意从学习者的角度来详细描写、说明每个虚词的意义和用法,而要做到这一点,就必须加强对虚词的研究。

四　关于虚词研究

对于虚词,必须从意义和用法两方面进行考察与研究。前人也都是从这两方面去进行研究的,而且已有不少研究成果,这是我们进一步研究的基础,其中有许多是很值得我们好好吸取的。但是我们也不能不指出,前人的研究也还存在着两方面的不足(不包括个别注释错了的):

一、怎么充分认识虚词的个性,这一点还不是很注意。因此,无论是对虚词的意义或用法,描写、说明都还比较粗。举例来说,现代汉语中用来说明动作在进行、状态在持续的虚词有好几个:还、还是、在、正、正在(以上是副词),着(助词),呢(语气词)等。下面不妨看看当前最有代表性的几部有关虚词的辞书——吕叔湘主编的《现代汉语八百词》(增订本)(以下简称《八百词》)、北京大学中文系1955、1957级语言班编《现代汉语虚词例释》(以下简称《虚词例释》)、张斌主编的《现代汉语虚词词典》(以下简称"张本《虚词词典》")和侯学超编的《现代汉语虚词词典》(以下简称"侯本《虚词词典》")对这几个虚词就上述语法意义的注释(见表(一)):

表(一)

	《八百词》	《虚词例释》表(一)	张本《虚词词典》	侯本《虚词词典》
还	表示动作、状态持续不变	表示行为、动作、状态维持不变	表示情况持续不变	表示动作行为继续进行或状态维持不变
还是	表示行为、动作或状态保持不变	(未收)	表示情况继续不变	表示动作行为继续进行或状态维持不变
在	正在	表示动作行为正处在进行的状态	表示动作、行为或性质状态在进行或持续中	正在
正	表示动作在进行中或状态在持续	表示动作、状态在继续进行或续存	表示动作或状态在持续中	表示动作处在进行之中;或状态处在持续之中
正在	表示动作在进行中或状态在持续	表示动作行为正处在进行的状态	表示动作在进行中或状态在持续中	表示动作的进行,状态的持续
着	表示动作正在进行,表示状态的持续	表示动作正在进行或动作正在持续	表动态,即动作的持续;表静态,即状态的持续	表示动作行为正在进行或状态正在持续
呢	表示持续的状态	说明状态或动作的持续	有突出焦点的作用(紧靠"呢"的词语是句子的焦点)	表示行为或状态的持续

从表(一)不难看出,第一,除了张本《虚词词典》对"呢"的注释

有别于其他辞书外,其他辞书对各个虚词的注释大同小异;第二,除了对"还"和"还是"的注释有别于对其他几个虚词的注释外(在对"还"和"还是"的注释中突出"继续/维持不变"的意思),其他几个虚词的注释都大同小异。这样,一个初学者,特别是一个外国留学生,是很难了解和分辨这几个虚词在语法意义上的差异。

二、不太注意从学习者的角度来描写、说明虚词的意义或用法。这可以说是目前已出版的辞书普遍存在的问题,而虚词辞书在这个问题上显得更为突出。张本《虚词词典》认为语气词"呢""用在陈述句末尾,有突出焦点(新信息的重点)的作用"。这个看法比较新颖,但是也未从学习者考虑。陈述句末尾未必都能用加语气词"呢"的手段来达到突出焦点的目的。譬如说,"他一会儿就走"这是一个陈述句,这个陈述句的句末就不能用加"呢"来突出焦点(新信息"一会儿就走")。因此,张本《虚词词典》有关"呢"的说法,也很难让学习者把握。再譬如,"并"、"决"、"绝"、"万万"、"又"等,它们都能(大部分是只能)用在"不"、"没(有)"、"无"等否定词前,表示某种语气。一般辞书是这样来说明它们所表示的语气的:

"并",加强否定的语气;

"决",表示坚决否定;

"绝",表示完全否定;

"万万",表示极强烈的否定或禁止语气;

"又",加强否定。

显然,这几个副词都有加强否定语气的作用。那么它们有什么区别没有?从上面所列的注释看,好像它们的差别只在所表示的否定语气强弱不同而已。事实当然不是这样。(见下文壹·五、贰·一)

由于存在上述两方面的不足,因此现有的工具书或课本对虚词的注释,对初学者,特别是外国留学生,有时反会起某种误导的作用,而这是作者原本不曾想到的。请看日本同学的一些病例:

(1) ？他写着信。

(2) ？他洗着衣服。

(3) ？我到他家去时,佐藤君看着书。

(4) ？现在教室里正上课。

(5) ＊他们在谈,古藤君来了。

(6) ＊我上课去的时候他们在下棋,我下课回来,他们正在下棋。

例(1)、(2)、(3)、(4)语法上没有错误,但是都不能独立成句。(刘一之 2001)得分别说成:

(7) 他在写信。|他写信呢。

(8) 他在洗衣服。|他洗衣服呢。

(9) 我到他家去时,佐藤君(正)在看书。|我到他家去时,佐藤君正(在)看书呢。

(10) 现在教室里正在上课。|现在教室里正上课呢。

而例(5)、(6)各分句孤立地看没有问题,但把前后分句放在一起,就显得不协调了。例(5)、(6)宜分别改为:

(11) 他们正谈着,古藤君来了。

(12) 我上课去的时候他们在下棋,我下课回来,他们还在下棋。

日本留学生所以会出现上面那样的语病,很重要的原因就在于他们对"还"、"还是"、"在"、"正"、"正在"、"着"和"呢"在意义和用法上的区别掌握得不好。而这不能怪这些留学生,因为我们的工具书和课本并没有把这些虚词的语法意义和用法说清楚。

以上所述说明,目前我们对现代汉语虚词的研究远远不能满足实际的需要,虚词研究亟待加强。

上面说了,对于虚词,需要研究这样两个方面:一个是意义,一个是用法。虚词表示的是语法意义,都比较虚灵,不易捉摸。虚词意义的研究着重要解决好两方面问题:

一是怎么尽可能把握准一个虚词所表示的语法意义。目前一些重要的有关现代汉语虚词的工具书对一些重要虚词的语法意义的认识很不一致。譬如说,副词"也",各种工具书对"也"的注释并不一致。请看(所用序号,依原书):

《现代汉语词典》(2002年增补本):❶表示同样;❷叠用,强调两事并列或对待;❸表示不以某种情形为条件;❹表示转折或让步;❺表示委婉;❻表示强调(常跟上文的"连"字呼应)。

《八百词》:1. 表示两事相同;2. 表示无论假设成立与否,后果都相同;3. 表示"甚至",加强语气;4. 表示委婉的语气。

《虚词例释》:一、基本作用表示类同;二、跟其他词语相配,构成固定格式("连……也……"、"V/A 也 V/A 不……"、"再/最……也……"、"一点儿/丝毫+也……"),表示范围或程度;三、表示委婉或肯定语气;四、在主从复句里起承接作用,表示条件、原因、目的、假设、让步、转折等关系。

张本《虚词词典》:1. 表类同;2. 表语气,或表强调语气,或表委婉语气;3. 表关联,与某些连词搭配,表示递进、选择、转折、假设、让步或条件等关系。

侯本《虚词词典》：一、表示类同或并存；二、表示和缓委婉语气。

不难看出，各工具书对"也"所表示的语法意义，看法并不相同。那么"也"到底表示什么语法意义？这就很值得再进一步研究。其实，有许多虚词的语法意义，至今都还没有能说得很清楚。而要说清楚，就得下功夫研究。

二是怎么说清楚同义或近义虚词之间所表示的语法意义的异同。例如介词"对"和"对于"、"被"和"给"，助词"等"和"等等"、"一样"、"一般"和"似的"，以及副词"一概"和"一律"、"常常"和"往往"、"曾经"和"已经"等在语法意义上的异同怎么说清楚，并让一个初学者易于理解与掌握，这也还得在前人研究成果的基础上作进一步的研究。

前面我们不止一次地说，虚词的个性很强。所谓虚词的个性强，实际主要体现在用法上。像表假设的连词"要"和"要是"，副词"白"和"白白"，就它们各自所表示的语法意义看，很难说有什么差异，但在用法上有明显的不同。譬如说，连词"要是"，可以放在主语后，也可以放在主语前，可是连词"要"则只能放在主语后，不能放在主语前。请看（例子转引自侯学超1998）：

(13) a. 我要是有了个宝葫芦，我该怎么办？（张天翼）
　　　b. 要是我不活动，又不使力，又不用心，那我早会枯掉烂掉。（张天翼）
(14) a. 我要结婚，就嫁个劳动英雄。（老舍）
　　　b. ＊要我结婚，就嫁个劳动英雄。
(15) a. 你要再这么没有出息，咱俩就过不到一块儿。（袁静等）

b. ＊要你再这么没有出息,咱俩就过不到一块儿。

再拿副词"白"和"白白"来说,"白白"在使用上,要求被修饰的成分必须是复杂的,即不能是一个单词,例如我们可以说:

(16) 她可不会白白给你干活儿。

(17) 算我白白干了一天,行不行?

但是不能说:

(18) ＊她可不会白白干。

(19) ＊算我白白干,行不行?

"白"在使用上则没有这样的限制条件。例(18)、(19)如果将"白白"换成"白",句子照样能说。请看:

(20) 她可不会白干。

(21) 算我白干,行不行?

而目前有关虚词的工具书,在对虚词用法的说明上,做得更不够。因此,对于虚词的用法,需要作更细致的描写。

虚词重要,需要研究。那么该怎么研究呢?当然,研究虚词首先要收集语料,要查阅参考文献,要了解前人的研究成果。但在具体研究中,该怎么做呢?从已有的研究成果看,并结合我们自己的研究实践,研究虚词必须掌握好以下三点:

一、必须善于运用比较的方法。说到比较,还必须注意这样两个问题:第一,运用什么样的比较法?比较有各种各样的比较:有把彼此同义或近义的虚词放在一起进行辨析的比较;有把包含有某虚词的句子跟抽掉了该虚词的句子拿来比较的所谓"有无某虚词"的比较;有将意义相对的虚词放在一起进行对比的比较;有把说明同一方面问题的虚词放在一起进行辨析的比较;还有将形似实异的虚词放在一起进行辨析的比较;等等。在具体研究中,该用哪一种或哪些种比较,这得根据具体的研究对象而定。第二,从哪些方面去比较。虚词之间的异同,表现是各种各样的。就虚词之间意义上的异同来说,可能是基本语法意义就有差异,如前面所谈到所谓表持续义的副词"还"和助词"着"在基本语法意义上就有差别,再如"常常"和"往往"、"曾经"和"已经"也是这样(分别见下文叁·六、肆·实例(二));也可能是所表示的语法意义的多寡不一,如介词"对"和"对于"都有"对待"意思,但"对"还有"朝着、向着"之义,"对于"就不表示这样的语法意义;也可能是风格色彩有差异,如表示假设的连词"假如"和"要是",语法意义相同,风格色彩不一样,"假如"是书面语词,"要是"是口语词,表无条件的连词"无论"和"不管"的差别类似。虚词用法更是复杂多样,而且不同虚词用法上的差异,表现在方方面面,都需针对具体的虚词来考虑从哪些方面去比较。

二、必须注意分析虚词使用的语义背景,特别是在分析虚词的语法意义时,如果不去分析虚词使用的语义背景,就难以准确把握一个虚词所表示的语法意义,也难以有效地说清楚同义虚词之间的差异。

三、必须注意不要把某个虚词所在的格式所具有的语法意义误认为是该虚词表示的语法意义,也必须注意不要误将在某个句法格式里出现的某个虚词的语法意义归到与之共现的另一个虚词头上。我们所以提醒大家注意这两种情况,因为在以往的研究中就存在这样的问题。

对于同义或近义虚词在意义和用法上的异同,作细致的分析和描写,无论从哪个角度说,都是非常必要的,这可以说是基础性的工作。当然,最好我们应该在细致描写的基础上进一步对种种现象作出解释。不过,解释的难度很大,虽然我们也曾希望这样做,但总觉得心有余而力不足。譬如说,"常"和"常常"、"刚"和"刚刚"跟表示"没有效果,徒然;无代价,无报偿"的"白"和"白白"都是副词,而且都是一个是单音节副词,一个是重叠式副词,可是"常"和"常常"、"刚"和"刚刚"都既可以修饰一个动词性词组,也可以修饰单个动词,例如:

(22) a.她常来这儿。　　　　〔修饰词组〕
　　　 她常来。　　　　　　〔修饰单个动词〕
　　 b.她常常来这儿。　　　 〔修饰词组〕
　　　 她常常来。　　　　　 〔修饰单个动词〕
(23) a.她刚从上海来。　　　 〔修饰词组〕
　　　 她刚来。　　　　　　〔修饰单个动词〕
　　 b.她刚刚从上海来。　　 〔修饰词组〕
　　　 她刚刚来。　　　　　 〔修饰单个动词〕

但是"白"和"白白"则情况不一样——单音节副词"白"既可以修饰一个动词性词组,也可以修饰一个单个动词,例如:

(24) 她白干了一天。|我白吃了他一顿饭。　〔修饰词组〕
　　 她不能白干。|我不能白吃。　　　　　〔修饰单个动词〕

但"白白"则只能修饰动词性词组,不能修饰单个动词。请看:

(25) 她白白干了一天。|我白白吃了他一顿饭。〔修饰词组〕
　　 *她不能白白干。|*我不能白白吃。　　〔修饰单个动词〕

这个现象怎么解释?目前我们还没有办法对此作出圆满的解释。正由于目前我们对虚词使用上的种种现象还不能作出解释,所以我们在这里还是以描写为主。

全书分五个部分:

壹　多角度考察研究汉语虚词的用法；

贰　研究虚词语法意义的两项要义；

叁　比较是分析、研究虚词最基本的方法；

肆　每个虚词都需进行多角度、多方位、多层面的综合分析与研究；

伍　汉语虚词研究需要继续深入。

壹 多角度考察研究汉语虚词的用法

虚词的用法虽然复杂多样,但相比之下,虚词的用法比虚词的意义还是容易考察和把握,因为虚词的用法是显性的,都表现在外,而虚词的意义是隐性的,难以考察和把握。我们不妨先易后难,先来谈虚词用法的研究。

虚词用法复杂多样,对于虚词的用法必须进行多角度、多层面的考察。不过,虚词用法上需要注意的地方,常见的也就是以下十个方面:(a)句类、(b)词类、(c)音节、(d)轻重音、(e)肯定与否定、(f)简单与复杂、(g)位置、(h)跟其他词语的配搭、(i)语义指向、(j)社会心理。而要把握好一个虚词的用法,最主要的方法是比较,换句话说,在比较中来凸显虚词的用法,在比较中来把握虚词的用法。下面就这十个方面分别进行说明。

一 句类

这里所说的句类,是一个比较宽泛的概念,包括一般所说的陈述句、疑问句、祈使句、感叹句等句类,也包括这些句类下面再分的小类,譬如疑问句还可以进一步分为是非问句、特指问句、选择问句、反复问句等,也包括一般所说的句式,如"把"字句、"比"字句等。语言事实告诉我们,不少虚词对句类有一定的选择性。

拿"或者"和"还是"来说,它们都是表示选择关系的连词,但是

"或者"只用于陈述句或祈使句,"还是"则只用于疑问句。例如:

(1) a. 她或者明天,或者后天去广州。

　　b. 你或者小张明天上午值班。

　　c. 天气预报说下午有雨,你走的时候带件雨衣或者带把雨伞。

(2) 她明天还是后天去广州?

　　你还是小张明天上午值班?

　　天气预报说下午有雨,你是带雨衣还是带雨伞?

例(1)a 和 b 都是陈述句,c 是祈使句,句中的"或者"都不能换成"还是";例(2)则都是疑问句,句中的"还是"绝不能换成"或者"。

再如语气词"吗"和"呢",如果在句末出现,那么"吗"只能在疑问句末尾出现,绝不能在非疑问句末尾出现。例如:

(3) 她明天回来吗?

　　你昨天值班了吗?

　　今天下午有雨吗?

例(3)末尾的问号"?"绝对不能换成句号"。"。可是语气词"呢"则既能用于疑问句末尾,也能用于陈述句末尾。例如:

(4) 我们明天去什么地方玩儿呢?

(5) 我去她家的时候,她们正在吃饭呢。

例(4)是疑问句,例(5)是陈述句。即使是用于疑问句末尾,二者也还有所不同:"吗"只能用于是非问句的末尾,"呢"则正相反,只能用于非是非问句,即除了是非问句以外的其他疑问句,包括特指问句、选择问句、反复问句。

再拿程度副词来说,不同的程度副词对句类的选择也不一样。王力先生(1943)将程度副词分为两大类:绝对的程度副词和相对的程度副词。绝对的程度副词指无所比较而泛言程度的副词,如"极、十分、非常、很、怪、太"等;相对的程度副词指相比较而言程度的副词,如"更、还(hái)、最"等。相对程度副词可以用于比较的句式,绝对程度副词就不能用于比较的句式。例如我们可以说:

(6) 比较起来,茵子更/最聪明。

(7) 跟小王他们相比,小张更能干些。

可是不能说:

(8) *比较起来,茵子极/很/太聪明。

(9) *跟小王他们相比,小张极/很/十分能干些。

原因就在于例(6)—(9)都是表示比较的句式,例(6)、(7)里用的是相对程度副词,所以能说;例(8)、(9)里用的是绝对程度副词,所以不能说。相对程度副词中的"更、还"和"最"还有区别——"更、还"能用于"比"字句,而"最"则不能用于"比"字句。请看:

(10) a. 玲玲比红红更/还聪明。

　　 b. *玲玲比红红最聪明。

(11) a. 今天比昨天更/还热。

　　 b. *今天比昨天最热。

反之,"最"能用于"在……中/上/里,名词性词语+程度副词+形容词性词语"句式中,而"更/还"则不能。例如:

(12) a. 在中青年学者中,张巍的学术成就最大。

　　 b. *在中青年学者中,张巍的学术成就更/还大。

(13) a. 在我们班上,要数李小慧最聪明。

　　 b. *在我们班上,要数李小慧更/还聪明。

(14) a. 在我们家里,奶奶最疼我。

　　 b. *在我们家里,奶奶更/还疼我。

原因是"更、还"只能用于两项比较,不能用于多项比较,而"最"正相反,它只能用于多项比较,不能用于两项比较。

程度副词"还（hái）",既能表示程度高,大致相当于"更"（如"他比我还高"）,不妨记作"还$_1$";也能表示程度浅,大致相当于文言虚词"尚"（如"相比之下这个房间还干净"）,不妨把它记作"还$_2$"。值得注意的是,"还"表示不同的程度时,反映在所适用的句类上也有差异。表示程度深的"还$_1$"只能用于"比"字句,或在对话中含有强烈对比意义的句子,不用于别类句子;而表示程度浅的"还$_2$"则正相反,绝不能用于"比"字句,可以用于别类句子。例如:

(15) 这个房间比那个房间还干净。

小王比小李还高。

我吃的盐比你吃的米还多。

我过的桥比你走的路还多。

(16) "这个房间够干净的。""那个房间还干净。"

你说小王高,我觉得小李还高。

例(15)是"比"字句,例(16)是含有强烈对比意义的对话,句中的"还"都属于"还$_1$",不是"还$_2$",句中的"还"可以改写为"还$_1$",而成例(17)、(18):

(17) 这个房间比那个房间还$_1$干净。

小王比小李还$_1$高。

我吃的盐比你吃的米还$_1$多。

我过的桥比你走的路还$_1$多。

(18) "这个房间够干净的。""那个房间还$_1$干净。"

你说小王高,我觉得小李还$_1$高。

但不能改写为"还$_2$",所以下面的例(19)、(20)不成立:

(19) ＊这个房间比那个房间还₂干净。

＊小王比小李还₂高。

＊我吃的盐比你吃的米还₂多。

＊我过的桥比你走的路还₂多。

(20) ＊"这个房间够干净的。""那个房间还₂干净。"

＊你说小王高？我觉得小李还₂高。

再如：

(21) 这个房间还干净。

这件衣服还合适。

它的身体还行。

例(21)不是"比"字句，句中的"还"是"还₂"，不是"还₁"，例(21)里的"还"只能改写为"还₂"，即下列例(22)成立：

(22) 这个房间还₂干净。

这件衣服还₂合适。

它的身体还₂行。

如果改写为"还₁"，句子就不成立，请看：

(23) ＊这个房间还₁干净。

＊这件衣服还₁合适。

＊它的身体还₁行。

再拿语气副词来说，对句类的选择也不一样。"究竟"和"难道"都表示疑问语气，但是，"究竟"只用于"非是非问句"——包括特指问句、选择问句、反复问句，而不用于是非问句。请看：

(24) a. 究竟谁走漏了风声？

b. 我究竟是听你的还是听她的呀？

c. 你究竟去不去啊？

    d. *你究竟不去吗？

     *她究竟是外科大夫吗？

     *昨天奶奶究竟回大伯家了吗？

而"难道"正相反，只用于是非问句，不用于特指问句、选择问句、反复问句等"非是非问句"。请看：

  （25）a. *难道他怎么走漏了风声？

    b. *我难道是听你的还是听她的呀？

    c. *你难道去不去啊？

  （26）a. 你难道不去吗？

    b. 她难道是外科大夫吗？

    c. 昨天奶奶难道回大伯家了吗？

  再如"千万"和"万万"，都带有强调语气，但"千万"只用于祈使句，而"万万"既能用于祈使句，也能用于陈述句。试比较：

  （27）a. 这事儿你千万不能告诉她。

    b. 那鬼地方你千万不能去。

    c. *我千万没有想到事情会那么糟。

  （28）a. 这事儿你万万不能告诉她。

    b. 那鬼地方你万万不能去。

    c. 我万万没有想到事情会那么糟。

很清楚，例（27）和（28）a、b 句是祈使句，"千万"、"万万"都能用；c 句是陈述句，只能用"万万"，不能用"千万"。

  注意虚词对句类的选择是很有必要的。在留学生的作文里出现了这样一个病句：

  （29）*那时他高声说："这里危险！你赶忙离开这里！"

这里不宜用"赶忙"，该用"赶紧"。为什么呢？"赶紧"既能用于陈

述句,也能用于祈使句,例如:

(30) 铁蛋儿看见姐姐来了,赶紧躲了起来。 〔陈述句〕

(31) 你妈在到处找你呢,你赶紧回去! 〔祈使句〕

可是"赶忙"只能用于陈述句,不能用于祈使句。例(30)里的"赶紧"可以用"赶忙"替换,说成:

(32) 铁蛋儿看见姐姐来了,赶忙躲了起来。〔陈述句〕

例(31)里的"赶紧"就不能换用"赶忙",不说:

(33) *你妈在到处找你呢,你赶忙回去! 〔祈使句〕

《现代汉语词典》(1996年修订本)用"赶紧"来注释"赶忙",单纯从意义的角度看,是可以的;从学习者运用词语的角度看,这样注释可能会误导初学者,特别是外国留学生。

虚词对某种格式的选择,也可以归入对句类选择这个大类里。例如程度副词跟否定副词"不"连用,有两种格式:

Ⅰ. 不+程度副词+形/动

Ⅱ. 程度副词+不+形/动

不同的程度副词对这两种格式的选择就不完全一样。

先说格式Ⅰ:不+程度副词+形/动。

"很"能进入这个格式,即"很+形/动"能受"不"的修饰。例如:

(34) 不很可爱　不很高兴　不很好看　不很干净

　　 不很远　　不很厚　　不很轻　　不很浅

　　 不很喜欢　不很担心　不很反对　不很支持

"挺"、"怪"、"蛮"、"老"都不能进入这个格式,我们不说:

(35) *不挺可爱　*不挺高兴　*不挺喜欢

　　 *不怪可爱的　*不怪聪明的　*不怪担心的

　　　　　＊不蛮可爱　　＊不蛮聪明　　＊不蛮喜欢

　　　　　＊不老厚　　　＊不老远　　　＊不老长

如果在"不"后加"是",变成"不＋是＋程度副词＋形/动"(当然,这不是原来的格式了),"挺"就能说了,例如:

　　(36) 不是挺可爱　　不是挺高兴

　　　　 不是挺好看　　不是挺干净

　　　　 不是挺远　　　不是挺厚

　　　　 不是挺轻　　　不是挺浅

　　　　 不是挺喜欢　　不是挺担心

　　　　 不是挺反对　　不是挺支持

而"怪"、"蛮"、"老"仍然不能说,下面的话都不说:

　　(37) ＊这孩子不是怪可爱的。　＊他不是怪聪明的。

　　　　 ＊你不是怪担心的。

　　　　 ＊这孩子不是蛮可爱的。　＊他不是蛮聪明的。

　　　　 ＊你不是蛮喜欢的。

　　　　 ＊这被子不是老厚的。　　＊电影院不是老远的。

　　　　 ＊那竹竿不是老长的。

只有变成反问句才可以说,不过这已不是原来的格式了,例如:

　　(38) 这孩子不是怪可爱的吗?　他不是怪聪明的吗?

　　　　 你不是怪担心的吗?

　　　　 这孩子不是蛮可爱的吗?　他不是蛮聪明的吗?

　　　　 你不是蛮喜欢的吗?

　　　　 这被子不是老厚的吗?　　超市不是老远的吗?

　　　　 那竹竿不是老长的吗?

　　下面说说格式Ⅱ:程度副词＋不＋形/动。

"很"、"挺"可以进入这个格式,即"很"、"挺"可以修饰一个否定形式,例如:

(39) 很/挺不踏实　　很/挺不高兴
　　　很/挺不团结　　很/挺不懂事
　　　很/挺不顺利　　很/挺不愉快
　　　很/挺不满意　　很/挺不喜欢

"怪"很少有这种用法,除"怪不好意思的、怪不自在的、怪不耐烦的、怪不容易的、怪不放心的、怪不高兴的"外,很难找到别的例子。"蛮"、"老"则完全没有这种用法。

二　词类

这里所说的词类,既指名词、动词、形容词等大类,也指大类下面的小类,包括从语义上分出的小类。虚词对词类的选择更带有普遍性。这一点已有不少人注意到。人们常举的例子是表示并列的连词"和"跟"并",它们所连接的成分在词性上就有区别——"和"主要用来连接名词性词语,例如:

(1) 哥哥和弟弟　　火车和飞机　　文学和艺术

也可以有条件地用来连接动词或形容词性词语,其条件是,由此形成的联合结构不能独立或者说不能直接充任谓语。(陆俭明、侯学超 1961)例如:

(2) a. 游泳和散步对身体都有好处。
　　　b. 这件事我们还需要调查和研究。
　　　c. 采购和运送的人都找齐了。
　　　d. 我们还需要进一步考察和了解这一带的生态情况。

　　　　e. ＊这个问题我们调查和讨论了。

　　　　f. ＊昨天晚上,她们唱歌和跳舞。

　(3) a. 高傲和自卑是同一种心理状态的不同表现而已。

　　　　b. 你现在缺的就是谦虚和谨慎。

　　　　c. 便宜和耐用的电器都比较受欢迎。

　　　　d. ＊她谦虚和谨慎。

　　　　e. ＊这种产品便宜和耐用。

例(2)各句中都包含有由"和"连接动词的联合词组,但 a—d 句都能说,因为 a 句里的"游泳和散步"是作主语,b 句里的"调查和研究"是作宾语,c 句里的"采购和运送"是带"的"后作定语,d 句里的"考察和了解"是作述语,它们都不是直接作谓语;而 e 句和 f 句里的"调查和讨论"、"唱歌和跳舞"都直接作谓语,所以那两个句子都站不住。例(3)各句中都包含有由"和"连接形容词的联合词组,但 a—c 句都能说,因为 a 句里的"高傲和自卑"是作主语,b 句里的"谦虚和谨慎"是作宾语,c 句里的"便宜和耐用"是带"的"后作定语,它们都不是直接作谓语;而 d 句和 e 句里的"谦虚和谨慎"、"便宜和耐用"都直接作谓语,所以那两个句子都站不住。连词"并"则只能用来连接动词或形容词性词语,不能用来连接名词性词语。对词类的选择性其实不限于连词"和"跟"并"。

　　"而且"和"并且",从所表示的语法意义看,可以说没有什么差别,都表示递进关系;它们在连接分句上也没有什么差异。但是,当它们用来连接词语时,对词类的选择就呈现不同的倾向。"而且"一般倾向于用来连接形容词性词语,而"并且"一般倾向于用来连接动词性词语。请看:

　(4) 他买的家具便宜而且实用。

  他的脸黑而且瘦。

  她的眼睛很大而且很亮。

（5）他们立即研究并且制定了具体的防汛应急措施。

  该研究中心去年承担并且完成了多项重大科研项目。

  他们揪我的头发并且恶狠狠地打我。

例（4)"而且"连接的是形容词,例（5)"并且"连接的是动词性词语。例（4）如果将"而且"改为"并且",句子就会让人感到别扭,特别是当连接的是单音节形容词时。请看：

（6）？他买的家具便宜并且实用。

  ＊他的脸黑并且瘦。

  ＊她的眼睛很大并且很亮。

而例（5）里的"并且"如果换用"而且",也会让人觉得不大顺口、贴切。请看：

（7）？他们立即研究而且制定了具体的防汛应急措施。

  ？该研究中心去年承担而且完成了多项重大科研项目。

  ？他们揪我的头发而且恶狠狠地打我。

  "的"和"所"在现代汉语里都是结构助词,其作用都是形成一个名词性结构——由"的"形成的结构叫"的"字结构,由"所"形成的结构叫"所"字结构。"的"和"所"除了所附着的位置有区别以外（"的"具有后附性,"所"具有前附性）,还有很重要的区别。这区别就是"所"只能跟动词构成名词性结构,而"的"则没有这种限制,"的"既能跟动词性词语构成名词性结构,也能跟形容词、名词性词语构成名词性结构。请看：

（8）a. 考察的｜买的｜研究的　　　　〔动词＋的〕

  b. 干净的｜好的｜便宜的　　　　〔形容词＋的〕

    c. 木头的｜铁的｜学校的　　　　　〔名词＋的〕
(9) a. 所考察(的)｜所买(的)｜所研究(的)　〔所＋动词〕
  b. *所干净(的)｜*所好(的)｜*所便宜(的)〔所＋形容词〕
  c. *所木头(的)｜*所铁(的)｜*所学校(的)〔所＋名词〕

当然,"的"和"所"在用法上还有其他方面的差异,这里就不细说了。

  副词是只能作状语的一类词,它们对词类的选择更明显。副词一般修饰动词或形容词性词语,不修饰名词性词语。而即使修饰动词、形容词性词语,不同的副词也有不同情况。下面不妨以常用的"很、挺、怪、蛮、老"等程度副词为例来加以说明。

  程度副词"很、挺、怪、蛮、老",在意义上都表示程度深,而且意思也差不多;在用法上也有共同点(如都不能用于比较,不能用于"比"字句等),但是,它们所能修饰的形容词和动词,其范围并不相同。(马真 1991)

  先看所修饰的形容词。它们都能修饰形容词,但范围宽窄不同。

  "很"所能修饰的形容词,范围最宽,除一般所说的"状态形容词"和"非谓形容词"(有的直接称为状态词、区别词)之外,一般的形容词都能受它修饰。"挺"所修饰的形容词范围也很宽,许多能受"很"修饰的形容词,也能受"挺"修饰。例如:

(10) 很/挺可爱　　很/挺聪明　　很/挺干净　　很/挺和气
   很/挺动人　　很/挺严肃　　很/挺尖锐　　很/挺普遍
   很/挺随便　　很/挺片面　　很/挺难受　　很/挺卑鄙
   很/挺帅　　　很/挺好　　　很/挺红　　　很/挺大
   很/挺远　　　很/挺浅　　　很/挺轻　　　很/挺坏

但一些能受"很"修饰的典型的书面语词就不怎么能受"挺"的修饰。试比较：

(11) 很寒冷～*挺寒冷　　很悲愤～*挺悲愤
　　　很壮观～?挺壮观　　很昌盛～*挺昌盛
　　　很审慎～*挺审慎　　很迅猛～*挺迅猛
　　　很萧条～?挺萧条　　很聪颖～*挺聪颖

"怪"所能修饰的形容词，范围比"很"、比"挺"都窄。"挺"不能修饰的典型的书面语词，"怪"也不能修饰，例如绝对不说：

(12) *怪寒冷的　*怪悲愤的　*怪壮观的　*怪昌盛的
　　　*怪审慎的　*怪迅猛的　*怪萧条的　*怪聪颖的

除此以外，下面一些形容词虽然比较口语化，但也都不能受"怪"修饰，如不说：

(13) *怪对的　　*怪大的　　*怪近的　　*怪坏的
　　　*怪普遍的　*怪平常的　*怪随便的　*怪下流的

"蛮"所能修饰的形容词，范围比"怪"还窄。"怪"不能修饰的典型的书面语词，"蛮"自然也不能修饰，"怪"能修饰的某些口语词，"蛮"也不能修饰，试比较：

(14) 怪脏的～*蛮脏的　怪难受的～*蛮难受的
　　　怪痒的～*蛮痒的　怪难为情的～*蛮难为情的
　　　怪痛的～*蛮痛的　怪说不出口的～*蛮说不出口的
　　　怪腻的～*蛮腻的　怪下不来台的～*蛮下不来台的

"老"所能修饰的形容词，范围最窄。它只能修饰有限的一部分单音节形容词，一般是往大里说的量度形容词，例如：

(15) (路)老远的　　(胡子)老长的　　(箱子)老重(沉)的
　　　(那棍子)老粗的　(个子)老大的　　(这被子)老厚的

不能说:

(16) *(路)老近的　*(胡子)老短的　*(箱子)老轻的
　　　*(那棍子)老细的 *(个子)老小的 *(这被子)老薄的

现在看所修饰的动词性成分。

"很"、"挺"、"怪"、"蛮"都能修饰动词性成分,例如:

(17) 很喜欢　　挺喜欢　　怪喜欢的　　蛮喜欢
　　 很想　　　挺想　　　怪想的　　　蛮想
　　 很担心　　挺担心　　怪担心的　　蛮惦记

而"老"不能修饰动词性成分,下面例子中修饰动词性成分的"老"都不是程度副词,而是时间副词:

(18) 老喜欢开玩笑　　　　老待在家里
　　 老想　　　　　　　　老笑
　　 老担心　　　　　　　老看

"很"、"挺"、"怪"、"蛮"能修饰某些表示心理活动、表示意愿的动词,如上面例子里的"喜欢"、"想"、"担心/惦记",再如:

(19) 很爱　　　挺恨　　　怪讨厌的　　蛮支持
　　 很希望　　挺愿意　　怪想念的　　蛮爱惜

"很"、"挺"还能修饰某些动词性结构,例如:

(20) (小王)很/挺善于学习。
　　　(这样做)很/挺合乎情理。
　　　(他)很/挺觉得不安。

(21) (这个)办法很/挺解决问题。
　　　(这)很/挺有诗意。
　　　(那)很/挺花时间。

这些受"很/挺"修饰的动词性结构,其中的动词都不能直接受"很/

"挺"修饰,我们不能说"＊很/挺善于"、"＊很/挺合乎"、"＊很/挺觉得"、"＊很/挺解决"、"＊很/挺有"、"＊很/挺花",只有带上宾语组成述宾结构后,整个结构才能受"很/挺"的修饰。这些动词中,有的是黏着的,它一出现就必须带宾语,如例(20)中的"善于、合乎、觉得";有的不是黏着的,动词可以单独出现,如例(21)中的"解决、有、花",但是如要受"很/挺"修饰,就必须带上宾语。

"怪"也能修饰少量动词性结构,主要是由动词"有"充任述语的述宾结构,如"怪有意思的、怪有诗意的、怪有眼光的"。

"蛮"也能修饰少量述宾结构,一般含有褒义,如"蛮有意思的、蛮有诗意的、蛮有眼光的、蛮解决问题的、蛮合乎情理的"。

在修饰动词性成分上,"很"还有一个特别的用法,那就是它可以修饰一个"动词＋了＋数·量·名"述宾结构,例如:

(22) 很念了一些书　　很花了一些时间　　很喝了几杯酒

(23) 很跑了几趟　　很找了一阵子　　很看了几眼

"挺"、"怪"、"蛮"不具有这种用法。

在上一小节"句类"里曾谈到"很、挺、怪、蛮、老"对"程度副词＋不＋形/动"这一格式的选择,指出只有"很/挺"能进入这一格式。这里我们需要从另一个角度进一步说明,"很/挺＋不……"这个格式对形容词、动词也还有选择性。据考察,能进入这个格式的只限于:

1. 表示积极意义的形容词,例如:

(24) 很/挺不虚心　　＊很/挺不骄傲

　　 很/挺不坚强　　＊很/挺不软弱

　　 很/挺不正确　　＊很/挺不错误

　　 很/挺不老实　　＊很/挺不狡猾

很/挺不轻松	*很/挺不沉重
很/挺不干净	*很/挺不脏
很/挺不安全	*很/挺不危险
很/挺不文明	*很/挺不野蛮
很/挺不舒服	*很/挺不难受
很/挺不积极	*很/挺不消极
很/挺不好听	*很/挺不难听
很/挺不整齐	*很/挺不杂乱
很/挺不热情	*很/挺不冷淡
很/挺不沉着	*很/挺不慌张
很/挺不正常	*很/挺不反常
很/挺不富裕	*很/挺不贫穷

注意,我们可以说"很不对",似乎也可以说"很不错"(这个人很不错),但这里的"不错"不是"对、正确"的意思,其中的"错"也不是"不对、不正确"的意思,即不是与"对"意义相对立的贬义词,例如,"这个词是不是拼错了?"我们可以回答说"不错"、"一点也不错",但不能说"很不错",而"他的人品是不是不错?"就可以回答说"不错,很不错",这里的"不错"相当于"好",不能拆开(不能说"他的人品错"),所以,"很不错"中的"不错"应当分析为一个词。

2. 表示量小的量度形容词,例如:

(25) 他挣的钱很不少。　　(*你挣的钱很不多。)
　　 这房子很不低了。　　(*这房子很不高。)
　　 你已经很不小了。　　(*你已经很不大。)
　　 这根竹竿很不短了。　(*这根竹竿很不长。)
　　 这个坑儿挖得很不浅了。(*这个坑儿挖得很不深。)

注意,我们可以说"风格很不高"、"理解得很不深",这里的"高"是"高尚"的意思,"深"是"深入"的意思,都属于积极意义形容词,不属于表示中性意义往大里说的量度形容词。

3. 表示心理活动、表示意愿的积极意义的动词性词语,例如:

(26) 很/挺不喜欢(你)　　　＊很/挺不讨厌(你)

很/挺不相信　　　　　　＊很/挺不怀疑

很/挺不支持　　　　　　＊很/挺不反对

很/挺不放心　　　　　　＊很/挺不担心

很/挺不满意

很/挺不欢迎

很/挺不希望

很/挺不值得

很/挺不受欢迎

很/挺不愿帮忙

很/挺不懂道理

很/挺不会处理问题

现代汉语里还有一个表示程度浅的副词"有(一)点儿"。关于副词"有(一)点儿",得先做些交代,那就是现代汉语里有两个"有(一)点儿"。譬如说,"有(一)点儿冷"跟"有(一)点儿水"中的"有(一)点儿"完全不同——前者是程度副词,"有(一)点儿"修饰形容词"冷";后者不是一个词,"有"是动词,"一点儿水"是一个数量名结构,作"有"的宾语;"有一点儿水"可以说成"一点儿水也没有","有一点儿冷",绝不能说成"一点儿冷也没有",因为"有(一)点儿冷"中的"有(一)点儿",是一个词,不允许拆开。

副词"有(一)点儿"修饰形容词时,也有选择性。它只能修饰

贬义或中性形容词,不能修饰褒义形容词。例如:

(27) 有点儿笨　　　＊有点儿聪明
　　 有点儿脏　　　＊有点儿干净
　　 有点儿骄傲　　＊有点儿虚心
　　 有点儿危险　　＊有点儿安全
　　 有点儿野蛮　　＊有点儿文明
　　 有点儿小气　　＊有点儿大方
　　 有点儿虚伪　　＊有点儿诚恳
　　 有点儿粗心　　＊有点儿细心
　　 有点儿难受　　＊有点儿舒服
　　 有点儿消极　　＊有点儿积极
　　 有点儿冷淡　　＊有点儿热情
　　 有点儿做作　　＊有点儿自然
　　 有点儿不聪明　＊有点儿不笨
　　 有点儿不干净　＊有点儿不脏
　　 有点儿不虚心　＊有点儿不骄傲
　　 有点儿不安全　＊有点儿不危险
　　 有点儿不文明　＊有点儿不野蛮
　　 有点儿不大方　＊有点儿不小气
　　 有点儿不诚恳　＊有点儿不虚伪
　　 有点儿不细心　＊有点儿不粗心
　　 有点儿不舒服　＊有点儿不难受
　　 有点儿不积极　＊有点儿不消极
　　 有点儿不热情　＊有点儿不冷淡
　　 有点儿不自然　＊有点儿不做作

(28) 有点儿大　　　有点儿小
　　 有点儿咸　　　有点儿淡
　　 有点儿长　　　有点儿短
　　 有点儿宽　　　有点儿窄
　　 有点儿高　　　有点儿矮
　　 有点儿厚　　　有点儿薄

作为程度副词的"多少"和"稍微"用法上的差异之一就是对所修饰的词语的选择性不一样。"多少"多与积极意义形容词或"更接近说话人意向"的中性形容词共现,不大与消极意义形容词共现,"稍微"则不受限制。例如:

(29) 他比你多少强/聪明一些。

(30) 相比之下,这个房间多少干净一点。

(31) 比较起来,他多少高一点。

(32) 这件衣服多少长一些。

(33) *他比你多少弱/笨一些。

(34) *相比之下,这个房间多少脏一点。

(35) *比较起来,他多少矮一点。

(36) *这件衣服多少短一些。

例(29)—(32)里的形容词,或是表示积极意义的,或是表示"更接近说话人意向"的,这些句子都可以说;而例(33)—(36)里的形容词则或是表示消极意义的,或是表示"偏离说话人意向"的,这些句子就都不能说。如果把例句里的"多少"换成"稍微",就都可以说了。请看:

(37) 他比你稍微强/聪明一些。

(38) 相比之下,这个房间稍微干净一点。

(39) 比较起来,他稍微高一点。

(40) 这件衣服稍微长一些。

(41) 他比你稍微弱/笨一些。

(42) 相比之下,这个房间稍微脏一点。

(43) 比较起来,他稍微矮一点。

(44) 这件衣服稍微短一些。

三 音节

从语音上来看,汉语是以音节为基本表意单位的,汉语的每个音节都能表义。在古代汉语里,绝大多数的词是单音节词,在现代汉语里,绝大多数词是双音节词。大家公认,汉语是音节性很强的语言。因此,在汉语里音节会对语法有一定的制约作用,我们在用词造句中常常需要注意音节问题。这也可以说是汉语的一个很重要的特点。在这一点上,副词表现得特别突出。这主要有两种情况:

一种情况是,有的副词要求所修饰的成分必须是个单音节词,不能是双音节词。这里不妨略举些例子:

实例(一):副词"过"和"过于"

"过"和"过于"都是副词,而且在意思上除了风格色彩以外,很难说有多大差异。但它们在用法上,特别是在对所修饰的词语的音节的选择上,二者有所不同——"过"只能修饰单音节词,不能修饰双音节词,而"过于"则没有这种限制。请看:

(1) 过静　　*过安静

过难　　＊过困难

　　过密　　＊过密切

（2）过于静　　过于安静

　　过于难　　过于困难

　　过于密　　过于密切

实例（二）：副词"互"和"互相"

　　副词"互"和"互相"跟"过"和"过于"有相似之处，又有所不同。"互"也只能修饰单音节动词，不能修饰双音节动词，而"互相"则正相反，不能修饰单音节动词，得修饰双音节动词。请看：

（3）互帮互学　　＊互帮助互学习

　　互敬互爱　　＊互尊敬互爱护

（4）互相帮助互相学习　　？互相帮互相学

　　互相尊敬互相爱护　　？互相敬互相爱

值得注意的是，副词"互"虽然也可以修饰一个词组，但紧跟在"互"后面的词，还得要求是单音节的，不能是双音节的。例如：

（5）互派大使　　＊互派遣大使　　互相派遣大使

　　互感失望　　＊互感到失望　　互相感到失望

　　互存戒心　　＊互存在戒心　　互相存在戒心

　　互诉衷情　　＊互诉说衷情　　互相诉说衷情

　　互无往来　　＊互没有往来　　互相没有往来

实例（三）：副词"屡"和"屡次"

　　副词"屡"和"屡次"是修饰动词性词语的副词，表示频度，它们在对所修饰的词语的音节的选择上也有差异。副词"屡"要求修饰

单音节动词,即使实际修饰的是一个动词性词组,也要求紧跟在它后面的是单音节动词,而"屡次"则没有这种限制。请看:

(6) 屡教不改　　屡战屡败　　屡禁不止
(7) 屡出错误　　*屡出现错误
　　屡想规劝　　*屡考虑规劝
　　屡遭攻击　　*屡遭受攻击
(8) 他屡次说:"……。"
　　他屡次指出,……
　　他屡次想说,但总难以开口。
　　他屡次出现错误,但我也没有怎么责怪他。

有的副词不能修饰单词,只能修饰一个词组,但是对于紧跟在它后面的词还是有音节上的要求——紧跟在它后面的必须是个单音节词。这里不妨举两个实例:

实例(四):副词"连"和"一连"

副词"连"和"一连"都只修饰动词性词组,都表示行为、动作或现象接连不断地连续进行或发生,并强调数量多或时间长这样的意思。但二者在使用上有所区别,具体说对所修饰的词语的音节的选择限制不一样。副词"连",要求后面紧跟的是单音节词,不能是双音节词,"一连"就没有这种限制,既可以是单音节词,也可以是双音节词。请比较:

(9) 连查了五个单位　　　　*连调查了五个单位
　　一连查/调查了五个单位
　　连学了三天　　　　　　*连学习了三天
　　一连学/学习了三天

连看了三个展览会　　　＊连参观了三个展览会
一连看/参观了三个展览会
连问了三家人家　　　　＊连询问了三家人家
一连问/询问了三家人家
他连拍了几下　　　　　＊他连拍打了几下
他一连拍/拍打了几下

实例(五)：副词"足"和"足足"

副词"足"和"足足"的情形也跟副词"连"和"一连"的情形类似。副词"足"，我们只能说"足等了两个小时"，不能说"＊足等候了两个小时"；与之同义的"足足"就不受此限，既可以说"足足等了两个小时"，也可以说"足足等候了两个小时"。这说明，"足"要求紧跟在它后面的词必须是单音节的，而"足足"没有这种限制。

另一种情况是，跟上述情况正相反，有的副词要求所修饰的词语必须是个双音节成分。这里也略举些实例：

实例(六)：副词"最为"和"最"

副词"最"和"最为"，意思一样，都表示某事物的某种属性，经与其他多个事物比较，超过同类。但"最为"只能修饰双音节词，不能修饰单音节词；"最"则没有这种限制。试比较：

(10)　最为整齐　　＊最为齐　　最齐/整齐
　　　最为昂贵　　＊最为贵　　最贵/昂贵
　　　最为丰富　　＊最为多　　最多/丰富
　　　最为薄弱　　＊最为弱　　最弱/薄弱
　　　最为艰难　　＊最为难　　最难/艰难

　　　　　最为愚笨　　　＊最为笨　　　最笨/愚笨

其实不只"最为"在用法上有这样的特性,经考察,由"为"构成的双音节副词,如"大为、甚为、颇为、极为"等,一般也都只能修饰双音节词,不能修饰单音节词。请看:

实例(七):副词"大为"、"甚为"、"颇为"、"极为"

　　(11) 大为恼火　＊大为火　　(12) 甚为整齐　＊甚为齐
　　　　 大为生气　＊大为气　　　　 甚为安静　＊甚为静
　　　　 大为高兴　＊大为乐　　　　 甚为昂贵　＊甚为贵
　　　　 大为烦恼　＊大为烦　　　　 甚为优雅　＊甚为雅
　　(13) 颇为整齐　＊颇为齐　　(14) 极为整齐　＊极为齐
　　　　 颇为安静　＊颇为静　　　　 极为安静　＊极为静
　　　　 颇为明亮　＊颇为亮　　　　 极为明亮　＊极为亮
　　　　 颇为宽敞　＊颇为宽　　　　 极为宽敞　＊极为宽

除了上面所说的"～为"一类副词外,再如"行将"、"万分"等对所修饰的词语也都有上述要求。请看:

　　(15) 行将灭亡　＊行将亡　　(16) 万分炎热　＊万分热
　　　　 行将坍塌　＊行将塌　　　　 万分幽静　＊万分静
　　　　 行将瘫痪　＊行将瘫　　　　 万分优雅　＊万分雅
　　　　 行将枯萎　＊行将枯　　　　 万分美丽　＊万分美

此外,像副词"大力",它所修饰的词语虽然可以是一个动词性词组,但紧跟在它后面的词必须是双音节的。例如:

　　(17) a. 大力兴建居民住宅

　　　　 b. 大力开展增产节约运动

　　　　 c. 大力宣传新婚姻法

d. 大力提高人民群众的生活水平

例(17)a 句里的"兴建"虽然跟单音节动词"建"意思一样,而且我们也常说"建居民住宅",但不能换说成:

(18) ＊大力建居民住宅

其实,不只副词,其他词类里的虚词,对音节也有特殊要求,如助词"与否"只能跟在一个双音节词语后面,绝不跟在一个单音节成分后面。请看:

(19) 正确与否　　＊对与否

　　 考虑与否　　＊想与否

　　 录取与否　　＊取与否

　　 那书出版与否　＊那书出与否

　　 调查与否　　＊查与否

再如介词"根据"和"据",其功用都是标引某种论断或结论的依据。当介词"根据"和"据"的宾语为单个儿动词时,"根据"所带的动词只能是双音节动词,而"据"所带的动词虽然大多也是双音节动词,但也可以是单音节动词。请看:

(20) 根据调查　＊根据查　据查/调查

　　 根据报告　＊根据报　据报/报告

　　 根据谣传　＊根据传　据传/谣传

四　轻重音

一个虚词往往可以表示多种不同的语法意义,而这又往往是通过轻重音来表示的。这一点在副词身上表现得特别明显。下面举几个实例：

实例(一)：副词"都"

副词"都"在句中可以表示两种不同的语法意义：一是强调全范围里的每一个或每一部分，这就是一般所说的"表示总括"，一般将这个"都"称为范围副词；二是强调句子所说的事情或情况在说话之前，或在某个行为动作之前，或在某个特定的时间之前就成为事实了，即"表示已然"，一般将这个"都"看作时间副词。而"都"表示这两种不同的语法意义时，重音位置都不一样。请比较（凡重读的音节在字的左上方加着重符号"'"，下同）：

(1)我们'都看完了。

(2)我们都看'完了。

例(1)表示第一种语法意义，重音在"都"上，句子意思是"我们全看完了"；例(2)表示第二种语法意义，重音在"都"之后的"完"上，句子意思是"我们已经看完了"。

实例(二)：副词"已经"

副词"已经"修饰数量词时，既可以言够，也可以言多。这当然只是一种主观量。表示"言够"、"言多"的区别就在轻重音上。例如：

(3)已经三个了。

如果重音在"已经"上（'已经三个了），就表示言够；如果重音在"三"上（已经'三个了），就表示言多（见本书叁·三 实例(一)）。

实例(三):副词"再"

副词"再"可以表示重复,它可以表示两种不同的重复。一是表示实在的重复,所谓"实在的重复"是说,重复已经做过的相同性质的行为动作。例如:

(4) 这个电影太好了,明天再看一次,怎么样?

(5) 这个动作你再做一遍。

(6) 我想就这个问题再写篇文章。

例(4)—(6)里的"再"就表示的"实在的重复"。例(4)说话人已经看过"这个电影",说"明天再看一次"是指"重复看这个电影"。余者类推。二是表示空缺的重复,所谓"空缺的重复"是说,原先想要进行的某种行为动作因某种原因没有进行,因而将在说话后的某个时间里进行。例如:

(7)"老张,今天的电影票卖完了。""票卖完了吗?没关系,我们明天再看好了。"

例(7)里的"再"就表示"空缺的重复"。句子意思是说原先打算"今天"看电影,现在因为买不到票而准备推迟到"明天"看,以实现原先的打算。

"再"表示这两种不同的重复,就是通过轻重音的不同来实现的。表示实在的重复时,自然重音只能在"再"或"再"后面的某个音节上,如例(4)得说成:

(8) 这个电影太好了,明天 'ᴉ再看一次。

这个电影太好了,明天再'看一次。

重音不能在"再"之前,不能说成:

(9) *这个电影太好了,'明天再看一次。

而表示空缺的重复时,自然重音则一定在"再"之前的时间词语上,如例(7)得说成:

(10) 票卖完了吗?没关系,我们'明天再看好了。

自然重音不可能在"再"或"再"之后的某个词语上,所以例(7)不能说成:

(11) *票卖完了吗?没关系,我们明天'再看好了。

*票卖完了吗?没关系,我们明天再'看好了。

实例(四):副词"就"

当副词"就"修饰数量成分,或者虽不直接修饰数量成分但在语义上指向数量成分时,可以言少,也可以言多,而这跟句子重音有关。请比较:

(12) 今天'就来了五个人。

(13) '今天就来了五个人。

例(12)和(13),都是"今天就来了五个人",但例(12)重音在"就"上,在说话人眼里,五个人,少了;而例(13)重音在"今天"上,在说话人看来,五个人,不算少。下面的例句更说明这一点:

(14) 从北京大学到中央民族大学,一来一去就十里地。

例(14),重音如果在"就"上(一来一去'就十里地),那么在说话人看来,从北京大学到中央民族大学不算远;如果重音在"就"之前的"一来一去"上(譬如"一来一'去就十里地"),那么在说话人看来,从北京大学到中央民族大学够远的。

实例(五):副词"又"

副词"又"既能表示重复,也能表示追加。表示重复的实例如:

(15) 妈,那篇课文我刚才又背了一遍。

(16) 这种圆珠笔我觉得很好用,所以用完后我又买了一支。

(17) 那辆车她实在喜欢,临走前她又看了好半天。

表示追加的实例如:

(18) 刚才我买了一支笔,又买了一个本儿。

(19) 他今天扫了地,又擦了桌子。

(20) 下班后他不仅去看望了张老师,而且又到超级市场买了些吃的。

值得注意的是,当"又"表示重复时,可以重读,但是当"又"表示追加时,则绝对不能重读。如例(15)—(17)里的"又"表示重复,所以都可以重读说成:

(21) 妈,那篇课文我刚才'又背了一遍。

(22) 这种圆珠笔我觉得很好用,所以用完后我'又买了一支。

(23) 那辆车她实在喜欢,临走前她'又看了好半天。

但是,例(18)—(20)里的"又"都表示追加,所以都不能重读说成:

(24) * 刚才我买了一支笔,'又买了一个本儿。

(25) * 他今天扫了地,'又擦了桌子。

(26) * 下班后他不仅去看望了张老师,而且'又到超级市场买了些吃的。

例(24)似乎也能说,但意思有变化——"又"不重读,表示追加,意思是"刚才我买了一支笔还买了一个本儿";"又"如重读,意味着我在买笔之前已经买过一个本,因此句子意思就变成"刚才我买了一支笔,而且还又买了一个本儿"。

五 肯定与否定

这里所说的"肯定",是说某个虚词在使用上要求后面必须跟一个肯定形式,不能跟一个否定形式;这里所说的"否定",是说某个虚词在使用上要求后面必须跟一个否定形式,不能跟一个肯定形式。

我们看到,多数虚词既可以同一个肯定形式发生关系,也可以同一个否定形式发生关系。例如:

(1) a. 酒啊,他已经喝了。
    b. 酒啊,他已经不喝了。
(2) a. 她很喜欢结交朋友。
    b. 她很不喜欢结交朋友。
(3) a. 关于这个问题,我还想说一点意见。
    b. 关于这个问题,我不想再说什么了。

例(1)里的副词"已经",在 a 句修饰一个肯定形式"喝了",在 b 句修饰一个否定形式"不喝了"。例(2)里的副词"很",在 a 句修饰一个肯定形式"喜欢结交朋友",在 b 句修饰一个否定形式"不喜欢结交朋友"。例(3)里的介词结构"关于……",在 a 句修饰一个肯定形式"我还想说一点意见",在 b 句修饰一个否定形式"我不想再说什么了"。

但是,有些虚词在这方面有特殊要求。这有多种情况:

一、有的虚词只能同否定形式直接发生关系,不能同肯定形式直接发生关系。如副词"从",就要求后面必须跟一个否定形式,试对照:

(4) 她从不说假话。

这件事我从不认为是她的错。

他从不关心自己的婚姻大事。

小王从不喜欢在背后议论别人。

(5) *她从就说假话。

*这件事我从就认为是她的错。

*他从只关心自己的婚姻大事。

*小王从就喜欢在背后议论别人。

例(4)能说,因为副词"从"修饰的是一个否定形式;例(5)不能说,因为副词"从"所修饰的是一个肯定形式。与"从"同义的副词"从来"就没有这种限制。因此,不仅例(4)里的"从"可以换用"从来",而且例(5)里的"从"也能换用"从来"。请看:

(6) 她从来不说假话。

这件事我从来不认为是她的错。

他从来不关心自己的婚姻大事。

小王从来不喜欢在背后议论别人。

(7) 她从来就说假话。

这件事我从来就认为是她的错。

他从来只关心自己的婚姻大事。

小王从来就喜欢在背后议论别人。

再看副词"万万",它只能修饰一个否定形式,不能修饰一个肯定形式。例如:

(8) 我们万万不可粗心大意。

你们万万不能白吃白拿别人的东西。

你可万万不能好了疮疤忘了疼!

(9) ＊我们万万要注意安全啊!

＊你可万万要当心啊!

＊安全是第一位的事,你们万万要记住!

例(8)、(9)都是祈使句。例(8)里的副词"万万"修饰的是否定形式,句子都能成立;例(9)里的副词"万万"则修饰的是肯定形式,句子都不能成立。与之同义的"千万"则不是这样,它既能修饰一个否定形式,也能修饰一个肯定形式,所以例(8)、(9)里的"万万"如果换成"千万",就都可以成立。请看:

(10) 我们千万不可粗心大意。

你们千万不能白吃白拿别人的东西。

你可千万不能好了疮疤忘了疼!

(11) 我们千万要注意安全啊!

你可千万要当心啊!

安全是第一位的事,你们千万要记住!

语气副词"绝"和"绝对"有着跟"万万"和"千万"相类似的差异。语气副词"绝"就只能修饰一个否定形式,不能修饰一个肯定形式,"绝对"则没有这种限制。请看:

(12) 她这个方案绝不会有问题。

这次投资绝不会亏本。

他绝没有可能获奖。

这件事我们绝不应该参与。

(13) ＊她这个方案绝有问题。

＊这次投资绝会亏本。

＊他绝有可能获奖。

＊这件事我们绝应该参与。

例(12)、(13)里的"绝"如果换成"绝对",就都可以成立。请看：

(14) 她这个方案绝对不会有问题。

这次投资绝对不会亏本。

他绝对没有可能获奖。

这件事我们绝对不应该参与。

(15) 她这个方案绝对有问题。

这次投资绝对会亏本。

他绝对有可能获奖。

这件事我们绝对应该参与。

跟语气副词"绝"同义的"决",也只能修饰一个否定形式,不能修饰肯定形式,例如我们也只能说"决没有问题"、"决不可能获奖",不能说"＊决有问题"(得说成"一定有问题")、"＊决可能获奖"(得说成"一定能获奖"或"有可能获奖")。

此外,像副词"毫"、"丝毫"也只能修饰一个否定形式,不能修饰一个肯定形式。例如：

(16) 他毫不留情｜他毫不客气｜他们毫不气馁

(17) 他毫无悔改之意｜这样做毫无害处｜毫无例外

(18) 他丝毫不注意别人的议论｜他丝毫不放在心上

(19) 他丝毫没有责怪之意｜当时我丝毫没有觉察有什么不妥

　　房间里的东西丝毫未动｜他的脾气丝毫未改

例(16)—(19)如果去掉否定词,句子都站不住。

二、有的虚词则只能同肯定形式直接发生关系,不能同否定形式直接发生关系。我们常说,在"把"字句中否定词要放在"把"字之前,不能放在"把"字之后。例如我们不能说：

(20) ＊你把练习不做完,不能去玩儿。

(21) *他把图书馆的书还没还回图书馆呢!

(22) *如果你把这些表格不做完,那么一切后果由你自己负责。

(23) *他把这篇文章没有送给导师审阅。

例(20)—(23)之所以不能说,就因为否定词放错了位置,放到了介词"把"的后面了。应该将否定词前移至介词"把"之前,说成:

(24) 你不把练习做完,不能去玩儿。

(25) 他还没把图书馆的书还回图书馆呢!

(26) 如果你不把这些表格做完,那么一切后果由你自己负责。

(27) 他没有把这篇文章送给导师审阅。

从另一个角度说,也就是由"把"组成的介词结构不能修饰一个否定形式。

副词"万分"、"分外"也只能用来修饰肯定形式,例如:

(28) 万分悲痛　　*万分不悲痛

　　 万分荣幸　　*万分不荣幸

　　 万分紧张　　*万分不紧张

　　 万分喜欢　　*万分不喜欢

　　 万分高兴　　*万分不高兴

　　 万分愉快　　*万分不愉快

(29) 分外晴朗　　*分外不晴朗

　　 分外热情　　*分外不热情

　　 分外周到　　*分外不周到

　　 分外满意　　*分外不满意

　　 分外安静　　*分外不安静

分别跟"万分"、"分外"近义的"十分"、"非常"和"格外"就没有这种限制,它们就既能修饰肯定形式,也能修饰否定形式。例如:

(30) 十分明朗　十分不明朗
　　 十分热情　十分不热情
　　 十分周到　十分不周到
　　 十分满意　十分不满意
　　 十分安静　十分不安静
(31) 非常明朗　非常不明朗
　　 非常热情　非常不热情
　　 非常周到　非常不周到
　　 非常满意　非常不满意
　　 非常安静　非常不安静
(32) 格外明朗　格外不明朗
　　 格外热情　格外不热情
　　 格外周到　格外不周到
　　 格外满意　格外不满意
　　 格外安静　格外不安静

再如副词"差不多"和"几乎",基本意思一样,都是"表示接近于发生或达到"(侯学超1998)。但是,"差不多"只能直接修饰一个肯定形式,而"几乎"不受这种限制。例如:

(33) a.开学第一天,各班同学几乎都到齐了。
　　 b.开学第一天,各班同学几乎都没到齐。
(34) a.几年不见,他的头发几乎全都白了。
　　 b.他都八十了,几乎没有一根白头发。
(35) a.跟去年比,今年考生几乎增加了一倍。
　　 b.跟去年比,今年考生几乎没什么增加。

例(33)—(35)里的"几乎",a句用于肯定,b句用于否定;如果换

用"差不多",a句成立,b句就站不住了。请看:

(36) a. 开学第一天,各班同学差不多都到齐了。

b. *开学第一天,各班同学差不多都没到齐。

(37) a. 几年不见,他的头发差不多全都白了。

b. *他都八十了,差不多没有一根白头发。

(38) a. 跟去年比,今年考生差不多增加了一倍。

b. *跟去年比,今年考生差不多没什么增加。

再如"稍微"和"多少",都表示程度浅,都可以修饰形容词性词语,也可以修饰动词性词语,它们又都既可以用于比较,也可以不用于比较。例如:

(39) 他比你稍微/多少好一点。

(40) 相比之下,他稍微/多少好一点。

(41) 他比你稍微/多少有些经验。

(42) 相比之下,他稍微/多少有些经验。

以上是用于比较的例子。下面是不用于比较的例子:

(43) 这双鞋稍微/多少有点大。

(44) 你稍微/多少尝一点。

但是,在跟否定形式的连用上有区别:"稍微"可以修饰一个否定形式,"多少"则不行。例如:

(45) 稍微不留神|稍微不注意|稍微不满意|稍微不努力

(46) *多少不留神|*多少不注意|*多少不满意|*多少不努力

注意:这种否定形式,形容词、动词后不能带"一点"、"一些"等不定量数量成分;而且"稍微不……"这个格式,是黏着的句法格式,不能单说,经常在复句中充任条件分句或假设分句。例如:

(47) 只要稍微不注意，就会弄错。

(48) 如果稍微不努力，就会留级。

三、有些虚词有两种不同的意义或用法，而这在肯定、否定的要求上也正好形成对立。例如上面我们曾谈到语气副词"绝"，说它只能用于否定，如"绝不妥协"、"绝没有好下场"等。副词"绝"还能表示程度，近似"非常"的意思。当它表示程度时，则情形正好跟语气副词"绝"相反，只能用于肯定，不能用于否定。请看：

(49) 绝好的机会｜绝妙的计策｜绝大的困难

再如程度副词"太"，当它表示赞叹时，一般用于肯定。例如：

(50) 唱得太棒了！

这场球踢得太漂亮了！

这魔术太迷人了！

他们的演出太精彩了！

似不说：

(51) ＊这衣服太不难看了！

＊这地方太不脏了！

＊这孩子太不笨了！

这说明程度副词"太"用于赞叹时一般修饰肯定形式。可是，当"太"表示程度过分时，则既可修饰肯定形式，也可修饰否定形式。例如：

(52) 这件衣服太短（了）。

这个菜太咸（了）。

这颜色太深（了）。

(53) 这孩子太不听话了。

你这样太不合时宜了。

你也太不讲交情了。

你也太没有自知之明了。

四、有的既能用于肯定,也能用于否定,意思却一样。下面举四个实例:

实例(一):"难免……" 例如:

(54)一个人难免要犯错误/难免不犯错误。

〔都肯定要犯错误〕

粗心大意,难免会出岔子/难免不出岔子。

〔都肯定会出岔子〕

酒后驾车难免会出车祸/酒后驾车难免不出车祸。

〔都肯定会出车祸〕

实例(二):"别……" 例如:

(55)自行车别是他骑走了/自行车别不是他骑走了。

〔二者都怀疑车他骑走了〕

他别是先回上海去了/他别不是先回上海去了。

〔二者都怀疑他先回上海去了〕

钥匙你别是忘办公室了/钥匙你别不是忘办公室了。

〔二者都怀疑钥匙忘办公室了〕

实例(三):"差点儿……" 例如:

(56)去年我大病了一场,差点儿死了/差点儿没有死。

〔都说没有死〕

> 他去年考大学,差点儿名落孙山/差点儿没名落孙山。
> 〔都说没名落孙山〕
> 当时我不小心一滑,差点儿掉沟里了/差点儿没掉沟里。
> 〔都说没掉沟里〕

不过,副词"差点儿"的情况跟"难免"、"别"还有些不同。"差点儿"只是在说不企望的事情时,才用于肯定和用于否定意思都相同。例(56)说的都是不企望的事。用在说企望的事时,用于肯定和用于否定,意思有区别。(朱德熙 1959)请看:

> (57) a. 去年我差点儿考上了。 〔是说没考上〕
> b. 去年我差点儿没考上。 〔是说考上了〕
> (58) a. 上学期他差点儿申请到了奖学金。
> 〔是说没申请到奖学金〕
> b. 上学期他差点儿没申请到奖学金。
> 〔是说申请到了奖学金〕

实例(四):"险些……" 例如:

> (59) 他们乘的船险些翻了/他们的船险些没翻。
> 〔都说船没有翻〕
> 小红去年险些留级了/小红去年险些没留级。
> 〔都说没留级〕
> 我也险些摔倒了/我也险些没摔倒。 〔都说没摔倒〕

"险些"跟"差点儿"不一样,"差点儿"既能表示庆幸没有发生不如意的事情这样的语法意义,如例(56)和例(57)、(58)的 b 句,也能表示为没有能达到预期或希望的结果而惋惜这样的语法意义,如例(57)、(58)的 a 句。而"险些"只表示庆幸没有发生不如意的事情的语法意义,如例(59);它不能表示为没有能达到预期或希望的结果而惋惜的语法意义。因此,例(56)和例(57)、(58)的 b 句里的"差点儿"可以换成"险些",请看:

(60) 去年我大病了一场,险些死了/险些没有死。

〔都说没有死〕

他去年考大学,险些名落孙山/险些没名落孙山。

〔都说没名落孙山〕

当时我不小心一滑,险些掉沟里了/险些没掉沟里。

〔都说没掉沟里〕

(61) b. 去年我险些没考上。　　　　〔是说考上了〕

(62) b. 上学期他险些没申请到奖学金。

〔是说申请到了奖学金〕

而例(57)、(58)的 a 句里的"差点儿"就不能换成"险些",我们不说:

(63) a. ＊去年我险些考上了。　　　　〔是说没考上〕

(64) a. ＊上学期他险些申请到了奖学金。

〔是说没申请到奖学金〕

附:关于"差(一)点儿"和"险些",上面只是就它们在某种情况下用于肯定形式和用于否定形式所表示的意思是否一样这一点来说的,这里附带将它们在表义和用法上的异同作全面比较列如下表,以备参考:

语用环境	语法意义 分布	差(一)点儿		险 些	
		修饰肯定形式	修饰否定形式	修饰肯定形式	修饰否定形式
用于说话人希望的事	庆幸	－	＋	－	＋
	惋惜	＋	－	－	－
用于说话人不希望的事	庆幸	＋	＋	＋	＋
	惋惜	－	－	－	－

六 简单与复杂

语法研究中所讲的"简单",是指单个儿一个词;"复杂"则是指一个句法结构,而非一个单词。通常我们说由"把"组成的介词结构后面一定得跟一个复杂形式,这也就是说由"把"组成的介词结构,它所修饰的成分要求是复杂的。虚词对简单或复杂的要求,也比较普遍。

先看介词。一般谈到介词"对"和"对于"的区别时,都说"能用'对于'的地方,也能用'对',但能用'对'的地方不一定能用'对于'"。(张斌 2001)这些说法是符合实际情况的。但这是由什么因素造成的?一般都只从语法意义的角度去考虑,说这是因为"对"除了表示对待关系这一语法意义外,还能表示"朝、向"等语法意义,而"对于"不表示"朝、向"等语法意义。其实,还有一个因素,那就是它们在用法上对于"简单"、"复杂"的要求有所不同——由"对于"组成的介词结构作状语时,一般要求中心语是个复杂形式,而由"对"组成的介词结构作状语时,没有这种要求。例如用"对"时,a 句和 b 句两种说法都可以:

(1) a.对他要好好帮助。

　　对他能不能批评？

　b.我们应该对他帮助。

　　不能对他批评？

可是用"对于"时,a句可以说,b句就不说,请看：

(2) a.对于他要好好帮助。

　　对于他能不能批评？

　b.*我们应该对于他帮助。

　　*不能对于他批评？

再看副词。就副词"白"和"白白"来说,虽然它们都能表示"付出劳动或代价而无所得"的意思,但在用法上有一个很重要的差别,那就是"白白"要求它所修饰的成分必须是复杂的,而"白"没有这一要求。请比较：

(3) a.我为她白干了一天。

　　昨天我又白跑了一趟。

　b.我们不能为你白干。

　　算我白说,行不行？

(4) a.我为她白白干了一天。

　　昨天我又白白跑了一趟。

　b.*我们不能为你白白干。

　　*算我白白说,行不行？

不少副词都有类似"白"和"白白"的区别。例如"终究、通常、恐怕、稍微"也都要求所修饰的成分必须是个复杂形式,而分别跟它们同义或近义的"必将、常常、也许、较为"就没有这种要求。试比较：

(5) 必将　a.必将要灭亡｜必将取得胜利

　　　　　b.必将灭亡｜必将胜利

　　终究　a.终究要灭亡｜终究会取得胜利

　　　　　b.＊终究灭亡｜＊终究胜利

(6) 常常　a.周末,我们常常来这里玩儿｜春秋季节,我们常常举办服装展览

　　　　　b.周末,我们常常来｜春秋季节,这类服装展览我们常常举办

　　通常　a.周末,我们通常来这里玩儿｜春秋季节,我们通常举办服装展览

　　　　　b.＊周末,我们通常来｜＊春秋季节,这类服装展览我们通常举办

(7) 也许　a.试验也许会失败｜这样做也许更好一些

　　　　　b.试验也许失败｜这样做也许好,也许不好

　　恐怕　a.试验恐怕会失败｜这样做恐怕更好一些

　　　　　b.＊试验恐怕失败｜＊这样做恐怕好,恐怕不好

(8) 较为　a.这里较为安静些｜找一个较为清静一点的地方

　　　　　b.这里较为安静｜找一个较为清静的地方

　　稍微　a.这里稍微安静些｜找一个稍微清静一点的地方

　　　　　b.＊这里稍微安静｜＊找一个稍微清静的地方

再如"稍微"和"稍","稍微"要求所修饰的成分必须是复杂的,"稍"就没有这样的要求,复杂、简单都可以。请看:

(9) 稍微　a.这里稍微安静些｜找一个稍微清静一点的地方｜比他稍微高一些

　　　　　b.＊此处稍微安静｜＊找一个稍微清静的地方｜
　　　　　　＊比他稍微高
　　稍　　a.这里稍安静些｜找一个稍清静一点的地方｜比
　　　　　　他稍高一些
　　　　　b.此处稍安静｜找一个稍清静的地方｜比他稍高

也有相反的情形。有的则要求所修饰的成分得是个简单形式，如程度副词"异常"，似只能修饰单词。例如，我们可以说"异常感谢"，但不说"异常感谢他"。而且还有一点很值得注意的，那就是它不能修饰一个否定形式，因为否定形式就属于复杂形式。请看：

(10)　异常宝贵　　异常悲愤　　异常悲痛　　异常聪明
　　　异常毒辣　　异常恶劣　　异常繁华　　异常愤怒
　　　异常紧张　　异常精致　　异常苛刻　　异常融洽
　　　异常深奥　　异常严肃

(11)　＊异常不宝贵　＊异常不悲愤　＊异常不悲痛
　　　＊异常不聪明　＊异常不毒辣　＊异常不恶劣
　　　＊异常不繁华　＊异常不愤怒　＊异常不紧张
　　　＊异常不精致　＊异常不苛刻　＊异常不融洽
　　　＊异常不深奥　＊异常不严肃

七　位　置

这里所谓的"位置"，有两种含义：

一、指某个虚词在句子中相对于其他成分而言所应处的位置问题。例如许多书上或文章中都谈到，在"把"字句和"被"字句中，否定副词和能愿动词只能放在介词"把"、"被"的前面;再如介词结构"关于……"只能放在主语前面,介词结构"对于……"就没有这种限制;等等。

二、指同类虚词连用(如语气词连用、副词连用)共现时的先后次序问题。例如朱德熙先生(1982)在《语法讲义》里就谈到句末语气词连用的情况。朱先生把现代汉语里的语气词分为三组:

第一组表示时态,包括"了"、"呢$_1$"、"来着";

第二组表示疑问或祈使,包括"呢$_2$"、"吗"、"吧$_1$"、"吧$_2$";

第三组表示说话人的情感与态度,包括"啊"、"呕(ou)"、"欸(ei)"、"嚜(me)"和"呢$_3$"。

朱先生指出,这三组语气词在句子里如果有两个或两个以上接连出现,其顺序是固定的,总是第一组在最前面,第二组次之,第三组在最后。例如:

(1) 1+2　　下雨了吗?|你把它吃了吧$_2$!

　　 1+3　　不早啦(=了+啊)!|还小呢$_1$嚜!

　　 2+3　　走呕(=吧$_2$+呕)!|好好说唉(=吧$_2$+欸)!

　　 1+2+3　已经有了婆家了呗(=吧$_1$+欸)!

黄河、张谊生和袁毓林都探讨过副词连用共现的语序原则。黄河(1990)把副词分为以下 11 类:

1. 语气副词:本来、大概、到底、当然、的确、竟然、究竟、居然、难道、幸亏……

2. 时间副词:常常、曾经、从来、刚、刚刚、马上、仍然、已经、正在……

3. 总括副词:都、全、一概、统统……

4. 限定副词:只、才(他才是个孩子)、不过、光、就(就咱娘儿俩)、仅仅……

5. 程度副词：非常、更、更加、很、极其、极为、太、挺、最……

6. 否定副词：不、没有……

7. 协同副词：一块儿、一齐、一起、一同……

8. 重复副词：重、重新、反复、屡次、又、再、再三……

9. 方式副词：白白、分别、亲自、偷偷、逐步、逐个、埋头……

10. 类同副词：也

11. 关联副词：才（只有……才……）、就（如果……就……）……

黄河认为，副词连用共现的顺序大致如下（用">"符号表示"先于"的意思，下同）：

语气副词＞时间/总括副词＞限定副词＞程度副词＞否定副词＞协同副词＞重复副词＞方式副词

下面略举些实例：

(2) 语气副词＞时间副词　他也许已经回家了。
　　　　　　　　　　　（＊他已经也许回家了。）

语气副词＞总括副词　他们难道都不认识她？
　　　　　　　　　（＊他们都难道不认识她？）

语气副词＞限定副词　我幸亏只买了一件衣服。
　　　　　　　　　（＊我只幸亏买了一件衣服。）

语气副词＞程度副词　她大概太疲劳了！
　　　　　　　　　（＊她太大概疲劳了！）

语气副词＞否定副词　我当然不会跟他结婚。
　　　　　　　　　（＊我不当然会跟他结婚。）

语气副词＞协同副词　他们居然一起来骗我。
　　　　　　　　　（＊他们一起居然来骗我。）

　　　　语气副词＞重复副词　他们难道重新启用了？
　　　　　　　　　　　　　（＊他们重新难道启用了？）
　　　　语气副词＞方式副词　他幸亏亲自去了一趟。
　　　　　　　　　　　　　（＊他亲自幸亏去了一趟。）
（3）时间/总括副词＞限定副词
　　　　他常常只看一遍。（＊他只常常看一遍。）
　　　　他们都只吃一个馒头。（＊他们只都吃一个馒头。）
　　　时间/总括副词＞协同副词
　　　　他俩刚一起进门。（＊他俩一起刚进门。）
　　　　他们都一块儿去。（＊他们一块儿都去。）
　　　时间/总括副词＞方式副词
　　　　他正在埋头看书。（＊他埋头正在看书。）
　　　　这些事他都亲自过问。（＊这些事他亲自都过问。）
（4）限定副词＞否定副词
　　　　他仅仅没有行礼就挨了打。
　　　　（＊他没有仅仅行礼就挨了打。）
　　　限定副词＞方式副词
　　　　他只白干了一天。（＊他白只干了一天。）

不过黄河也指出，上面所述是就总体而言的，总括副词和重复副词跟别类副词连用共现时会有例外。譬如，上面讲到，总括副词在语气副词之后，可是跟个别语气副词（如"居然"）连用共现时则位置可以自由。请看：

　　总括副词＞语气副词（前后位置自由）　例如：
（5）校长、副校长都居然不告而辞了。〔"居然"是语气副词〕
　　　（校长、副校长居然都不告而辞了。）

总括副词跟时间副词连用共现时,有的时间副词(如"终于")只能出现在总括副词之前,有的时间副词(如"刚刚")只能出现在总括副词之后,有的时间副词(如"仍然")跟总括副词的位置则是自由的。例如:

例一,时间副词＞总括副词　例如:

(6) 他们终于全都留下了。　　〔"终于"是时间副词〕

(＊他们全都终于留下了)。

例二,总括副词＞时间副词　例如:

(7) 他们全都刚刚进屋。　　〔"刚刚"是时间副词〕

(＊他们刚刚全都进屋。)

例三,时间副词＞总括副词(前后位置自由)　例如:

(8) 他们仍然都不回答。　　〔"仍然"是时间副词〕

(他们都仍然不回答。)

再譬如,上面讲到,重复副词排序在倒数第二,可是有例外:跟某些时间副词连用共现时,可前可后,请看:

例一,重复副词"再"＞某些时间副词(前后位置自由)　例如:

(9) 你再赶快去一趟。　　〔"赶快"是时间副词〕

(你赶快再去一趟。)

例二,重复副词"又"＞某些时间副词(前后位置自由)　例如:

(10) 今年又将是个丰收年。　　〔"将"是时间副词〕

(今年将又是个丰收年。)

在上面的排序中,未提到类同副词和关联副词。黄河指出,它们分别跟别类副词共现时,其情况比较复杂。拿类同副词"也"跟语气副词的顺序来说,"也"跟某些语气副词(如"难道"、"或许")连用共现,必须出现在后;而跟另一些语气副词(如"居然"、"的确")

连用共现,则位置比较自由。例如:

例一,某些语气副词＞类同副词　例如:

(11) 他难道也不想去?　　　〔"难道"是语气副词〕

(﹡他也难道不想去?)

(12) 这件事他或许也不知道。〔"或许"是语气副词〕

(﹡这件事他也或许不知道。)

例二,某些语气副词＞类同副词(前后位置自由)　例如:

(13) 他居然也同意了。　　　〔"居然"是语气副词〕

(他也居然同意了。)

(14) 她的确也做过买卖。　　〔"的确"是语气副词〕

(她也的确做过买卖。)

关于关联副词,这里仅以表示时间承接的"就"跟时间副词连用共现为例。跟有些时间副词(如"一向"、"从来")连用共现时,"就"总是出现在后面;跟有些时间副词(如"常")连用共现时,"就"总是出现在前面;而跟有些时间副词(如"一直")连用共现时,"就"则位置自由。例如:

例一,某些时间副词＞关联副词"就"　例如:

(15) 他星期天在家里,从来就睡到 10 点才起床。

〔"从来"是时间副词〕

(﹡他星期天在家里,就从来睡到 10 点才起床。)

例二,关联副词"就"＞某些时间副词　例如:

(16) 他下班回来,就常去跟小王下棋。〔"常"是时间副词〕

(﹡他下班回来,常就去跟小王下棋。)

例三,关联副词"就"＞某些时间副词(前后位置自由)　例如:

(17) 他大前年辞职回了老家,就一直没有再来过这里。

〔"一直"是时间副词〕

（他大前年辞职回了老家，一直就没有再来过这里。）

张谊生(2000)对副词的分类跟黄河大同小异,他把副词分为10小类：

1. 评注性副词,即黄河所说的语气副词；
2. 关联副词（包括"也"）；
3. 时间副词；
4. 频率副词,表示经常性的副词,如"频频、常常、往往、渐渐、时时"等；
5. 范围副词；
6. 程度副词；
7. 否定副词；
8. 协同副词；
9. 重复副词；
10. 描摹性副词。

连用共现的顺序跟黄河的顺序也基本一样,只是把关联副词的排列顺序往前移了。请看：

评注性副词＞关联副词＞时间副词＞频率副词＞范围副词＞程度副词＞否定副词＞协同副词＞重复副词＞描摹性副词

这比黄河稍好,但也还是有例外。例如：

(18) 否定副词＞程度副词　这不太好。

(19) 时间副词＞关联副词＞否定副词　我永远也不做这种蠢事。

袁毓林(2002)给副词作了新的分类,并分层次处理副词连用共现的顺序问题。他把副词分为四大类：

1. 关联副词,包括黄河的关联副词和类同副词;
2. 模态副词,包括黄河的语气副词、时间副词;
3. 范围副词,包括黄河的总括副词和限定副词;
4. 状态副词,包括黄河的协同副词、重复副词和方式副词等。

他认为从大类上看,副词在动词之前连用共现时须遵循三条基本语序原则:

a. 语篇原则,即具有语篇关联作用的词语排在最前面;
b. 范围原则,即语义范围统辖大的词语排在其他词语之前;
c. 接近原则,即在语义上彼此有约束关系的词语尽可能靠近排在一起。

根据这三条原则,副词连用共现顺序就大类说可以如下:

关联副词＞模态副词＞范围副词＞状态副词

大类里的小类如果连用共现也有顺序问题,如范围副词里的总括小类和限定小类连用共现时,总括副词在前,限定副词在后。例如:

(20) 总括副词＞限定副词

他们都只说一句话。(＊他们只都说一句话。)

再如,状态副词里的协同副词、重复副词和方式副词,其连用共现时的顺序是:

(21) 协同副词＞重复副词

他们一同重新核对数据。(＊他们重新一同核对数据。)

协同副词＞方式副词

他俩一同悄悄溜出教室。(＊他俩悄悄一同溜出教室。)

重复副词＞方式副词

他们重新亲自核对数据。(＊他们亲自重新核对数据。)

袁毓林注意到,像否定副词"不",从某个角度看,它总是出现在"表示负极性"的时间副词"从"、"从来"之后,"跟语气和情态相关,很像是模态副词";从某个角度看,它"是对辖域特别敏感的词语,又像是范围副词"。因此他进一步指出,"上面那种非此即彼、一锤定音式的基于副词类别的语序规律,显然无法反映这种语言事实"。有鉴于此,他提出"把类别改为特征",如把"关联副词"改称为"具有关联特征的副词",表示为"副词[＋关联]"。这样,副词的语序规律重新表述如下:

副词[＋关联]＞副词[＋模态]＞副词[＋范围]＞副词[＋状态]

袁毓林的意见比黄河、张谊生二位的意见似更好一些。

关于同类副词的连用,还有一种情况需要特别引起我们的注意,那就是有个别副词在跟别的副词连用共现时,可前可后,但意思有很大差异。例如:

(22) 他没有全听懂。　≠　他全没有听懂。
　　　〔部分不懂〕　　　〔全部不懂〕
(23) 他语文成绩很不好。　≠　他语文成绩不很好。
　　　〔可能会不及格〕　　〔不会不及格,只是可能没有达到优〕

本小节一开始指出,所谓虚词的"位置",有两种含义:一种是指某个虚词在句子中相对于其他成分而言所应处的位置;一种是指同类虚词连用共现时的先后次序。上述两种含义的虚词位置,就虚词学习的角度说,更需注意第一种含义的位置问题。这又可以分为两种情况来谈:

第一种情况,有些虚词在句中有比较固定的位置。

由介词"把"、"被"组成的介词结构在句中如果跟能愿动词或否定副词共现,那么介词结构"把……"、"被……"一定居于能愿动词或否定副词之后。这一点一般语法书上都谈到了。

有的介词结构只能放在主语之后。譬如介词结构"比……"、"向……"就只能放在主语后面,不能出现在主语之前。例如:

(24) 他比我跑得快。(＊比我他跑得快。)
　　　母亲比谁都能干。(＊比谁母亲都能干。)

(25) 老四向我递了一个眼色。(＊向我老四递了一个眼色。)
　　　列车飞也似的向广州奔去。
　　　(＊向广州列车飞也似的奔去。)

而有的介词结构只能放在主语之前,如介词结构"关于……"、"至于……"就只能放在主语之前,绝不能出现在主语之后。例如:

(26) 关于人事制度改革我就谈这些。(＊我关于人事制度改革就谈这些。)
　　　关于住房问题你还有什么意见?(＊你关于住房问题还有什么意见?)

(27) 至于他的存款我们已经给冻结了。(＊我们至于他的存款已经给冻结了。)

第二种情况,有些虚词在句中的位置比较灵活,它可以在某种成分之前,也可以在某种成分之后。有的在前在后句子意思变化不大,只有语气或色彩上的差异。例如副词"忽然"、"从此"、"或许/也许"、"莫非"、"难道"等就既可以出现在主语之后,也可以出现在主语之前,而意思基本一样。例如:

(28) 电话铃忽然响了。　　(29) 他从此就发迹了。
　　　忽然电话铃响了。　　　　　从此他就发迹了。

(30) 他或许/也许会晚来一会儿。

或许/也许他会晚来一会儿。

(31) 他莫非还没有接到我的信?

莫非他还没有接到我的信?

(32) 你难道不懂得这个道理吗?

难道你不懂得这个道理吗?

有的在前在后句子的意思有变化,像"幸亏"、"光"、"只"等,例如:

(33) 他幸亏回来了,……　≠　幸亏他回来了,……
〔主句指出避免了于　　〔主句指出在"他"的作用下
"他"不利的事情〕　　　避免了一起不如意的事情〕

(34) 他光吃米饭　≠　光他吃米饭

〔他别的不吃〕　〔别人不吃米饭〕

(35) 他只知道这件事。　≠　只他知道这件事。

〔他别的事都不知道〕　〔别人都不知道这件事〕

关于虚词的位置问题,最后还需要指出两点:

一、有些同义(或近义)的虚词用法上的差异正是表现在位置上。下面略举些实例:

实例(一):连词"既"和"既然"

连词"既"和"既然"意思相同,但"既"只能出现在主语后,不能出现在主语前,而"既然"没有这种限制。例如:

(36) a.你既然已经把电脑给他了,就别再跟他要回来了。

b.既然你已经把电脑给他了,就别再跟他要回来了。

(37) a.你既已把电脑给他了,就别再跟他要回来了。

b.*既你已把电脑给他了,就别再跟他要回来了。

实例(二):连词"一面"和"一方面"

连词"一面"和"一方面"基本意思一样,但"一面"只能出现在主语后,不能出现在主语前,"一方面"则没有这样的限制。例如:

(38) a. 她一方面要拉扯两个三四岁的孩子,一方面要照顾、服侍上了年纪的公婆,能不累吗?

　　b. 一方面她要拉扯两个三四岁的孩子,一方面要照顾、服侍上了年纪的公婆,能不累吗?

(39) a. 他一方面给她讲解动作的要领,一方面手把手地耐心教她。

　　b. 一方面他给她讲解动作的要领,一方面手把手地耐心教她。

例(38)、(39)里的"一方面"如换用"一面",就只有 a 的说法,没有 b 的说法。请看:

(40) a. 她一面要拉扯两个三四岁的孩子,一面要照顾、服侍上了年纪的公婆,能不累吗?

　　b. *一面她要拉扯两个三四岁的孩子,一面要照顾、服侍上了年纪的公婆,能不累吗?

(41) a. 他一面给她讲解动作的要领,一面手把手地耐心教她。

　　b. *一面他给她讲解动作的要领,一面手把手地耐心教她。

实例(三):连词"虽"和"虽然"

连词"虽"和"虽然"所表示的语法意义一样,都用来引出表示

让步的分句,但"虽"只能出现在主语之后,不能出现在主语之前,而"虽然"没有这样的限制。例如:

(42) a.他虽然还是个孩子,但懂得的道理比大人还多。

　　　b.虽然他还是个孩子,但懂得的道理比大人还多。

(43) a.他虽是个孩子,但懂得的道理并不比大人少。

　　　b.*虽他是个孩子,但懂得的道理并不比大人少。

实例(四):"明"和"明明"

副词"明"和"明明"所表示的语法意义一样,都表示事实显然是或的确是这样,但"明"只能处于主语之后,不能处于主语之前,而"明明"没有这样的限制。例如:

(44) a.他明明知道这一次肯定考不上,但他还是报了名。

　　　b.明明他知道这一次肯定考不上,但他还是报了名。

(45) a.他明知这一次肯定考不上,但他还是报了名。

　　　b.*明他知这一次肯定考不上,但他还是报了名。

实例(五):"忽"和"忽然"

副词"忽"和"忽然"所表示的语法意义一样,都表示事情来得迅速而又出乎意外,但"忽"只能处于主语之后,不能处于主语之前,而"忽然"没有这样的限制。例如:

(46) a.他好像忽然又想起了什么,就转身回房间去了。

　　　b.忽然他好像又想起了什么,就转身回房间去了。

(47) a. 他好像忽又想起了什么,就转身回房间去了。

　　　b.*忽他好像又想起了什么,就转身回房间去了。

实例(六):副词"渐"和"渐渐"

副词"渐"和"渐渐"所表示的语法意义一样,都表示程度或数量的增减是逐步的,缓慢的,但"渐"只能处于主语之后,不能处于主语之前,而"渐渐"没有这样的限制。例如:

(48) a. 他渐渐把这件事也淡忘了。

　　 b. 渐渐他把这件事也淡忘了。

(49) a. 天气渐暖,路上的行人也渐多起来了。

　　 b. *渐天气暖,路上的行人也渐多起来了。

　　 c. *天气渐暖,渐路上的行人也多起来了。

实例(七):副词"稍微"和"多少"

副词"稍微"和副词"多少",都表示程度浅,但它们在与能愿动词"该"、"会"等共现时,位置有所不同。"多少"可以在"该"、"会"之前,也可以在"该"、"会"之后,而"稍微"只能在后,不能在前。试比较:

(50) a. 你就算不为自己想,也该多少为孩子想想。

　　 b. 你就算不为自己想,也该稍微为孩子想想。

(51) a. 家里有个恶家婆,再强悍的媳妇儿,也会多少有些受不了。

　　 b. 家里有个恶家婆,再强悍的媳妇儿,也会稍微有些受不了。

(52) a. 你就算不为自己想,也多少该为孩子想想。

　　 b. *你就算不为自己想,也稍微该为孩子想想。

(53) a. 家里有个恶家婆,再强悍的媳妇儿,多少也会有些受不了。

　　b. ＊家里有个恶家婆,再强悍的媳妇儿,稍微也会有些受不了。

　　从上面所举的实例中,我们也可以发现这样一点:如果存在着单双音节并存的同义词或近义词,大多双音节虚词既可以出现在主语后,也可以出现在主语前,而单音节虚词只能出现在主语后,不能出现在主语前。

　　二、连词在句中的位置问题,并不完全是目前一般教科书上说的那样。

　　关于连词在句中的位置,早先《现代汉语》教科书上都谈到它们在句中位于主语前还是主语后的问题,比较盛行的看法是(孟田 1981;兰州大学中文系 1981;北京大学中文系汉语专业 1978):

　　　　连词的位置往往和它所连接的各个分句的主语是否相同有关。一般地说,分句的主语相同,连词就要放在主语之后;如果分句的主语不同,连词就要放在主语之前。

陆俭明(1983)指出,事实上这个看法不太符合语言事实。实际情况是,表示主从关系的前置连词,不论前后分句的主语相同与否,前置连词出现在主语前还是出现在主语后,一般是两可的。陆俭明(1983)举的例子是:

　　(54) a. 他虽然远离家乡(＝虽然他远离家乡),但一直惦记着家乡的人民,家乡的一草一木。

　　　　b. 她虽然没有吭一声儿(＝虽然她没有吭一声儿),我可已猜透了她的心事。

　　(55) a. 尽管王宝坤很忙(＝王宝坤尽管很忙),还是陪他爱人去看了场电影。

b. 尽管说法不同(＝说法尽管不同),基本意思是一致的。

(56) a. 即使我们取得了很大的成绩(＝我们即使取得了很大的成绩),也不能骄傲自满。

b. 即使她骂我打我(＝她即使骂我打我),我也还是像过去一样很好地对待她。

(57) a. 如果你不嫌我这儿脏(＝你如果不嫌我这儿脏),就住这儿吧。

b. 如果敌人胆敢来侵犯(＝敌人如果胆敢来侵犯),我们就叫他们有来无回。

(58) a. 无论你走到哪儿(＝你无论走到哪儿),都会遇到这样淳朴善良的人。

b. 无论我怎么说,怎么比画(＝我无论怎么说,怎么比画),他们还是不懂。

(59) a. 只要我们坚持斗争(＝我们只要坚持斗争),就一定能获得胜利。

b. 只要大家齐心协力(＝大家只要齐心协力),事情就好办。

(60) a. 既然你已经写好了(＝你既然已经写好了),就交给我吧。

b. 既然他不想去(＝他既然不想去),你就一个人去吧。

(61) a. 因为我怕他多心(＝我因为怕他多心),就没有把阿莲的事告诉他。

b. 因为他这两天比较忙(＝他因为这两天比较忙),我就没去找他。

有个别例外,其中"虽"和"既",不论前后分句主语相同与否,只能放在主语之后,不能放在主语之前。例如:

(62) a. 他虽已二十五的人了(≠虽他已二十五的人了),还像个不懂事的孩子。

b. 雁群虽已南飞(≠虽雁群已南飞),仍得不到他归家的音讯。

(63) a. 他既有言在先(≠既他有言在先),一定会如数赔偿你。

b. 他既不愿面见司令(≠既他不愿面见司令),你何必一定要他去呢?

"任凭"则相反,只能放在主语前。例如:

(64) a. 任凭他施展什么鬼蜮伎俩(≠他任凭施展什么鬼蜮伎俩),他也难逃人民法网。

b. 任凭大家怎么惹他(≠大家任凭怎么惹他),他总也不生气。

再一个例外是"由于",当前后分句主语相同时,它放主语前还是主语后,两可。例如:

(65) 由于我不了解情况(=我由于不了解情况),因此一直没有说话,只是默默地听着。

但是当前后分句主语不同时,"由于"只能放在主语前,不能放在主语后。例如:

(66) 由于他不守纪律(≠他由于不守纪律),队长在会上批评了他。

(67) 由于天气起了变化(≠天气由于起了变化),飞机没按时起飞。

至于后置连词,不管前后分句主语是否相同,基本上都是放在主语前头。下面略举一两个例子:

(68) a. 只有玉梅没有挨打,甚至没挨一句骂,但是她感到比挨打挨骂还要难受(≠她但是感到比挨打挨骂还要难受)。

b. 我劝说过好几次,但是他怎么也不听(≠他但是怎么也不听)。

(69) a. 我去过西安,不过我在那儿只住了一天(≠我不过在那儿只住了一天)。

b. 我也听说这个消息了,不过你再去了解得确实一些(≠你不过再去了解得确实一些)。

以上情况说明,就表示主从关系的连词来说,它们连接分句时,是放在主语前还是放在主语后,跟前后分句主语是否相同这一点没什么关系。那么一般教科书的看法是根据什么得出的呢?原来在表示联合关系的连词中,有小部分如"或者、还是、与其、不但、不仅"等,当它们用来连接分句时,在句中的位置确实取决于前后分句主语是否相同这一点,而且它们也确实正如一般所认为的那样,前后分句主语相同,就放在主语之后,分句主语不同,就放在主语之前。例如:

(70) a. 路旁的猴子或者伸"手"向游人要食物(≠或者路旁的猴子伸"手"向游人要食物),或者在树丛中攀上跳下为游人表演杂技。

b. 或者我们去你们那儿(≠我们或者去你们那儿),或者你们来我们这儿。

(71) a. 你还是先吃饭(≠还是你先吃饭),还是先洗澡?

  b. 还是董茂荣先到达的(≠董茂荣还是先到达的),还是你先到达的?

(72) a. 他不但唱功好(≠不但他唱功好),武功也好。

  b. 不但我不认识他(≠我不但不认识他),我奶奶也不认识他。

  总之,一般根据的也就是这有限的事实。仅仅根据有限的事实就下结论,这种以偏概全的做法,我们应引以为戒。这也说明在语言研究中应"多做点用例调查",应当利用统计法。

八　跟其他词语的配搭

  不少虚词在运用中,常常要求一定的词语与之搭配使用,譬如说,"只有"要求"才"与之相配,"只要"要求"就"与之相配,等等。关于句子中连接词语的搭配常见的如:

  虽然/尽管……但是/可是/然而/不过……

  虽然……也……

  即使/就是……也……

  假如/如果……那么/就……

  不管/不论/无论……也/都……

  只有……才……

  只要……就……

  除非……否则……

  既然……那么/就……

  因为……所以……

  由于……因此/所以……

  不但/不仅……而且……

不但/不光/不只……也/都……

与其……不如……

所以我们在语文教学中也好,在对外汉语教学中也好,总要提醒学生注意句子中连接词语的搭配问题,防止出现前后连接成分搭配不当的毛病。这里需要指出的是,有些同义连词的区别正是反映在连接词语的搭配上。这里不妨举两个实例:

实例(一):因为—由于

"因为"、"由于"都用来引出原因分句,但有些差异,其中之一就在于,"由于"既可以同"所以"配合,又可以同"因而"、"因此"配合;"因为"只同"所以"配合,不能同"因而"、"因此"配合。例如:

(1) 因为这几天实在事情太多,所以你来了以后我没能及时来看你。

(2) 由于问题复杂,对问题的看法又各不相同,因而一时很难取得一致的意见。

(3) 由于他一贯软弱,委曲求全,因此他仅有的一次发怒一直留在我的记忆里。

例(1)的"所以"不能换成"因而"或"因此",而例(2)的"因而"、例(3)的"因此"倒都能换成"所以"。请看:

(4) *因为这几天实在事情太多,因此/因而你来了以后我没能及时来看你。

(5) 由于问题复杂,对问题的看法又各不相同,所以一时很难取得一致的意见。

(6) 由于他一贯软弱,委曲求全,所以他仅有的一次发怒一直留在我的记忆里。

实例(二):不但—不光/不只

"不但"和"不光"、"不只"是同义连词,都能跟"而且"搭配使用。例如:

(7) a.她包的粽子不但好看,而且好吃。
b.她包的粽子不光好看,而且好吃。
c.她包的粽子不只好看,而且好吃。

但"不但"有时可以跟"反而"搭配,"不光"、"不只"则不能跟"反而"搭配。请看:

(8) 服药后,病情不但没有减轻,反而加重了。
(9) 这样争吵下去,不但解决不了问题,反而会伤了大家的和气。

例(8)、(9)里的"不但"就不能换成"不光"、"不只"。我们不能说:

(10) *服药后,病情不光/不只没有减轻,反而加重了。
(11) *这样争吵下去,不光/不只解决不了问题,反而会伤了大家的和气。

不光连词存在着跟其他词语配搭的问题,别类虚词有的也有这方面的特殊要求。例如,"恐怕"后面常有语气词"吧"与之相配;"本来"后面常用语气词"嘛"与之相配;而用助词"罢了"、"而已",前面常有副词"不过"、"只"与之相配;用助词"不成",前面常用"难道"、"莫非"与之相配。我们看到,有些同义或近义的副词的差异也反映在跟某些词语的搭配上。下面举些实例:

实例(三):怪—很

程度副词"怪",除了风格、色彩跟"很"不同外,很重要的一点,

"怪"要求后面有"的"与之配搭(怪可爱的｜*怪可爱),"很"的后面则不是非要有"的"不可,可以说"很可爱"、"很聪明",也可以说"很可爱的"、"很聪明的"。

实例(四):毫—丝毫

作为加强否定语气的副词"毫"和"丝毫",意思一样,但"丝毫",可以跟"不"、"没有"、"未"搭配,而不能跟"无"搭配。例如:

(12) 他丝毫不动摇。
(13) 当时,她丝毫没有防备。
(14) 你呀,老脾气丝毫未改。
(15) *他丝毫无缚鸡之力。

例(12)—(14)能说,例(15)不能说,因为"丝毫"不能跟"无"配搭。"毫"则可以跟"不"、"无"、"没有"搭配,但不能跟"未"搭配。上面所举的例(12)—(15)内容不变,只是将句子里的"丝毫"改为"毫",情况就有些不同了。请看:

(16) 他毫不动摇。
(17) 当时,她毫没有防备。
(18) *你呀,老脾气毫未改。
(19) 他毫无缚鸡之力。

例(16)、(17)、(19)能说,例(18)不能说,因为"毫"不能跟"未"配搭。

实例(五):有点儿—有些

表示程度浅的程度副词"有点儿"和"有些",意义基本一样,但是"有点儿"可以跟"太"搭配使用,"有些"则不能。请比较:

(20) a.房间有点儿暗|心里有点儿不痛快

　　　b.房间里有些暗|心里有些不痛快

(21) a.她有点儿太讲究了|这样是不是有点儿太奢侈了?

　　　b.*她有些太讲究了|*这样是不是有些太奢侈了?

实例(六):太——真

这里说的"太"、"真"都是表示赞叹的副词。当它们都用来修饰一个形容词时,"太"就要求后面必须有"了"与之相配,而"真"后面则绝对不能用"了"。请看用"太"的实例:

(22) a.这节目太精彩了!　　(23) a.这太棒了!

　　　b.*这节目太精彩!　　　　　b.*这太棒!

(24) a.这风景太美了!

　　　b.*这风景太美!

例(22)—(24)用"太",a 句能说,b 句不能说。如果将其中的"太"换用"真",情况正好相反,请看:

(25) a.*这节目真精彩了!　　(26) a.*这真棒了!

　　　b.这节目真精彩!　　　　　b.这真棒!

(27) a.*这风景真美了!

　　　b.这风景真美!

九　语义指向

"所谓语义指向就是指句中某一成分在语义上跟哪个成分直接相关"。(陆俭明 1997)事实告诉我们,对于副词的用法,有时还需注意副词的语义指向问题。譬如说,表示限制的范围副词"只"和"光"是同义副词,他们的差异之一就是语义指向不完全一样。

从语义指向的角度说,它们的共同点是,都可以指向行为动作,也都可以指向事物——可以指向行为动作的施事,也可以指向行为动作的受事。例如:

(1) a.他呀,只说不做。

b.他呀,光说不做。

(2) a.只你会可不行,还得让大家都会。

b.光你会可不行,还得让大家都会。

(3) a.他呀,只吃肉不吃蔬菜。

b.他呀,光吃肉不吃蔬菜。

例(1)"只/光"在语义上指向行为动作"说",例(2)"只/光"在语义上指向句中谓语动词的施事"你",例(3)"只/光"在语义上指向句中谓语动词的受事"肉"。但是,"只"和"光"在语义指向上有些区别——"只"还可以指向数量,而"光"不能。例如:

(4) a.他没有买什么,只买了一个苹果。

b.他苹果买得很少,只买了一个苹果。

我们看到,例(4)a 句的"只"可以换成范围副词"光";而 b 句的"只"则不能换成"光"。请看:

(5) a. 他没有买什么,光买了一个苹果。

b. *他苹果买得很少,光买了一个苹果。

这为什么呢?没有别的原因,就因为例(4)a 句里的范围副词"只"在语义上指向"买"的受事"苹果",b 句里的范围副词"只"则指向数量"一个"。"只"在语义上既可以指向事物,也可以指向数量,而"光"可以指向事物,但不能指向数量。所以例(5)b 句不能说。

再看方式副词"分别"和"各自"。单从下面的例句看,他们的意义和用法似乎一样:

(6) 张惟和李炀把这事儿又分别告诉了自己的父母。

(7) 红红和毛毛各自做了一个毽子。

例(6)"分别"可以换用"各自",例(7)"各自"可以换用"分别",请看:

(8) 张惟和李炀把这事儿又各自告诉了自己的父母。

(9) 红红和毛毛分别做了一个毽子。

"分别"和"各自"有相同之处,如它们在语义上都一定指向某个集合体的各个个体,它们都能指前。例(6)、(7)例的"分别"、"各自"之所以能互换,就因为它们的语义所指都在前,即都指前。但"分别"和"各自"是有区别的,那就是它们在语义指向上有区别——"各自"只能指前,不能指后,"分别"则既能指前,也能指后。下面的例子很说明问题:

(10) 王校长今天下午分别接见了上海师范大学副校长和华东师范大学副校长。

(11) 红红分别给奶奶和妈妈递了一块热毛巾。

例(10)、(11)里的"分别"在语义上都指后,例(10)指向"上海师范大学副校长"和"华东师范大学副校长",例(11)指向"奶奶"和"妈妈"。例(10)、(11)里的"分别"就不能替换成"各自",因为"各自"不能指后。

十　社会心理

从更大的语用环境考虑,社会心理也是我们考虑虚词用法时必须注意的一个方面。如上文"五　肯定与否定"一小节里我们曾谈到副词"差点儿"。在那一节我们只是说如果说的是社会公认的不如意的事情,副词"差点儿"之后不论是跟一个肯定形式还是否

定形式,意思一样,都是说那不如意的事情没有发生,表示庆幸的意思。所举的例子是:

(1) 去年我大病了一场,差点儿死了/差点儿没有死。

〔是说没有死〕

他去年考大学,差点儿名落孙山/差点儿没名落孙山。

〔是说没名落孙山〕

当时我不小心一滑,差点儿掉沟里了/差点儿没掉沟里。

〔是说没掉沟里〕

如果说的是社会公认的如意的事情,那么副词"差点儿"之后如果跟一个肯定形式,表示否定的意思,含惋惜的意味;如果跟一个否定形式,表示肯定的意思,含庆幸的意思。所举的例子是:

(2) a. 去年我差点儿考上了。 〔是说没考上〕

b. 去年我差点儿没考上。 〔是说考上了〕

(3) a. 上学期他差点儿申请到了奖学金。

〔是说没申请到奖学金〕

b. 上学期他差点儿没申请到奖学金。

〔是说申请到了奖学金〕

其实"差点儿"的使用,还会受到社会心理的影响。(朱德熙 1959)因为有的事情,如意不如意,会因人而异。如"把张三选上了"这件事,假设甲方希望把张三选上,乙方则不希望把张三选上,那么"把张三选上了"这件事,对甲方来说无疑是属于如意的事,而对乙方来说肯定是属于不如意的事。由于存在上述不同态度,所以同是这样两句话——"差点儿把张三选上了"、"差点儿没把张三选上"持不同态度的人说出来,意思会有差异:

(4) 甲方:差点儿把张三选上了 〔张三没被选上,表示惋惜〕

甲方:差点儿没把张三选上 〔把张三选上了,表示庆幸〕
(5) 乙方:差点儿把张三选上了 〔没把张三选上,表示庆幸〕
乙方:差点儿没把张三选上 〔没把张三选上,表示庆幸〕

再举个"比"字句的例子:

(6)你的衣服比我的衣服漂亮。

(7)你的孩子比我的孩子聪明。

(8)你的爷爷比我的爷爷硬朗。

例(6)、(7)里介词"比"的宾语可以用"的"字结构"我的"来替换,说成:

(9)你的衣服比我的漂亮。

(10)你的孩子比我的聪明。

而例(8)里介词"比"的宾语不可以用"的"字结构"我的"来替换,不能说:

(11)＊你的爷爷比我的硬朗。

这种差异也是由社会心理决定的。在以汉语为母语的人的心目中,用"的"字结构来指称人,是不礼貌的。衣服是非指人事物,孩子虽是人,但属于晚辈,用"的"字结构来指称就不存在礼貌不礼貌的问题;而爷爷是属于长辈,用"的"字结构来指称就不礼貌了。所以例(9)、(10)成立,例(11)就不成立。(马真 1986)

上面我们在介绍研究虚词用法的方法时,是一个一个分着说的,在实际的研究过程中,上述分析方法常常是综合运用的。更需要提醒大家的是,我们来研究一个虚词的用法时,也应该有意识地从多角度、多层面、多方位来思考问题,至于最后从哪个方面或哪些方面来加以描写,这得根据虚词用法的实际情况和研究的需要来加以确定。关于这一点,我们将会在本书第肆部分里具体说明。

贰 研究虚词语法意义的两项要义

上面我们多次指出,虚词只表示抽象的语法意义,而语法意义往往难以捉摸。真要准确把握好一个虚词的语法意义,必须注意并明了研究虚词语法意义的一正一反的两项要义:(一) 要重视虚词运用的语义背景分析;(二) 警惕将虚词所在的格式的意义归到那虚词身上。下面所要谈的事实将表明,如果不了解、不清楚虚词运用的语义背景,我们就不可能准确把握虚词的语法意义,也就不可能正确使用这个虚词;如果误将虚词所在的句法格式的意义归到包含在格式中的虚词身上,我们也不可能准确把握虚词的语法意义。

一 要重视虚词运用的语义背景分析

细致分析虚词运用的语义背景,这对于准确把握虚词的语法意义,极为重要。什么叫虚词运用的语义背景呢?所谓虚词运用的语义背景,就是指某个虚词能在什么样的情况或上下文中出现,不能在什么样的情况或上下文中出现;或者说,某个虚词适宜于什么场合或什么样的上下文中使用,不适宜于什么场合或什么样的上下文中使用。譬如,对于句末语气词"好了",我们在课堂上曾通过有无"好了"的句子的比较分析,确定"好了"表示"不介意,不在乎,尽管放心"的语法意义(见叁·四)。但因没有指出使用"好了"的语义背景,结果有的外国学生对"好了"理解不好,出现了误用的情况。请看：

(1) *他叫我别抽烟，我还是抽烟好了。

其实，在使用"好了"时一定要先说出或暗示某种属于非意愿的、或不如意的、或令人担心的情况，然后用"好了"来表示对那种情况不在乎、不介意，例如：

(2) "师傅，没米饭了。""没米饭吃面条好了。"

(3) 既然他不愿意带我们去，我们自己去好了。

或发现对方有某种疑虑或担心时，用来劝慰对方别介意、尽管放心，例如：

(4) "这水能喝吗？""你喝好了，准保没事儿。"

这就是使用句末语气词"好了"的语义背景。如果我们不仅告诉学生"好了"的语法意义，还告诉学生使用"好了"的语义背景，他们就会比较好地使用"好了"这个语气词。上面所举的例(1)所以是病句，就因为不具备使用"好了"的语义背景。

下面试以具体实例来具体说明虚词运用的语义背景。

实例（一）：反而

"反而"是个书面语词。我们看到，许多外国学生不会使用这个"反而"。例如：

(1) *大家都看电影去了，她**反而**在宿舍看书。

(2) *玛沙干得比谁都卖力，这一次我想老师准会表扬他，谁知老师**反而**没有表扬他。

(3) *他以为我不喜欢她，我**反而**很喜欢她。

后来又发现，有些中国人也错用这个口语里不是很常用的"反而"。例如：

(4) * 大家都主张种植大棚蔬菜,老村长**反而**反对。

甚至在个别语言学文章里也有错用"反而"的。例如:

(5) * 黎锦熙先生把主语规定为动作行为的施事(即动作者),或性质状态的具有者,赵元任先生**反而**认为汉语的主语不限于此,其他如动作行为的工具、时间、处所等都可以作主语。

这五个例子里的"反而"都不该用,都可以将"反而"换成"却"。当然,例(2)、(3)可以有更好的改法——例(2)干脆把"反而"删去就是了,或者将"反而"换成"并";例(3)删去"反而"后,在后一分句"我"的前头加"其实"。请看:

(6) 大家都看电影去了,她**却**在宿舍看书。

(7) a. 玛沙干得比谁都卖力,这一次我想老师准会表扬他,谁知老师没有表扬他。

　　b. 玛沙干得比谁都卖力,这一次我想老师准会表扬他,谁知老师**并**没有表扬他。

(8) 他以为我不喜欢她,**其实**我很喜欢她。

(9) 大家都主张种植大棚蔬菜,老村长**却**反对。

(10) 黎锦熙先生把主语规定为动作行为的施事(即动作者),或性质状态的具有者,赵元任先生**却**认为汉语的主语不限于此,其他如动作行为的工具、时间、处所等都可以作主语。

为什么会用错"反而"呢?这是因为目前我们的工具书关于"反而"的注解或说明都比较笼统,只是说"起转折作用","表示跟前文意思相反或出乎意料之外"(《现代汉语八百词》;张斌 2001);或说"表示跟上文意思相反或出乎预料和常情"(《现代汉语词典》)。上面这些病例正是这种解释误导的结果。而这些工具书之所以对"反而"不能作出准确的解释,原因之一,工具书的作者都不太注意或者说根本就不注意"反而"使用的语义背景。

那么到底什么情况下可以使用"反而"呢?请先看下面这个例句:

  (11) 今天午后下了一场雷阵雨,原以为天气可以凉快一些,可是并没有凉下来,**却**更闷热了。

例(11)的最后一个分句跟前面的分句之间有转折关系,句中用"却"来显示这种转折关系。值得注意的是,这个句子里的"却"可以用"反而"来替换,说成例(12),而意思基本不变。请看下面的例(12):

  (12) 今天午后下了一场雷阵雨,原以为天气可以凉快一些,可是并没有凉下来,**反而**更闷热了。

那么为什么这个句子里的"却"可以用"反而"来替换,而上面所举的例(1)—(5)不能用"反而",得用"却"呢?这个问题本身正好说明了这样一点:不是所有表示转折关系的复句里都能用"反而",只有在某种语义背景下,转折复句里才能用"反而"。因此,要确切了解并掌握"反而"的语法意义,必须考察和了解"反而"使用的语义背景。

例(12)里的"反而"是用得很贴切的,这个例句也充分显示了使用"反而"所应具备的语义背景。这个语义背景可以描述如下:

  A. 甲现象或情况出现或发生了;
  B. 按说(常情)/原想〔预料〕甲现象或情况的出现或发生会引起乙现象或情况的出现或发生;
  C. 事实上乙现象或情况并没有出现或发生;

D. 倒出现或发生了与乙现象或情况相背的丙现象或情况。例(12)里的"午后下了一场雷阵雨"就属于甲现象,例(12)里的"天气可以凉快一些"就属于乙现象,例(12)里所说的"天气并没有凉下来"就是 C 所说的情况,例(12)里的"更闷热了"就属于丙现象。"反而"就用在说明 D 意思的语句里。为了使大家更明了起见,我们不妨在例(12)里用甲、乙、丙来标明那不同情况,将例(12)改写成例(13):

(13) 今天午后下了一场雷阵雨[甲],原以为天气可以凉快一些[乙],可是并没有凉下来,**反而**更闷热了[丙]。

或以 A、B、C、D 意将例(12)改写为例(14):

(14) [A 意]今天午后下了一场雷阵雨,[B 意]原以为天气可以凉快一些,[C 意]可是并没有凉下来,[D 意]**反而**更闷热了。

上面所说的 A、B、C、D 这四层意思,可以在一个句子里一起明确地说出来,如例(14);也可以不完全说出来。请看:

(15) [A 意]今天午后下了一场雷阵雨,[C 意]可是天气并没有凉下来,[D 意]**反而**更闷热了。〔省去 B 意〕

(16) [A 意]今天午后下了一场雷阵雨,[B 意]原以为天气可以凉快一些,[D 意]可是**反而**更闷热了。〔省去 C 意〕

(17) [A 意]今天午后下了一场雷阵雨,[D 意]天气**反而**更闷热了。 〔省去 B、C 两层意思〕

D 意是"反而"所在的语句,当然不能省去;A 意是使用"反而"的前提条件,因此也不能省去。例(14)、(15)、(16)、(17)具体代表了使用"反而"的四种不同的情况。

不管属于哪一种情况,使用"反而"的语义背景是相同的,都包含着A、B、C、D这四层意思,只是在例(14)里,那四层意思是全部显露的,而在例(15)、(16)、(17)里,那四层意思是有所隐含的。前面一开始我们所举的例(1)—(5)这五个病例之所以不能用"反而",就因为这些句子并不具有"反而"所使用的语义背景。拿例(1)来说,"大家都看电影去了",不一定"她"也非得去看电影,二者之间没有必然的关系,所以在这句话里用"反而"就不恰当了。如果是下面这样说就可以了:

(18) 大家都看电影去了,原以为宿舍会安静一些,谁知不仅没有安静下来,反而更吵了。

其余的病例也都可以照此分析。

考察、了解了"反而"使用的语义背景,我们就可以比较好地把握"反而"的语法意义。"反而"所表示的语法意义可以这样描写:

"反而"表示实际出现的情况或现象跟按常情或预料在某种前提下理应出现的情况或现象相反。

先前的工具书在对"反而"释义时都没有注意"反而"使用的语义背景,请看:

《现代汉语词典》:表示跟上文意思相反或出乎预料和常情。

《现代汉语八百词》:表示跟前文意思相反或出乎预料之外。

《现代汉语虚词词典》:表示与前一小句的意思相反,或表示出乎意料。

因此正如王还(1994)所指出的,留学生按照《现代汉语词典》和《现代汉语八百词》等工具书对"反而"的解释造句,就常常写出错用"反而"的病句。上面我们举的病例(3),就是王还先生文章中所举出的病例。王还先生根据她的分析和体会,曾对"反而"的语法意义做了如下的描写:

> 当某一现象或情况没有导致按理应导致的结果,而导致相反的结果,就用"反而"引出这相反的结果。

不过在我们看来,王还先生所说的,其实是我们上面所说的包含A、B、C、D四层意思的语义背景的简化,而并非"反而"的语法意义。"反而"的语法意义还应该是我们上面所说的,即"表示实际出现的情况或现象跟按常情或预料在某种前提下理应出现的情况或现象相反"。

弄清了使用"反而"的语义背景,不仅有助于正确运用它,而且有助于解决语法学界在对"反而"一词的看法上所存在的各种分歧。

目前,语法学界对"反而"的看法上有着明显的分歧。第一,"反而"到底是什么词?有的说它是副词(《现代汉语八百词》),有的说它是连词(《现代汉语词典》[增订本]2002;王国璋、安汝磐1980),有的说它既是副词又是连词(景士俊1980)。第二,"反而"在句子中到底表示什么关系?有的说它表示转折关系(《现代汉语八百词》),有的说它表示递进关系(景士俊1980),有的说它既表示递进关系,又表示转折关系(华南师院中文系编1981)。

其实,我们弄清了"反而"出现的语义背景,这些问题就可以迎刃而解了。

关于上述第一个问题,我们在上面已经说明了使用"反而"的语义背景,而且指出语义背景的四项内容(即 A、B、C、D 四层意思)不一定都出现,其中,A、D 必须出现,B、C 在句中可出现可不出现。这样就形成了使用"反而"的四种不同的格式:

Ⅰ.A+B+可是(不但)C+反而 D。

Ⅱ.A　+可是(不但)C+反而 D。

Ⅲ．A＋B＋可是　＋反而 D。

Ⅳ．A　＋（可是）　＋反而 D。

这四个格式彼此有着内在的联系,如果我们把格式Ⅰ看作是基本式,那么格式Ⅱ、Ⅲ、Ⅳ就是它的省略式,因此这四个格式也可以概括为：

A＋(B)＋(可是(不但)C)＋反而 D。

从上面的分析我们可以看出,上述种种格式表面看各不相同,实际上是同一语义背景的不同表达形式,彼此都有联系。其中,Ⅰ式是最基本的格式,其余的是由Ⅰ式省略而派生出来的。因此,出现在各种格式里的"反而",其实是同一个词。把"反而"处理为既是副词又是连词显然是不恰当的。那么"反而"是副词还是连词呢？我们同意《现代汉语八百词》的意见,把它归入副词,理由是："反而"经常用在复句中,但并不是非得用在复句中不可。譬如格式Ⅳ,当"反而"的语义背景的 A 意以名词短语或介词短语来表达时,"反而"就是用在单句中：

(19) 今天午后这一场雷阵雨,反而使天气更闷热了。

(20) 经过午后这一场雷阵雨,天气反而更闷热了。

例(19)、(20)都是单句。例(19)是主谓结构("今天午后这一场雷阵雨"作主语),例(20)是"状—中"偏正结构(介词结构"经过午后这一场雷阵雨"作状语)。这种情况在实际使用中较多,在我们收集的 139 个例句中就有 23 个。

关于第二个问题。不管"反而"出现在哪一种具体的句子格式,它所表示的语法意义都是相同的,即都是表示实际出现的情况或现象跟按常情或预料在某种前提下理应出现的情况或现象相反。所谓转折关系、递进关系,不是"反而"所表示的,而是"反而"

所在的句子格式所表示的,我们只要分析一下使用"反而"的各种格式的内部构造,问题就清楚了。

(21) Ⅰ.A＋B＋可是(不但)C＋反而 D。

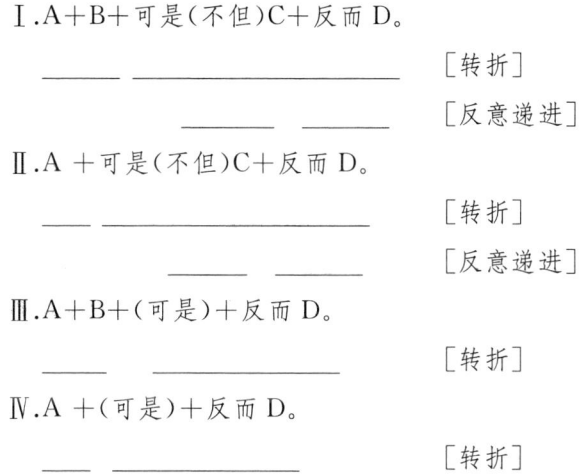

Ⅱ.A ＋可是(不但)C＋反而 D。

Ⅲ.A＋B＋(可是)＋反而 D。

Ⅳ.A ＋(可是)＋反而 D。

很明显,所有包含"反而"的复句,就整句说都是转折复句,可是,在格式Ⅰ和Ⅱ里,"反而"所在的D,只跟C发生关系,它们之间都是递进关系;而在格式Ⅲ或Ⅳ里,"反而"所在的D跟"A＋B"或A发生关系,它们之间都是转折关系。至此,我们可以明白,为什么"反而"会让人感到它有时表示递进关系,有时表示转折关系。总之,所谓转折关系、递进关系,不是"反而"所表示的,而是"反而"所在的句子格式所表示的。

最后我们还需说明一点,那就是上面曾说到,A意是使用"反而"的前提条件,不能省去;但是 A 有时可以不在本句内出现,而见于前面的句子。例如:

(22) ……他不但没有成为列车上的调皮鬼,反而成了积极带头的模范。(峻青《黎明的河边·东去列车》)

(23) 雷阵雨是下了两场,但时间都比较短。人们的感觉是,天气反而更闷热了。

(24)"……""哼!依你说,反而是周乡绅怕了乡下人吗?"
《洪深选集》)

例(22)—(24)各例的 A 都见于前面的句子。把标示各意义的符号加进句子内就清楚了,请看:

(22)(A)……。(C)他不但没有成为列车上的调皮鬼,(D)反而成了积极带头的模范。(峻青《黎明的河边·东去列车》)

(23)(A)雷阵雨是下了两场,但时间都比较短。人们的感觉是,(D)天气反而更闷热了。

(24)"(A)……""哼!依你说,(D)反而是周乡绅怕了乡下人吗?"(《洪深选集》)

实例(二):表示加强否定语气的"并"、"又"

"并"和"又"都能表示多种语法意义,其中之一表示加强否定语气。例如:

(1)我并不知道他要来啊!

(2)我又没有叫你去,你怨我干什么。

例(1)、(2)都是否定句,其中的"并"和"又"对"不知道他要来"和"没有叫你去"这种否定结构分别起着加强否定语气的作用。对"并"、"又"的这种作用,许多语法论著和有关虚词的辞书都注意到了。但是,都说得比较简单,一般都说"并"放在否定词前加强否定语气;"又"用在否定句或反问句里,加强否定语气。这些说法不能说不对,因为第一,语气副词"并"和"又"确实只能用在否定词的前边;第二,语气副词"并"和"又"确实有加强否定语气的作用。但是,这些说法太简单,太笼统。读者根据这些说法不能知道什么场合用"并",什么场合用"又"。对我们中国人来说,可以凭自己的习惯和语感去用,不需要去问老师,也不需要去查阅语法书或工具书。但是,对于外国留学生来说,这种说法对他们就很容易起误导作用。外国学生原本就不知道汉语里的语气副词"并"和"又"到底怎么用,看了书上或词典上对这两个语气副词的解释,他们就以为:(a)作为语气副词,"并"和"又"的用法是一样的;(b)当需要加强否定语气时,就可以在否定词前边用"并"或"又"。而且他们往往就本能地按书上、词典上所说的去类推,去运用,结果就说出或写出了下面这样的病句:

(3)"你再吃一点儿。"
"*我并不能再吃了。"

(4)"李敏,你就向慧玉小姐赔个不是,事情不就解决了吗?"
"*我并不向她赔不是!"

(5)"玛莎跟日本同学佐田谈恋爱的事你也知道了?"
"*我又不知道哇。"

(6)*你又别收她的钱!

(7)*这件事要保密,你又不能告诉任何人。

这些句子里的"并"和"又"都用得不合适。如果真要加强否定语气的话,这些句子该这样改:

例(3)宜将"并"改为"的确",说成"我的确不能再吃了"。

例(4)宜将"并"改为"就(是)"或"偏",说成"我就不向她赔不是",或者说成"我偏不向她赔不是"。

例(5)里的"又"倒应该改为"并",说成"我并不知道哇"。

例(6)里的"又"改为"千万"比较好,说成"你千万别收她的钱"。

例(7)里的"又"则改为"决"好像比较适宜,说成"这件事要保密,你决不能告诉任何人"。

上面的例子说明,第一,不是什么情况下都可以用"并"或"又"来加强否定语气的;第二,"并"和"又"虽都能起加强否定语气的作用,但二者又有区别。如病例(5)"＊我又不知道哇"里的"又"宜改为"并"。

那么到底在什么情况下可以用语气副词"并",在什么情况下可以用语气副词"又"呢？在什么情况下不能用语气副词"并"或"又"呢？我们认为,要回答好这些问题,必须根据大量的语料来考察、分析它们各自使用的语义背景。

先说"并"。

语言事实告诉我们,不是随便什么时候都能用语气副词"并"来加强否定语气的。只有当说话人为强调说明事实真相或实际情况而来否定或反驳某种看法(包括自己原先的想法)时才用这个语气副词"并"(陆俭明、马真 1985)。比如当我们说"他并没有灰心"时,一定是有人说"他已经灰心了";同样,当我们说"我并不认识她"时,一定是有人认为我认识她。下面的例(8)—(11)更清楚地说明了这一点：

(8)"小张昨天又去打麻将了？"

"他昨天并没有去打麻将,他一直跟我在一起。"

(9)"他的态度是不是有一些变化？"

"并没有什么变化,还是坚持原来的意见。"

(10) 他们说小明那孩子傻,其实他并不傻。

(11) 我以为他也去中国了,谁知他并没有去。

例(8)—(11)用"并"的句子都含有强调说明真实情况而否定某种看法的意味。譬如例(8)问话"小张昨天又去打麻将了?"明显地含有问话人以为"小张又去打麻将了"的意思;例(9)问话"他的态度是不是有一些变化?"也明显地含有问话人以为"他的态度有所变化"的意思。所以这两个句子的答话都能用语气副词"并"来加强否定语气。至于例(10),也很明显,说话人是针对"他们"说"小明那孩子傻"而说的话,所以他来否定"他们"这种看法时,用"并"来加强否定的语气,说明"他不傻"。例(11)是说话人自己否定自己原先的想法,所以也用"并"来加强否定语气,以强调说明实际情况。

前面我们说例(3)和例(4)里的语气副词"并"使用得不当,就因为这些句子不存在使用语气副词"并"的语境,也就是语义背景。就拿例(3)来说,对方先说"你再吃一点儿",答话人的回答意思是"我不能再吃了",这明显地不属于辩驳性的否定,所以用"并"不合适。例(4)对方劝李敏向慧玉小姐赔个不是,李敏的答话"我不向她赔不是",从性质上看,也不属于辩驳性的否定,而纯粹属于表示自己意愿的性质,所以也不能用"并"来加强否定语气。如果对方不是劝李敏向慧玉小姐赔个不是,而是向李敏提出下面这样的问题:"你向慧玉小姐赔不是啦?"这问话本身预设问话人以为对方向慧玉小姐赔了不是,所以李敏就可以用"并"来加强否定语气,回答说:"我并没有向她赔不是。"现在再来看前面举的例(5)。那例(5)问话人的问话是:"玛莎跟日本同学佐田谈恋爱的事你也知道了?"——明显地包含了问话人这样一种想法:"玛莎跟日本同学佐田谈恋爱的事想必听话人已经知道了"。其实听话人不知道。听话人为要否定问话人的想法,说明真实情况,当然应该用"并"来加强否定语气,回答说:"我并不知道哇。"而不应该用语气副词"又"(关于语气副词"又"在什么情况下用,我们下面讲)。

根据上面分析的实例,我们大致可以对语气副词"并"的语法意义作这样的概括:

加强否定语气,强调说明事实不是对方所说的、或一般人所想的、或自己原先所认为的那样。

正因为语气副词"并"表示上述语法意义,所以使用语气副词"并"的句子往往含有辩驳和说明真实情况的意味。

李行健(1999)主编的《小学生规范字典》(第1版)对语气副词"并"做了这样的注释:

表示实际上不是那样▷翻译～不比创作容易 不要多心,我～没有别的意思。

应该说,作者在写这个注释时,已领会到了语气副词"并"的语法意义,但这个表述却完全错了。语气副词"并"本身并不含有否定意义,它只是起加强否定语气的作用。显然作者把"并"当"并不/没有"来注了。《小学生规范字典》2002年8月第3版,作者对表示语气的副词"并"的注释作了修改,改为:

跟"不"连用,表示实际上不是那样▷翻译～不比创作容易 | 事实～不是这样。

修改后的注释,比原来要好一些,但仍不合适,而且还多出了一些问题:第一,加上"跟'不'连用"这一句,只是说明了"并"使用的语法条件,对"并"的语法意义的注释并未改变,原有的问题还是存在;第二,跟语气副词"并"连用的否定词,不限于"不",还有"没有"、"无"、"未"等,所以第3版的注释对小学生仍可能会起误导作用,让小学生以为"并"的后面只能用"不……"。

现在说"又"。

语气副词"又"也确实有加强否定语气的作用。我们不妨把包含这个"又"的句子和不用这个"又"的句子拿来比较一下,请看例(12):

(12) a.你又没有病,吃什么药啊!

b.你没有病,吃什么药啊!

例(12) a 句用"又",b 句不用"又",a 句的否定语气显然要比 b 句强。现在的问题是,在什么情况下可以用这个"又"来加强否定语气。下面我们不妨先看几个对话:

(13) 小张:小王,明天我们去叶老师家,带一瓶茅台酒吧。

小王:叶老师又不喝白酒。

(14) 玉萍:你带上一把伞吧。

俊峰:天气预报又没说今天要下雨。

(15) 秘书:经理,李美珠小姐来出席我们的招待会了。

经理:我们又没有请她,她怎么也来啦?

(16) 杨琳:这条烟我是在昆明买的,你给你爸爸带去。

陈祥:我爸爸又不抽烟,你买烟干吗。

(17) 林祥:这什么鬼地方,一点儿也不好玩儿,真不该来。

淑英:又没有人强迫你来,你自己要来的呀!

(18) 宝莲:山田,你不是说日本到处是樱花吗?我怎么跑了那么多地方也没见着啊?

山田:现在又不是三四月份,樱花又不是一年四季都开的。

上面这些句子都用了"又",而且用得比较贴切。为什么这些句子都能用语气副词"又"呢?我们不妨来具体分析一下这些例句。拿例(13)来说,小张提出给叶老师带一瓶茅台酒,小王不同意,但小王不直接说"不要给叶老师带茅台酒",而是采取否定"叶老师喝酒"这一事实来达到否定小张意见的目的。这里小王就用了"又"来加强否定语气。例(14)玉萍叫俊峰"带上一把伞",俊峰不想带,但他不直接说"我不带",而是通过否定有下雨的可能性来达到否定玉萍意见的目的。这里俊峰也用了"又"来加强否定语气。现在看例(15),很明显,经理并没有请李美珠来参加他举行的招待会,李美珠是不该来的,但经理先不直接说"李美珠不该来",而是先说"我们没有请她",以达到他表述正面意见——"李美珠不该来"——的目的。这里,说话人也用了"又"来加强否定语气。例(15)似乎也可以用"并",但说话的角度、语气不一样。例(16)杨琳在昆明买了条烟,准备送给陈祥的父亲,陈祥对杨琳的做法持否定态度,但是他不直接说"你不该买",而是说"我爸爸不抽烟",这样来达到否定杨琳做法的目的。这里,说话人也用了"又"来加强否定语气。其他例句情况也类似。从这里,我们可以明显地看出,有时人们要否定某种事情、某种做法、某种说法或某种想法时,不采取直接否定的方式,而是通过强调不存在该事情、该做法、该说法或该想法的前提条件或起因来达到否定的目的。上面所说的这个"又"就只能用在上述语境中,起加强否定语气的作用。至此,我们可以这样说:

  语气副词"又"只能用在直接否定前提条件的句子里起加强否定语气的作用。

前面我们说例(5)—(7)里的"又"都用错了,原因就在于这些句子都不是直接否定前提条件的句子,都不具有使用语气副词"又"的语义背景。因此,对于语气副词"又",我们既要看到它有加强否定语气的作用,更要知道在什么语义背景下才能使用。如果我们既把语气副词"又"的基本作用——起"加强否定"语气的作用——告诉大家,又把这个"又"出现的语义背景,或者说语境条件,告诉大家,我想外国学生就不容易把这个"又"用错了。

实例(三):按说

目前一般的辞书对副词"按说",有的注释为"依照事实或情理来说"(《现代汉语词典》(从第一版到第六版)),有的注释为"按道理说"(《现代汉语八百词》(增订本)),有的注释为"按照实际情况或道理来说"(《现代汉语规范词典》(第2版)),有的注释为"依照情理或客观的事实来说"(《当代汉语词典》)。这些注释大同小异,显然都源于《现代汉语词典》。这些注释都没有交代"按说"使用的语义背景。我们中国人不会用错,因为有丰富的语感;外国学生按此注释理解,则常常错用"按说"。例如:

(1) *"今天会下雨吗?"
　　"我敢肯定按说不会下雨。"

例(1)"按说",显然用得不恰当,但是他们是按词典的注释来用的。其实,使用"按说"是有条件的。那就是使用"按说"时,一定有所隐含。具体说,如果是用于说未来发生的事情,则一定隐含着"实际会是怎么样现在没有把握"的意思,例如:

(2)"你说他会来吗?""今天他不上班,按说他会来的。"
　　〔隐含着"他"会不会来没有把握之意〕

如果用于说已经发生了的事情,而说话人并不知道实情,句子也明显地隐含有"没有把握"的意思。请看:

(3)"大哥早已到上海了吧?""按说他已经在上海了。"

　　［隐含着"他"是不是已在上海没有把握之意］

如果说话人已经知道实情,则隐含着"实际与所说的情况相反"的意思。例如:

(4)按说你不该告诉他。

　　［实际上是"你"已经告诉了他］

使用"按说"时,一定有所隐含,这就是"按说"使用的语义背景,也可以认为是"按说"使用的条件。外国学生所以常常用错,就因为不了解"按说"使用的语义背景。前面所举的病句("今天会下雨吗？""我敢肯定按说不会下雨。")的毛病就出在这里。这个句子说的是未来的事情,既然说了"我敢肯定"那就不隐含"实际会是怎么样现在没有把握"的意思,所以"按说"用得不恰当。

二　警惕将虚词所在的格式的意义归到那虚词身上

虚词所表示的是一种抽象的语法意义,而语言中的语法意义是多层面的。陆俭明(1994)曾指出:"同为语法意义还有不同层面的语法意义:词类所赋予的语法意义,虚词所赋予的语法意义,某种句式所赋予的语法意义,某种句法位置所赋予的语法意义,某种句法结构关系所赋予的语法意义,等等。"陆俭明(1999;2003)进一步重申和拓展了这种看法。我们完全同意。实际情况可能比上面所说的还要复杂些。这些语法意义错综复杂交织在一起,我们很容易混淆。我们在研究、分析、把握虚词的语法意义时,就要特别小心别将虚词所在的格式的语法意义归到那虚词的身上。关于这一点,早在70年前,何容(1942)就提醒我们,他在"捌·一　助词和语气"一小节里说：我们研究助词的作用时，"难免把这个被帮助的东西所生的作用，一并当作那个帮助它的助词所能生的作用。这是我们研究助词的作用的时候应该注意的"，"因为要是这样，就不免把这个助词所没有的作用也当成它的作用，把一个作用很单纯的助词当成作用很复杂的，而永远弄不清楚"。何容这里所说的"这个被帮助的东西"可以理解为"为虚词所帮助的句法格式"。何容虽然早就提醒大家了，然而，一则何容只是针对助词研究来谈的，大家对何容这个意见没有充分注意，二则由于语法意义的复杂和难以捉摸，即使注意了，也难免把句法格式表示的语法意义归到此句法格式中的某个虚词头上，因此无论在研究古汉语虚词或现代汉语虚词中，误将虚词所在的格式的语法意义归到那虚词头上的情况时有发生。下面不妨举些实例。

实例（一）："既来之，则安之"里的"既"

"既来之，则安之"（《论语·季氏》）里的"既"，表示什么语法意义？目前有些工具书把这个"既"注释为连词，认为它相当于现代汉语里的连词"既然"，表示因果推论关系。请看（按出版时间先后顺序排列）：

1. 《汉语大字典》（缩印本，汉语大字典编辑委员会编，湖北辞书出版社、四川辞书出版社1993年）：

    ……❼连词。1.既然。常用副词"就"、"则"、"那么"等与它呼应，表示先提出前提，而后加以推论。《论语·季氏》："既来之，则安之。"（483页）

2. 《古汉语虚词词典》（余心乐、宋易麟主编，江西教育出版社，1996年）：

……二、连词……2. 用于推论因果复句中,表示推理的前提,常与"则"字呼应,或与反诘句配合。可译作"既然"。①既来之,则安之。(《论语·季氏》)(377 页)

3.《中华古汉语字典》(金文明主编,上海人民出版社,1997年):

……❺连词。(1)既然。《论语·季氏》:"既来之,则安之。"(1193 页)

4.《古汉语词典》(《古汉语词典》编写组编,陈复华主编,商务印书馆,1998 年):

……❸连词。1)既然。《论语·季氏》:"既来之,则安之。"(721 页)

5.《汉字形义分析字典》(曹先擢、苏培成主编,北京大学出版社,1999 年):

……【解析】……。又用作连词,表示推论因果关系。《论语·季氏》:"既来之,则安之。"(239 页)

其实这里的"既"还是"已经"的意思,它不是连词,仍然是副词。(见本书叁·五)汉语里的副词是可以起连接作用的。这里,"既"跟表示转折的"则"配合,构成"既……则……"句式。推论因果关系是这个句式表示的,而不是单由"既"表示的。认为"既"表示推论因果关系,这实际就是误将句式的语法意义归到包含在这句式中的虚词"既"头上去了。这个"既"进一步虚化而成为相当于"既然"的连词,那是以后的事;而在春秋战国时代"既"还不是表示推论因果关系的连词。我们看到,《经传释词》、《辞源》、《辞海》以及《汉语大词典》、王力主编的《王力古汉语字典》(中华书局,2000 年)对"既"都未在"既"字头立"连词,表示推论因果关系"这样的义项。

实例（二）："除了教课，还负责工会工作"、"除了大饼就是油条"里的"除了"

有的工具书对"除了"做这样的注释：

1. 表示排除。论断适用于保留部分，不适用于排除部分。后面常有"全、都"等副词：除了星期三，他天天有课｜除了爸爸，全家都吃辣｜……

2. 表示补充。在已有部分外，增加补充其他部分。后面常有"还、也、更"等副词：他除了写诗，还学英文、法文｜……

3. 表示选择。每天早餐，除了大饼就是油条｜中央台的15频道，除了戏曲就是音乐｜……（侯学超1998）

第一个义项，表示排除，这是大家公认的，无可非议。第二、第三两个义项，即"除了"表示补充，表示选择，这就很值得商榷了。我们承认，在这两个义项下所举的例句就全句意思来说，分别含有"补充"含有"选择"的意思。但问题是，这"补充"、"选择"等语法意义是不是由介词"除了"表示的。

如果不细细考虑，只是简单地依据"假如抽掉'除了'，句子就不表示'补充'、'选择'的意思"这一点来定"除了"的语法意义，好像那工具书的上述说法不无道理。但是，我们也须注意这样一点，第二个义项下的例子，如果将跟"除了"呼应的"还"、"也"或"更"删去，句子同样就不能表示"补充"的意思，而第三个义项下的例子，如果将跟"除了"呼应的"就是"删去，句子同样也就不能表示"选择"的意思。那我们是否就认为那"补充"、"选择"的意思分别是由"还"、"也"、"更"或"就是"表示的？当然不能这样看。事实上，那

"补充"的意思是由"除了……还/也/更……"这种句法格式所表示的,而不是由"除了"单独表示的;同样,那"选择"的意思是由"除了……就是……"这种句法格式所表示的,而不是由"除了"单独表示的。这里我们不妨举个旁证。现代汉语中,"不是……就是……"也"表示选择"。谁也不会认为那"选择"的意思是由句中的"不是"或"就是"单独表示的。事实上,那"选择"的意思是由"不是……就是……"这整个句法格式表示的。因此,无论是"除了……还/也/更……"还是"除了……就是……",其中的"除了"仍然只表示排除在外。

这里想顺带对"除了……就是……"这一格式所表示的语法意义再说些意见。《现代汉语八百词》认为,"除了……就是……""表示二者必居其一"。这个看法也还不够确切。事实上"除了……就是……"主要不是强调"二者必居其一",而是强调"不在这二者之外"。

实例(三):"小王吃了一个苹果,我也吃了一个苹果"里的"也"

现代汉语里的副词"也"到底表示什么语法意义?不少工具书对"也"所表示的语法意义列了许多项,请看:

1.《现代汉语虚词》(景士俊编,内蒙古人民出版社,1980年)

    1)表示同样。

    2)表示连接关系:

        a)表示并列关系。

        b)表示递进关系。

        c)表示转折关系。

        d)表示条件关系。

贰 研究虚词语法意义的两项要义

e）表示假设关系。

3）表示强调。

4）表示语气：肯定语气、婉转语气。

2.《现代汉语词典》(2002年增补本,商务印书馆)

1）表示同样。

2）叠用,强调两事并列或对待。

3）叠用,表示无论这样或那样;不以某种情形为条件。

4）表示转折或让步（常跟上文的"虽然、即使"等呼应）。

5）表示委婉。

6）表示强调（常跟上文的"连"字呼应）。

3.《新华字典》(2004年第10版,商务印书馆)

1）表示同样、并行等意义。

2）跟"再"、"一点"、"连"等连用表示语气的加强。

3）表示转折或让步。

4）表示委婉语气。

4.《现代汉语八百词》(商务印书馆)

1）表示两事物相同。

2）表示无论假设成立与否,后果都相同。

3）表示"甚至"。加强语气,前面隐含"连"字。

4）表示委婉语气。

5.《新华词典》(商务印书馆2001年修订版)

1）表示同样。

2）表示加强语气。

3）表示转折或让步。

4）表示别无办法。

5) 重复使用表示两件事的并列或相对待。

按上面五部工具书的说法，归纳起来，"也"可以有 9 个义项：

	现代汉语虚词	现代汉语词典	新华字典	现汉八百词	新华词典
1) 表示同样（或相同）。	＋	＋	＋	＋	＋
2) 表示并列关系。	＋	＋	＋		＋
3) 表示递进关系。	＋				
4) 表示转折关系。	＋	＋	＋		＋
5) 表示条件关系。	＋	＋			
6) 表示假设关系。	＋				
7) 表示强调/"甚至"。	＋	＋	＋	＋	
8) 表示委婉语气。		＋	＋	＋	＋
9) 表示别无办法。					＋

这些书列举的语法意义是不是都属于"也"所具有的呢？我们不妨做些具体分析。

一、所谓"也"表示并列关系

请先看下面的例句：

(1) 小王吃了一个苹果，我也吃了一个苹果。

我们承认这个句子是个并列复句，但分句之间的并列关系是由"也"表示的吗？比较下面两句话：

(2) a. 小王吃了一个苹果，我吃了一个苹果。

　　b. 小王吃了一个苹果，我也吃了一个苹果。

a、b 两句都是并列复句，都是把"小王吃了一个苹果"和"我吃了一个苹果"这两件事并列起来说，但由于 a 句无"也"，b 句有"也"，所以b句和a句意思有所不同:a句说话人只是客观地并列说明"小王吃了一个苹果"和"我吃了一个苹果"这两件事,对这两件事是否有某种联系,未加入主观的评论;而b句说话人除了并列说明"小王吃了一个苹果"和"我吃了一个苹果"这两件事之外,还强调后者与前者的类同。显然,b句里"也"的作用并不在于表明"并列",而在于表明"类同",也就是说,b句里"也"的语法意义是表示"类同"。

并列复句的各分句总是分别说明几件事或几种情况,在并列复句中用不用"也",就取决于后者与前者是否有类同关系,需要不需要强调后者与前者类同。如果二者根本无类同之处,就不能用"也"。例如:

(3) a. 他是法国人,我是中国人。

　　b. *他是法国人,我也是中国人。

(4) a. 他支持,我反对。

　　b. *他支持,我也反对。

(5) a. 他去,我不去。

　　b. *他去,我也不去。

例(3)—(5)各句都是并列复句,但a句没有"也",可以成立,而b句用了"也",都不成立。如果"也"真是表示"并列",那么各句加上个"也"句子应该照样成立,但事实上并不是这样。以上用了"也"的各b句之所以不能成立,原因就在于前后分句在内容上根本无类同之处。如果后者与前者有类同之处,可以用"也",但用不用"也",取决于是否需要强调二者类同。例如:

(6) "你们俩代数考得怎么样?"

　　"他考了72分,我考了75分。"

(7)"你们俩代数考得怎么样?"

"我们俩考得都不理想。他考了72分,我也只考了75分。"

从内容上看,例(6)、(7)的答话都说了两个并列的情况——"他"的考分情况和"我"的考分情况。但例(6),答话人只是客观说明"他"和"我"的考分情况,并未强调二者在考分上的类同之处,所以没有用"也";而例(7),答话人不只是客观地说明"他"和"我"的考分情况,而且还强调"我"和"他"在成绩不理想这一点上有类同之处,所以用了"也"。

总之,表示并列关系,这不是"也"所具有的语法意义,而是并列复句这种句子格式所具有的语法意义。并列复句中使用"也"不是为了强调并列,而是为了强调类同。

二、所谓"也"表示递进关系

下面是一个表示递进关系的复句:

(8)世界语不仅我不会,他也不懂。

例(8)句子中的递进关系是不是"也"表示的呢?也不是。如果我们把"不仅"去掉,就不是一个递进复句,而是一个并列复句了。请看:

(9)世界语我不会,他也不懂。

可见,句子所表示的递进关系跟"不仅"的关系更密切。准确地说,句子的递进关系是由"不仅……(而且)也/还……"这个格式表示出来的。"也"在这里的作用还是表示类同——由于递进一般是相同性质的递进,因此后一分句往往用"也"来显示前后性质上的类同,如例(9)的后一分句用"也"来强调"他"和"我"在"不懂世界语"或者说"不会世界语"这一点上是类同的。

三、所谓"也"表示让步转折关系

按景士俊(1980)和《现代汉语词典》(2002)的看法,在"他虽然不及格,也被录取了"里的"也"表示转折。从表面看来,这个看法似乎很有道理,因为在这个句子里,"虽然"可以去掉,去掉了还是表示转折("他不及格,也被录取了")。"也"则不能去掉,去掉"也"即使保留"虽然",句子也站不住,可见"也"表示转折。

其实这是一种错觉。我们认为在上面这个句子里"也"的基本作用仍然是表示类同。至于转折的意思,跟"也"的存在是有关系的,但不是由"也"直接表示的,它是由整个句子格式决定的。为使大家明了这一点,在这里有必要说明一下在具体语言环境中"也"所表示的两种性质的类同:一种是相应性类同,一种是不相应性类同。请看例句:

(10) 只要及格,八十分的能录取,六十分的也能录取。

(11) 及格的录取了,不及格的也录取了。

例(10)"也"表示相应性类同,句子的意思是只要及格都录取。例(11)中的"也"表示不相应性类同:按说,不及格和及格是相对立的,不及格的和及格的不能一律对待、同等处理,而现在竟同等对待一律处理了。可见转折的意思与这种不相应性类同有关,而不是由"也"表示的。应该说,"也"只表示类同,至于是相应性还是不相应性,这是由前后分句的内容决定的,转折关系是由"(虽然)……,(但是)也/却……"这个句子格式表示的。

四、所谓"也"表示条件关系

景士俊《现代汉语虚词》(1980)所举的例子是:

(12) 不管怎么说,他也不听。

(13) 我的记性坏透了,英文单字咋记也记不住。

例(12)、(13)都是表示无条件的条件复句,但是"也"在这里并不表示条件关系,仍然表示类同,强调在任何条件下其结果都类同。如例(12)的意思是:你这么说他不听,那么说他也不听,不管怎么说,结果都一样是"不听"。例(13)的意思是:不管怎么记,结果都一样——记不住。

下面我们再举两个有条件的条件句:

(14) 只要你好好劝说,他会听的。

(15) 只要你认真记,能记住的。

这两个条件复句都没有"也",但都可以加上"也",例如:

(16) 只要你好好劝说,他也会听的。

(17) 只要你认真记,也能记住的。

加上"也"以后仍然是条件复句,而"也"在这里的作用并不是强调分句之间的条件关系,而是要强调只要具备这个条件,也会得到与别人同样的结果。这就是说,"也"在这里仍然表示类同。

五、所谓"也"表示假设关系

这是景士俊(1980)的观点。他认为下面句子中的"也"表示假设关系:

(18) 水从悬崖上像条飞练似的泻下,即使站在十里外的山头上,也能看见那飞练的白光。

这个句子有假设的意思,但从前后分句的关系看,仍属让步转折关系,只是这是一种假设让步转折关系。分句之间的这种假设让步转折关系,事实上也是由"即使……,也/还……"这个句法格式表示的,而其中的"也",跟表示让步转折关系中所用的"也"一样,也仍是表示类同——表示不相应性类同：例(18)强调在"能看见那飞练的白光"这一点上，"站在十里外的山头上"跟站在很近的地方（能清楚看见）是相类同的。再如：

(19) 即使下雨，也要坚持锻炼。

此例意思是，在正常情况下要坚持锻炼，在特殊情况（下雨）下，也跟正常情况一样要坚持锻炼。下面倒是一个只表假设关系的假设复句：

(20) 如果我去拿，不一定能拿来。

例(20)可以加上"也"：

(21) 如果我去拿，也不一定能拿来。

说这句话时，总是预设着这样的内容：某人去拿过了，没能拿来。例(21)中的"也"正是强调"我"将和那个人一样，不一定能拿来。显然这个句子里的"也"还是表示类同，而不是假设。

六、所谓"也"表示"甚至"，表示强调

这四本书都有这样的看法。请看例子：

(22) 他一心扑在工作上，有时候（连）饭也忘了吃。

(23) （连）他也不知道，谁能知道？

例(22)、(23)的确有"甚至"的意思，有表示强调的意味，但是这不是由"也"表示的，而是由"（连）X 也……"这整个格式表示的，"也"在这个格式里仍然表示类同。值得注意的是：X 必须重读，这个格式里的 X 所举的总是说话人认为最有可能这样（或最不可能这样）的事物，"也"的作用在于强调一类中最有可能这样的（或最不可能这样的）也跟一般的一样没能这样（或这样了）。如例(22)"也"强调最不可能忘记吃的"饭"，也跟别的东西一样忘了。

七、关于"也"表示委婉语气

我们承认"也"有这个用法。不过,要看到,这种用法是从表示类同的基本用法引申发展来的。比较下面两句话:

(24)你太不客气了。

(25)你也太不客气了。

上面两句话的基本意思一样,但语气不同。例(24)没有"也",说得很直,口气很硬,甚至带有训斥的语气,听起来感到刺耳;例(25)有"也",语气就要委婉多了。为什么"也"能起这样的作用呢?由于"也"表示类同,所以在表示责怪、怨恨的语句中用了"也",就含有这样的意思:所指出的问题并非只是提到的人才有,从而减弱了责怪、怨恨的语气。如例(25)说话人要说对方太不客气,但又不想使对方受不了,于是就用个"也",表示"你"是太不客气,但这不是"你"一个人这样,以此来减弱责怪的语气。类似的例子如:

(26)你也太不懂事了!

(27)你妈也太不像话了!

可见,"也"表示委婉语气还是从它的基本作用来的。

八、所谓"也"表示别无办法

《新华词典》的这一看法,我们不能同意。它所举的例子是:

(28)到现在才下雨,~只好种荞麦了。

例(28)的确含有"别无办法"的意思,但这是由"只好"表示的,不是由"也"表示的,去掉"也",句子(只好种荞麦了)仍然含有"别无办法"的意思。这里"也"的用法可以归到表示委婉语气这一用法中去,这是在含有无可奈何、别无办法意思的句子中表示委婉语气。

总之,现代汉语里的副词"也",其基本语法意义是"表示类同";除此,还可以表示委婉语气。

为了让大家更深刻地了解现代汉语里的副词"也"所表示的语法意义,不妨在这里对副词"也"作进一步补充说明。

上面的分析清楚地说明,副词"也"的基本语法意义是表示类同。下面再举些例子:

(29) 我是前年才来西藏工作的,他也是前年才来西藏工作的。

(30) 你今年二十岁啦?我今年也二十岁啦,我们俩同岁!

(31) 我们也划船,也游泳。

(32) 风停了,浪也小了。

(33) 地扫了,玻璃也擦了。

例(29)、(30)里前后所说的两件事或两种情况相同。例(31)的"游泳"和"划船"虽不相同,但从某个角度说,它们是相类同的两件事。例(32)的"浪小了"和"风停了"是相互联系的两种自然现象,在缓和、减弱这一点上相类同。例(33)"擦玻璃"和"扫地"虽然不是相同的两件事,但都是属于打扫卫生一类事情,从这个意义上说,它们又是相类同的。"也"在这些句子里的作用在于强调后者与前者相类同。

"也"既然表示类同,那么按理说,类同的各项都应该在句中出现(如例(29)—(33))。但是我们看到,有时类同的各项并不都在句中出现,这倒是正常的。例如:

(34) 为什么李四不及格也录取了?

(35) 他一口酒也不喝。

从字面上看,例(34)、(35)都只说出了一件事——李四不及格录取了,他一口酒不喝。其实,我们会明显感到在这两个句子里都分别隐含着未明言的话,而隐含着的话跟明白说出的话一定有相类同的成分,如:

(36)〔张三等人都及格,当然该录取〕为什么李四不及格也录取了?

(37)〔他大量的酒不喝〕他一口酒也不喝。

例(34)、(35)所以会给人传递上面所说的那种信息,正是由于"也"的作用。因此,上面两例中的"也"还是表示类同。

上述情况告诉我们,"也"在表示类同时有实、虚两种用法。

(一)"也"的实用用法

所谓"'也'的实用用法",就是指在有"也"的句子里,相类同的诸项都明白说出。这有以下三种格式:

Ⅰ. XW,Y 也 W

Ⅱ. XW_1,X 也 W_2

Ⅲ. XW_1,Y 也 W_2

Ⅰ式是前后分句主语不同而谓语相同的复句,"也"主要强调就某种行为动作、状况、性质(W)说,Y 和 X 相类同。例如:

(38)他看了,我也看了。

(39)他挨批评了,我也挨批评了。

(40)他做的不实用,你做的也不实用。

Ⅰ式通常表示并列关系,如例(38)—(40)。有时,也可以表示假设关系。例如:

(41)"我们到底谁去呢?""我看是不是这样,你去,我也去。"

(42)"你敢去吗?""那你去吗?你去,我也去。"

(43)你去,我也去。

例(41)表示并列关系,相当于"我看是不是这样,你也去,我也去";例(42)表示假设关系,意思是"如果你敢去,那么我跟你一样也敢去";例(43)由于离开一定的上下文,所以有歧义,既可以看作并列复句,也可以看作假设复句。不管表示哪种关系,"也"的作用还是都表示类同。这里必须指出的是,如果表示假设关系,W 末尾不能有"了"。试比较:

甲	乙
(44) 你去了,我也去了。	你去,我也去。
(45) 他去上海了,我也去上海了。	他去上海,我也去上海。
(46) 他不抽烟了,我也不抽烟了。	他不抽烟,我也不抽烟。

甲组句子 W 末尾有"了",都只表示并列关系;乙组句子 W 末尾没有"了",都有歧义,既可以表示并列关系,也可以表示假设关系。

Ⅱ式是前后主语相同而谓语不同的并列复句,"也"主要强调对 X 来说,W_2 所占的位置、所起的作用与 W_1 类同。由于前后主语相同,后一分句的主语往往承前省略,因此Ⅱ式可以改写为:

XW_1,(X) 也 W_2

例如:

(47) 他搞文艺批评,(他)也搞文艺创作。

(48) 他很爱打排球,(他)也很爱踢足球。

(49) 这个地方能攻,也能守。

Ⅲ式是前后主语不同、谓语也不同的并列复句,"也"主要强调后者(Y)的情况(W_2)与前者(X)的情况(W_1)相类同。例如:

(50) 风停了,浪也小了。

(51) 地扫了,玻璃也擦了。

(52) 假期我去广州了,他也去桂林了。

上述三种格式当它们表示并列关系时,在前后两项(或几项)中,可以只出现一个"也",也可以出现两个(或几个)"也"。如果只出现一个"也",那只在后一项出现,绝不能只在前一项出现。有时,前面不用"也",用"既",构成"既……也……"的格式,但是这只限于前面所说的Ⅱ式,即必须两个分句主语相同。例如:

(53) 他既搞文艺批评,也搞文艺创作。

(54) 他既爱打排球,也爱踢足球。

(55) 这个地方既能攻,也能守。

我们上面说了,在实用的用法中,类同的两项(或几项)都要在句子中出现,但有时似乎只出现了一项,这有两种情况:

一种情况是另一项已见于上文,不用再在这句话中出现了。例如:

(56) 昨天小张他们去割麦子了,回来得挺晚。小陈他们也去割麦子了吗?也回来得很晚吗?

另一种情况是对话中有条件地省略了,我们可以自然地补出来。例如:

(57) "我决定放假去上海,你呢?""我也去上海。"

(58) 班长问李铁柱:"你星期天进城吗?"李答道:"不进城。"又问顾小明,小明说:"我也不进城。"

可见,不管是哪种情况,实际上还是两项都出现了,不过不是在一个句子里,而是在前后句子里出现。

"也"在实用用法里,都表示相应性类同。

(二)"也"的虚用用法

所谓"'也'的虚用用法",就是指在有"也"的句子里,相类同的前项只是隐含着而未明白说出,甚至是假想的,实际上不一定能明白确切地说出,如前面所举的例(34)、(35)。在"也"的虚用用法中,"也"往往跟其他某些词语构成固定格式,整个格式表示某种特殊的语法意义。常见的格式有:

Ⅰ.虽然/尽管……,也……。(斜线符号"/"表示"或者"的意思,下同。)例如:

(59) 他虽然不及格,也被录取了。

(60) 尽管下雨,他也来了。

这个格式表示让步转折,其中的"也"还是表示类同,只是它所表示的是不相应性类同。

Ⅱ.即使/就是……,也……。这是一种假设让步转折复句句式。例如:

(61) 水从悬崖上像条飞练似的泻下,即使站在十里外的山头上,也能看见那飞练的白光。

(62) 就是下雨,也要坚持锻炼。

例(61)、(62)分句之间那种假设让步转折关系,是由"即使/就是……,也……"这个格式表示的,而其中的"也"仍然是表示类同,表示不相应性类同。

Ⅲ.不仅/不但……,也……。这是表示递进关系的句式。例如:

(63) 世界语不仅我不会,他也不懂。

(64) 这个玩意儿不但我没见过,我妈也没见过。

拿例(63)来说,整个句子是表示递进关系。"也"在这里仍表示类同。

Ⅳ.无论/不论/不管……,也……。例如:

(65) 无论什么天气,他也会去。

(66) 不管怎么说,他也不听。

这是一个表示无条件的复句句式,强调在任何情况下都这样(或都不这样),而"也"在这里仍表示类同。如例(65)的意思是好天气他会去,坏天气他也会去,不管天气好坏,结果都一样:会去。

Ⅴ. 连……也……。例如:

(67) 连他也来了。

(68) 连饭也忘了吃。

这个格式在于强调性状或行为动作的主体或客体范围之广,反过来又强调这种性状或行为动作所达到的程度之深。"连"字后面、"也"字前面那个成分总是该格式的重音所在,它所举出的总是说话者认为最有可能(或最不可能)这样的事例,"也"在这里的作用在于强调一类中最有可能(或最不可能)这样的也跟一般的一样没能这样(或这样了),即"也"在这里仍表示类同,表示不相应性类同。

Ⅵ. V 也 V+可能补语否定式。(V 代表动词)例如:

(69) 洗也洗不干净。

(70) 跑也跑不动。

这些句子的前面,或者可以加上"即使"(即使洗也洗不干净),或者可以加上"连"(连跑也跑不动),因此格式 Ⅵ 兼表让步转折(这时跟格式 Ⅱ 一样)和强调(这时跟格式 Ⅴ 一样)这两种意思,着重强调通过某种行为动作,不可能达到某种结果。"也"在这里仍表示类同,表示不相应性类同。

Ⅶ. 一……也+不/没有……。例如:

(71) 一口酒也不喝。

(72) 一个人也没有来。

这是一个既表让步转折,又强调周遍意义的格式。句子头上有时可以加"即使"(即使一口酒也不喝),有时可以加"连"(连一个人也没有来)。例(71)强调不喝酒,哪怕是一小口;例(72)强调人都没有来,哪怕是一个人。"也"在这里仍表示类同,表示不相应性类同。

Ⅷ. 疑问代词+也……。例如:

(73)谁也不说话。

(74)什么也不吃。

(75)谁也懂得。

"也"后面的成分以否定形式居多。这种格式强调某种情况对主体或客体来说是无一例外的。这虽是一种单句格式,但从表达的角度看,跟格式Ⅳ属一类,因此句子头上都可以加"无论"、"不论"或"不管"这些连词。"也"在这里仍表示类同。

上述种种格式所表示的语法意义各不相同,但这些格式中的"也"的作用却是相同的,都表示类同。因此这种种格式又具有共同的特点,都表示事情的结果不因条件的不同或情况的变化而不同,即条件、情况等不同了,变化了,而结果还是类同的。

最后说说在某些句式中"也"和"都"的互换问题。

在上面谈到的用"也"的种种句法格式中,有的"也"可以换为"都",句子的基本意思差不多。例如:

(76)a.连他也来了。　　　(77)a.一个人也没来。

　　　b.连他都来了。　　　　　b.一个人都没来。

(78)a.不论是什么鱼,他也不吃。

　　　b.不论是什么鱼,他都不吃。

(79)a.谁也不知道。

　　　　b. 谁都不知道。

但是，这并不是说"都"就等于"也"。用"也"还是用"都"反映了两种不同的说话角度。拿例（76）来说，用"也"是说最不可能来的"他"竟和一般人一样，来了。"也"在这里表示在"来了"这一点上"他"跟一般人类同。用"都"是举出一类中最不可能来的"他"为代表，强调说明这一类无一例外地全来了，"都"在这里表示总括。再如例（78），无论用"也"还是用"都"都强调"他"无条件地不吃鱼。用"也"意在表示一般人心目中的小鱼、次鱼他不吃，一般人心目中的大鱼、好鱼，他同样不吃；"也"强调在"不吃"这点上类同。用"都"意在表示不管小鱼大鱼，次鱼好鱼，他都不吃；"都"总括"鱼"的范围。

　　同一个意思，人们可以从不同的角度去说明，去反映，这在语言表达上就往往可以选用不同的说法，不同的表达手段。"也"和"都"在某些句式中互换的现象，正说明了这一点。

实例（四）：辞书对介词"把"的注释

　　"把"字句表示"处置"义、表示"致使"义，目前汉语语法学界一般都这样认识。现在的问题是，在辞书中对介词"把"该如何注释。现在我们就来看看各种有影响的辞书对介词"把"的注释。

　　1980年出版的《现代汉语八百词》对介词"把"的注释是：
　　　　把：〔介〕跟名词组合，用在动词前。"把"后的名词多半是后边动词的宾语，由"把"字提到动词前。1. 表示处置。……。2. 表示致使。……。3. ……。

　　1982年出版的《现代汉语虚词例释》对介词"把"的注释是：
　　　　把：（介词）"把"字句通常表示对于人或物的某种处置。

……

2010年出版的《现代汉语规范词典》(第2版)对介词"把"的注释是：

> 把¹：……❾〔介〕a) 表示处置，"把"的宾语是后面及物动词的受事者…… b) 表示致使，后面的动词通常带有表示结果的补语，"把"后的名词与后面的动词的语义关系是多样的…… c) 表示发生了不如意的事情，"把"后面的名词是当事者……

2006年出版的《商务馆小学生词典》对介词"把"的注释是：

> 把：❽跟名词组合，用在动词前，整个格式表示处置或致使的意思。

2012年出版的《现代汉语词典》(第6版)对介词"把"的注释是：

> 把²〔介〕：❶宾语是后面动词的受事者，整个格式大多有处置的意思。……❷后面的动词，是"忙、累、急、气"等加上表示结果的补语，整个格式有致使的意思。……❸宾语是后面动词的施事者，整个格式表示不如意的事情。……

不难看出，《现代汉语规范词典》就注释本身看，释义中 a)、b)、c)三项意义好像都是介词"把"所表示的了。这实际上就犯了将整个格式表示的语法意义归到"把"字身上的毛病。《现代汉语八百词》的注释，表达不清晰。《现代汉语虚词例释》、《现代汉语词典》和《商务馆小学生词典》的注释，就没有将"处置"义或"致使"义等语法意义只归到介词"把"的身上，而是认为由整个格式("把"字句)表示的。这样的注释是科学的，符合语言实际的。

上面我们说了这许多,只是想说明:考察一个虚词的语法意义时,一定要把它本身的语法意义和它所在的格式的语法意义区别开来,不要把句法格式所表示的语法意义硬加在虚词的身上。

把虚词表示的语法意义和所在句法格式的语法意义区别开来,这一点很重要,但是在实际研究中,要把握住这一点也不是很容易的。例如"太",后面我们将会说到,它表示程度深,同时往往伴有说话人强烈的感情色彩:一是赞叹(这球赛太精彩了),一是因过分了而让人不满意(太长了)。(见下文叁·一)表示赞叹时,形容词后一定有"了",重音一定在"太"上,如果没有"了",或重音不在"太"上,在"太"所修饰的成分上,那就是表示因过分了而让人不满意(如"太干净并不好"、"太'干净了并不好")。这就有个问题,表示赞叹是"太"所具有的还是"'太+A〔积极义〕+了"这个格式(A代表形容词)所具有的? 如果说是这个格式所具有的,也有问题,因为这个格式也可以表示因过分而让人不满意的意思,例如:

(80) 太好了!　　〔赞叹〕

(81) 孩子的生活条件不能太好了。　　〔过分〕

　　打草稿的纸,别太好了。　　〔过分〕

(82) 这房间太干净了! 真好。　　〔赞叹〕

(83) 太干净了也并不好。　　〔过分〕

　　你也太干净了,谁还愿意到你这儿来?　　〔过分〕

所以,我们没有把表示赞叹看成是"太+A〔积极义〕+了"这个格式所具有的。

这里我们还要附带说明,在虚词研究中,还要防止一种情况,那就是当某两个虚词在同一个格式里共现时,误将那个虚词所表示的语法意义归到这个虚词身上。我们觉得,《现代汉语八百词》

在对"已经"的释义中就存在这样的问题。请看:

f) '已经'后有'快、要、差不多'等副词时,指即将完成而尚未完成。

> 火车～快开了,他才急急忙忙赶到|稍等一会儿,我～要写完了|天～快黑了,咱们走吧!|～差不多两点了,怎么他还不来?(612页)

释义中的"即将而尚未"这一层意思,不是"已经"表示的,而是由与"已经"同现的"快"、"要"或"差不多"表示的。当然,我们也可以作另一种解释,那就是"即将完成而尚未完成"这整个意思是由"已经快……"、"已经要……"、"已经差不多……"这种格式表示的。反正不能认为那"即将而尚未"这一层意思是由"已经"表示的。

叁　比较是分析、研究虚词最基本的方法

我们在上文第壹部分里曾指出，要把握好一个虚词的用法，最主要的方法是比较，在比较中来凸显虚词的用法，在比较中来把握虚词的用法。其实，比较的方法，可以说是分析、研究虚词最基本的方法。譬如说副词"净"，有人说它相当于"都"，因为"书架上净是科技书刊"就是"书架上都是科技书刊"的意思；有人说它相当于"只"，因为"他净顾着说话"就是"他只顾着说话"的意思。那么"净"到底相当于"都"还是相当于"只"？还是既相当于"都"又相当于"只"？还是既不相当于"都"又不相当于"只"呢？这只有通过具体比较才能获得满意的结论。再譬如，"常常"和"往往"，有的辞书就用"常常"来注释"往往"，似乎"常常"和"往往"的意义、用法是一样的，可是语言事实告诉我们，"他常常说谎"就不能说成"＊他往往说谎"；反之，"高房子往往比较凉快"不能说成"＊高房子常常比较凉快"。这说明二者并不等同。那么它们的差异在哪里？怎能准确把握它们的意义和用法？也只有通过比较才能获得较好的答案。

虚词的用法不好研究，虚词的意义更难研究，但如果方法得当，就可以准确了解、把握虚词的意义和用法。研究实践告诉我们，比较分析，是语法研究中最基本的分析手段之一，更是虚词研究最基本、最有效的一种分析手段。

在虚词研究中，特别是在虚词意义的研究中，比较还可以有种

种不同的比较,常见的有以下五种:

一、把彼此同义或近义的虚词放在一起,进行比较辨析。

二、将意义相对的虚词放在一起进行比较。

三、把说明同一方面问题的虚词放在一起进行比较辨析。

四、把包含有某虚词的句子跟抽掉了该虚词的句子拿来比较,即作有无某虚词的比较。

五、将形似实异的虚词放在一起进行辨析,以区辨貌似一样实质不同的虚词。下面分别以实例加以说明。

一 同义或近义虚词比较

同义或近义虚词的比较是最常见的一种比较。下面我们以具体实例加以详细的说明:

实例(一):更、还、再

程度副词"更"表示程度深。"还"和"再"都能表示多种语法意义,其中有一种相当于表示程度深的"更"。例如:

(1) 他比我还胖。

(2) 没有比他再懒的了。

例(1)里的"还",例(2)里的"再"都可以用"更"来替换,基本意思不变。请看:

(3) 他比我还胖。=他比我更胖。

(4) 没有比他再懒的了。=没有比他更懒的了。

因此,"更"、"还"、"再"有时可以互换,意思基本一样。例如:

(5) 希望你明天比今天来得更早一些。

希望你明天比今天来得还早一些。

希望你明天比今天来得再早一些。

但可不能由此认为表示程度深的"更"、"还"、"再"在意义上是完全相同的。语言事实告诉我们,"更"、"还"、"再"所表示的语法意义是有差异的,通过比较我们可以清楚地了解这一点。

先看"更"和"还"。

表示程度深的"更"和"还"都能用在"X 比 Y 更/还 W"这样的"比"字句中(X、Y 分别表示比较的项,W 代表受"更/还"修饰的谓词性成分),但它们所表示的语法意义有同有异。

"更"和"还"在"比"字句中,都能用于比较,这是它们表义上的共同之处;但"更"只能用于比较,不能用于比拟;"还"则既能用于比较,又能用于比拟,这是它们在表义上的不同之处。例如:

(6) 小王比小李还高。

这个房间比那个房间还干净。

小英比小红还聪明。

哈尔滨比沈阳还冷。

他跑得比我还快。

松本的汉语比吉田说得还好。

(7) 那条蛇比碗口还粗。

我们山区的蚊子比苍蝇还大。

他呀,比狐狸还狡猾。

他爬树比猴子还灵巧。

她那脸顿时涨得比红灯笼还红。

例(6)、(7)都是"比"字句,但情况不同。

例(6)各句都表示前项 X 和后项 Y 之间的比较,句中的"还"

可以换用为"更",句子意思不变。请看:

(8) 小王比小李更高。

这个房间比那个房间更干净。

小英比小红更聪明。

哈尔滨比沈阳更冷。

他跑得比我更快。

松本的汉语比吉田说得更好。

"X 比 Y 更/还 W"这种"比"字句表示在共时时间平面上 X 和 Y 都具有 W 性质,但比较起来 X 在 W 性质上的程度超过 Y。例(6)和(8)里的第一句是说,小王和小李都高,但比较起来小王的高度超过小李。注意,如果不用"还/更",那么"小王比小李高"就只表示小王的高度超过小李,至于小李是高是矮,不作肯定。

例(7)各句则都表示比拟,"即把 Y 作为一种衡量的标准来比拟、衬托 X"。(陆俭明 1980a)拿例(7)第一句来说,说话者的用意不是要拿那条蛇跟碗口比粗细,而是把碗口作为临时的衡量标准来形象说明那条蛇的粗细。例(7)各句中的"还"就都不能用"更"替换,我们不说:

(9) *那条蛇比碗口更粗。

*我们山区的蚊子比苍蝇更大。

*他呀,比狐狸更狡猾。

*他爬树比猴子更灵巧。

*她那脸顿时涨得比红灯笼更红。

原因就在于"更"不能用于比拟。

由于"还"能用于比拟,所以它还常常用来表示比喻性夸张,例如:

(10) 我吃的盐比你吃的米还多。

　　我过的桥比你走的路还多。

　　场上堆的小麦比小山还高。

　　他的胳膊比火柴棍儿还细。

　　办那事真是比登天还难。

注意,"还"用于比较时,语句重音在"还"或在"还"以后的某个音节上;用于比拟时,语句重音在比拟的对象上,即在介词"比"的宾语Y上。

现在看"更"和"再"。

"再"也跟"更"一样,可以表示程度的加深或增加,所以在使用上有相同的情况。例如:

(11) a.你应该比他更冷静些。

　　b.你应该比他再冷静些。

(12) a.你应该更冷静些。

　　b.你应该再冷静些。

但是,它们所表示的语法意义还是有所区别。

1."再"只用于未然,不用于已然;"更"可用于未然,也可用于已然。例如:

(13) 昨天来的人比前天更多一些。

(14) 今天来的人比昨天更多一些。

(15) 希望明天来的人比今天更多一些。

例(13)、(14)说的都是已然的事,句中的"更"就不能用"再"替换;例(15)说的是将来的事,表示未然,其中的"更"能用"再"替换。请看:

(16) *昨天来的人比前天再多一些。

(17)＊今天来的人比昨天再多一些。

(18)希望明天来的人比今天再多一些。

2.用于未然,二者也还有不同。

"更"和"再"用于未然有三种情况:一是用于表示要求、愿望的句子,二是用于表示让步假设的句子,三是用于表示估计的句子。

"更"和"再"都可以用于表示要求、愿望的句子,但"再"要求后面有"(一)点"、"(一)些"与之相配,"更"则没有这种强制性的要求。例如:

(19)希望你说得再详细一点。　　＊希望你说得再详细。

　　　希望你说得更详细一点。　　希望你说得更详细。

(20)应该再冷静些。　　　　　　＊应该再冷静。

　　　应该更冷静些。　　　　　　应该更冷静。

(21)宁肯把困难想得再多些。　　＊宁肯把困难想得再多。

　　　宁肯把困难想得更多些。　　宁肯把困难想得更多。

"更"和"再"还可以用于表示让步假设的句子,但所选用的句式不同。"再"选用下面的Ⅰ句式:……再＋形容词＋也……。例如:

(22)困难再大,我们也一定要克服它。

(23)担子再重也要挑。

(24)这儿再热也比不上重庆。

而"更"选用下面的Ⅱ句式:即使……＋比……＋更＋形容词＋也……。例如:

(25)即使困难比现在更大,我们也一定要克服它。

(26)即使担子比这更重,也要挑。

(27)这儿即使比现在更热,也比不上重庆。

例(22)—(24)里的"再"都不能换成"更",我们不能说:

(28)＊困难更大,我们也一定要克服它。

(29)＊担子更重也要挑。

(30)＊这儿更热也比不上重庆。

而例(25)—(27)里的"更"则不能换成"再",我们不能说:

(31)＊即使困难比现在再大,我们也一定要克服它。

(32)＊即使担子比这再重,也要挑。

(33)＊这儿即使比现在再热,也比不上重庆。

语言事实告诉我们,Ⅰ、Ⅱ这两种句式风格不同——"再"适用的Ⅰ句式口语用得多,"更"适用的Ⅱ句式书面语味道重;Ⅰ句式通过夸张说程度高,意思虚一些,Ⅱ句式有个具体的比较对象,以此来衬托程度高,意思实一些。

"更"和"再"用于表示估计的句子时,"再"有三种说法,即有三种句式:

Ⅰ.……再＋形容词＋没有/不过了。例如:

(34)这小家伙再机灵没有了。

(35)这办法再理想没有了。

(36)今天的天气再理想不过了。

Ⅱ.没有＋比……＋再＋形容词＋的＋了。例如:

(37)没有比这小家伙再机灵的了。

(38)没有比这办法再好的了。

(39)没有比今天的天气再理想的了。

Ⅲ.……形容词＋得＋不能＋再＋形容词＋了。例如:

(40)已经甜得不能再甜了。

(41)他们俩好极了,好得不能再好了。

(42)气球已经大得不能再大了。

"更"只有第二种说法,即只能用Ⅱ句式("没有＋比……＋更＋形容词＋的＋了"),不能用Ⅰ、Ⅲ两种句式。例如我们可以说:

(43)没有比这小家伙更机灵的了。

(44)没有比这办法更好的了。

(45)没有比今天的天气更理想的了。

但不能说:

(46)＊这小家伙更机灵没有了。

(47)＊这办法更理想没有了。

(48)＊今天的天气更理想不过了。

也不能说:

(49)＊已经甜得不能更甜了。

(50)＊他们俩好极了,好得不能更好了。

(51)＊气球已经大得不能更大了。

实例(二):太、极

"太"和"极"这两个程度副词意义很接近,都属于表示程度深的程度副词。它们都不能用于比较,更不能用于"比"字句。但有所区别。"极"表示的程度似更深些,而更主要的区别还在于风格色彩和感情色彩上。

从风格色彩上看,"极"多用于书面,一般不用于口语,如"那玩意儿太好玩了",就不能说成"那玩意儿极好玩"。"太"不论口语、书面语都常用。

从感情色彩上看,"极"不带感情色彩,只客观地表示程度高,达到了顶点;而"太"往往伴有说话人强烈的感情色彩。如"极美"、

"极大"或"极宽"只客观表示事物所具有的"美"、"大"或"宽"的性质达到顶点,"太美了"、"太大(了)"或"太宽(了)"不只表示"美"、"大"或"宽"的程度很高,还带有说话人强烈的感情色彩。所以在多数情况下"太"和"极"不能互换。

"太"所伴有的感情色彩有两种:

一是赞叹,如"太美了!"、"太好了!"、"太宝贵了!"再如:

(1)这场球赛太精彩了!

(2)你分析得太深刻了!

二是感到不满意,不合心意,含有过分的意思。例如:

(3)你也太笨了!

(4)这鞋太大了,我没法穿。

例(1)、(2)里的"太"还勉强可以用"极"替换,但要删去句尾的"了",而且感叹的语气似没有了。请看:

(5)这场球赛极精彩!

(6)你分析得极深刻!

而例(3)、(4)绝对不能用"极"替换,即使将"了"删去,我们也不说:

(7)?你也极笨!

(8)?这鞋极大,我没法穿。

至于"太"什么时候伴有赞叹的感情色彩,什么时候伴有过分因而不满意的感情色彩,取决于所修饰的形容词。具体如下:

a."太"如果修饰不能受"过分"、"过于"修饰的褒义形容词,如"宝贵、光荣、可爱、精彩、伟大、深刻、重要、美、对"等,就只伴有赞叹的感情色彩。例如:

(9)时间太宝贵了!

你们太光荣了!

那孩子太可爱了!

你说得太对了!

b."太"修饰贬义词或中性形容词,如"脏、笨、固执、闭塞"和"长、短、咸、大、甜"等,就伴有因过分而不满意的感情色彩。

(10) 这儿太脏了!

你也太笨了!

这里太闭塞了!

(11) 这根竹竿太长,去找一根短一点儿的。

菜太咸了,加点开水。

太甜了也不好吃。

c."太"修饰能受"过于"、"过分"修饰的褒义形容词,如"好、干净、聪明、漂亮、认真、高兴"等,就有时伴有赞叹的感情色彩,有时伴有过分、不满意的感情色彩。至于什么情况下伴有赞叹的感情色彩,在什么情况下伴有过分、不满意的感情色彩,这由语境或者说上下文决定。请看:

(12) 好:a.这纸用来画画,那太好了,我一直想买这种纸。

b.用来打草稿,这纸太好了,换一种吧。

(13) 干净:a.这房间太干净了,看着真舒服。

b.你也太干净了,谁敢坐你的床?

(14) 聪明:a.这孩子太聪明了,什么题都难不倒他。

b.我看,他是太聪明了,聪明反被聪明误。

(15) 漂亮:a.这儿太漂亮了!

b.这衣服太漂亮了,我穿不合适,你年轻,还是你穿吧。

(16) 认真:a.你干事情太认真了,可真难得。

b.他是开玩笑,你可别太认真。

(17)高兴:a.听到这个好消息,我太高兴了!

b.你甭太高兴,"八"字还没一撇呢。

(18)顺利:a.这次办得太顺利了,真让人高兴。

b.太顺利也让人担心,是不是其中有诈。

(19)周到:a.谢谢你,对我们照顾得太周到了。

b.应该培养他独立生活的能力,您不必太周到。

(20)热情:a.同学们太热情了,我好像到家一样。

b.你也太热情了,人家不习惯。

(21)便宜:a.这块衣料还真不错,你买得太便宜了!

b.这价钱太便宜,会不会上当?

(22)鲜艳:a.这颜色太鲜艳了,好漂亮啊!

b.这颜色太鲜艳了,我要素净一点的。

注意,"太"伴有赞叹的感情色彩和伴有过分、不满意的感情色彩,这在别的方面也往往会有所反映。

首先,二者的语句重音不同。伴有赞叹的感情色彩时,重音在"太"上,伴有过分、不满意的感情色彩时,重音可以在"太"上,更多的是在"太"所修饰的词上。例如:

(23) a.这小家伙'太聪明了!

b.他是太'聪明了,聪明反被聪明误。

他是'太聪明了,聪明反被聪明误。

(24) a.这纸'太好了,我也要买。

b.这纸太'好了,打草稿不要用这么好的纸。

这纸'太好了,打草稿不要用这么好的纸。

也就是说,重音在"太"上,可以是表示赞叹,也可以是表示过分、不满意；重音在"太"所修饰的词上，一定是表示过分、不满意。

其次，它们与"了"配搭的情况不同。伴有赞叹的感情色彩时，末尾总带有"了"，伴有过分、不满意的感情色彩时，末尾可带"了"，也可不带"了"。例如：

(25) a.这太好了！

　　　b.他这个人心眼儿太好了，容易上当。

　　　　他这个人心眼儿太好，容易上当。

(26) a.这孩子简直太聪明了。

　　　b.我看他是太聪明了，反被聪明误。

　　　　我看他是太聪明，反被聪明误。

也就是说，带"了"时可能是表示赞叹，也可能是表示过分、不满意；不带"了"时，一定是表示过分、不满意。

再次，前加否定词"别"、"未免"情况不同。伴有赞叹的感情色彩时，前面不能加"别"、"未免"，伴有过分、不满意的感情色彩时，前面可以加"别"、"未免"。例如：

(27) 别太好了。

　　　别太高兴了。

　　　别太干净了。

(28) 这纸未免太好了。

　　　你未免太高兴了。

　　　动不动就洗手，你未免太干净了。

也就是说，前面有"别"、"未免"时，一定是表示过分、不满意。

第四，能否形成"的"字结构的情况不同。伴有赞叹的感情色彩时，"太＋形容词"不能跟"的"形成"的"字结构，而伴有过分、不满意的感情色彩时，可以跟"的"形成"的"字结构。例如：

(29) a. *太好的我要。　　　(30) a. *太便宜的好。
　　　b.太好的我不要。　　　　　b.太便宜的并不好。

也就是说,形成"的"字结构的,"太+形容词"里的"太"一定表示过分、不满意。

注意,a类情况的褒义词在受"太"修饰时,有时也可以表示不好的意思,在挖苦讥笑人时用,例如:

(31) 你也太伟大了。
　　　你也太光荣了,进了班房了。
　　　你也太可爱了,我都怕见你了。

这些例句重音都在"太"上。这里的"太"都不表示过分、不满意的意思。在说话人看来,"你"根本就不伟大、不光荣、不可爱,只不过是故意反着说,以达到讽刺、挖苦的目的。这属于修辞问题,不是语法问题。跟我们讲的c类情况完全不同。

实例(三):都、全、净、只

一般把"都"、"全"、"净"都看作表示总括的范围副词,在一般工具书上,常用"都"来释"全",用"全"、"都"、"全都"来释"净"。(见吕叔湘主编 1981;侯学超 1998;李行健 2001;《新华字典》(第 10 版) 2004)而在实际交际中,有时也确实可以互换,例如:

(1) 大伙儿指望他会带些钱回来,起码能带些年货回来,谁知他箱子里全是书,大伙儿有点失望了。
(2) 那女人街,满街都是女同胞的服装。
(3) 1980 年我第一次到日本访问,一下飞机满眼净是醒目的广告牌。

例(1)—(3)里的"都"、"全"、"净"可以互换,说成:

(4) 大伙儿指望他会带些钱回来,起码能带些年货回来,谁知他箱子里全/都/净是书,大伙儿有点失望了。

(5) 那女人街,满街都/全/净是女同胞的服装。

(6) 1980年我第一次到日本访问,一下飞机满眼净/都/全是醒目的广告牌。

"只"是表示限制的范围副词。《现代汉语八百词》等认为,"净"也相当于"只",例证是"他净顾着说话了"也可以说"他只顾着说话了"。

那么"净"真的既相当于"都/全",又相当于"只"吗?语言事实告诉我们,其实"净"既不同于"都/全",也不同于"只"。请比较下面的例句:

	只	净	都/全
(7)～学生就有一万人。	＋	－	－
(8)我们～不进去。	－	－	＋
(9)他们～吃馒头。	＋	＋	＋
(10)他们～吃三个馒头。	＋	－	＋

例(7)是要限制在某个范围内来计算数量,所以只能用表示限制的范围副词"只",不能用表示总括的"全/都",也不能用"净"。例(8)只有总括义,所以只能用"都/全",不能用"只",也不能用"净"。例(9)既能用"只",又能用"都/全",也能用"净",但意思有不同:用"只"表示限制,限制所吃东西的范围,只是馒头;用"都/全"表示总括,总括动作行为的主体"我们";而用"净",则表示所吃东西只属馒头这一类,强调单一性。"净"的这一意义,在例(10)中表现得更清楚。例(10)"馒头"前有数量词"三个",这里的"馒头"是指实在

的个体,而不是指类名,而"净"强调事物具有单一性,即强调事物属于同一类,所以不能用"净";可以用"只",那是因为"只"所限制的,既可以是事物,也可以是事物的数量,还可限制动作行为本身,如"他们只说不做"。这里如用"只"则是用来限制馒头的数量的。例(10)也可以用"都/全",但总括的不是"馒头",而是跟例(9)一样,总括动作行为的主体"他们"。显然,"都/全"、"只"、"净"三者是有明显区别的。为了进一步说明三者的区别,请再看下面的例句:

	只	净	都/全
(11) a. 这个箱子里～是书。	＋	＋	＋
b. 这个箱子里～有书。	＋	－	－
(12) a. 这些箱子里～是书。	＋	＋	＋
b. 这些箱子里～有书。	＋	－	＋

例(11)、(12)中的句子都是存在句,a 句是"是"字句,b 句是"有"字句。"是"字句有排他性,即除了书没有别的,排斥书以外的事物存在;"有"字句无排他性,即除了书还可能有别的,不排斥书以外的事物存在。"是"字句的排他性和"净"强调单一性是一致的,所以"净"能用于"是"字句(如例(11a)、(12a)),"有"字句不具有排他性,"净"不能用于其中(如例(11b)、(12b))。"只"只表示限制,限制事物的范围,无论"是"字句还是"有"字句,都可以用。"都/全"表示总括,总括前面的主语成分"这个箱子里"(例(11))和"这些箱子里"(例(12))。既是总括,总括的对象必须在两个以上,"是"字句里,总括的是箱子里的每一件东西,所以不管是一个箱子还是几个箱子,都能用"都/全"(如例(11a)、(12a));"有"字句是总括箱子这个空间,必须有两个以上的箱子才能用表示总括的范围副词,例

(11b)只一个箱子,一个空间,所以不能用"都/全",例(12b)是"这些箱子",所以能用"都/全"。

正因为"净"强调单一性,即所指事物在种类上属于同类,所以所指事物总是多数,在这种情况下用"净",给人的感觉它有总括的意思,可以用"都/全"来替换;正因为"净"强调事物具有单一性,即属于同一类,在这种情况下用"净",给人的感觉它有限制的意思,可以用"只"来替换。表面看"净"或可以用"都/全"来替换,或可以用"只"来替换,但是语义的着重点却不相同:用"净"是强调单一性,用"都/全"表示总括,用"只"则表示限制。

通过上述比较,我们就很容易把"净"跟"都/全"、"只"区分开来。

现在说说"都"和"全"在语法意义上的异同。下面我们以"都"为纲来加以比较、分析。"都"是一个典型的表示总括的范围副词,它总括的方面比较多,这是其他表示总括的范围副词所不及的。请看:

1.总括主体。这里所说的主体包括动作行为的施事,也包括非动作动词或形容词作谓语时的主语成分。例如:

(13)我们都去。 〔动作行为的施事〕

(14)他们几个人都是北京大学的学生。

〔非动作动词作谓语时的主语成分〕

(15)他们都很勇敢。 〔形容词作谓语时的主语成分〕

2.总括动作行为的对象。例如:

(16)这几本书都看完了。

(17)我把他们都得罪了。

3.总括动作行为发生的时间、处所。例如:

(18)这个星期他都没来上班。〔时间〕

(19)我在上海、杭州、广州都遇见了我的老同学。〔处所〕

4.总括条件。例如：

(20)无论夏天、冬天,我都坚持锻炼。

(21)无论刮风还是下雨,他都来。

"全"可以总括主体,总括动作行为的对象,但一般不能总括动作行为发生的时间处所和条件,所以例(13)—(17)里的"都"可用"全"来替换,而例(18)—(21)里的"都"就不能或不大能用"全"来替换。请看：

(22)我们全去。〔动作行为的施事〕

(23)他们几个人全是北京大学的学生。

〔非动作动词作谓语时的主语成分〕

(24)他们全很勇敢。〔形容词作谓语时的主语成分〕

(25)这几本书全看完了。

(26)我把他们全得罪了。

(27)?这个星期他全没来上班。〔时间〕

(28)*我在上海、杭州、广州全遇见了我的老同学。〔处所〕

(29)*无论夏天、冬天,我全坚持锻炼。

(30)*无论刮风还是下雨,他全来。

"都"能用于任指的句子,总括任指的范围。"全"似不能用于任指的句子。现代汉语里任指的句子有以下几类：

1.用重叠表示的任指。例如：

(31)人人都要守纪律。

(32)个个都是好学生。

(33)我天天都看报纸。

2.用疑问代词表示的任指。例如:

(34)谁都知道这件事。

(35)他哪儿都去过。

(36)我什么都不要。

3.用"一……不/没……"表示的任指。例如:

(37)他一句话都不说。

(38)一点儿灰尘都没有。

(39)这几个篆字一个人都不认得。

4.用"任何"、"每"、"所有"表示的任指。例如:

(40)任何人都不会知道这件事。

(41)每个青年都要努力学习。

(42)所有公民都要遵守交通规则。

以上例(31)—(42)各句里的"都"似乎都不能换用"全"。我们似不说:

(43)＊人人全要守纪律。

(44)＊个个全是好学生。

(45)＊我天天全看报纸。

(46)＊谁全知道这件事。

(47)＊他哪儿全去过。

(48)＊我什么全不要。

(49)＊他一句话全不说。

(50)＊一点儿灰尘全没有。

(51)＊这几个篆字一个人全认不得。

(52)＊任何人全不会知道这件事。

(53)＊每个青年全要努力学习。

(54)＊所有公民全要遵守交通规则。

实例(四)：不、没(有)

"不"和"没(有)"都是常用的否定副词。前人的研究已经指出,它们所表示的否定意义并不相同。已有的共识是:"不"用来否定事物具有某种性质、否定事物要进行某种动作行为,在后者的否定中,往往包含着对意志的否定;"没有(没)"则用来对变化、经历,或对动作行为发生、实现这一已然的客观事实的否定。简单地说,"不"是对性质、意志的否定,"没(有)"是对事实的否定。请比较下面的例句:

(1) 你做的江米酒不甜。　　〔不具有甜的性质〕
    你做的江米酒还没有甜。〔没有出现从不甜到甜的变化〕
(2) 这儿的枫叶不红。　　　〔不具有红的性质〕
    这儿的枫叶没有红。　　〔没有出现从不红到红的变化〕
(3) 他一口饭也不吃。
    　　　　　　　　〔不进行吃这一动作行为,从主观意愿说〕
    他一口饭也没吃。
    　　　　　　　　〔没出现吃饭这一动作行为,从客观事实说〕
(4) 银行昨天不开门。　　〔从银行自身主观的规定说〕
    银行昨天没有开门。　〔从没有开门的客观事实说〕

再具体一些说,当修饰形容词性词语时,"不"表示否定事物具有某种性质,一般简称为"对性质的否定";"没有"则表示否定事物在性质上发生了某种变化或否定事物曾经具有过某种性质,一般简称为"对变化、经历的否定"。例如:

(5)不干净　　(6)没(有)干净　　(7)没(有)干净过

例(5)"不干净"是对"干净"的否定,即否定事物具有"干净"这种性质。注意,例(6)"没(有)干净"是对"干净了"的否定,即否定事物发生了从"不干净"到"干净"的变化。例(7)"没(有)干净过"是对"干净过"的否定,即否定事物曾经具有"干净"的性质。这里需要顺便提醒大家注意的是,"干净了"这肯定形式带"了",与其相对应的否定形式只能说"没(有)干净",不能说"*没(有)干净了",即相应的否定形式不能带"了";"干净过"这肯定形式带"过",与其相对应的否定形式则不能说"*没(有)干净",得说"没(有)干净过",即相应的否定形式必须带"过"。

当修饰动词性词语时,"不"用来否定将要进行某种动作行为,一般简称为"对动作行为的否定";"没有(没)"则用来否定已经发生或完成、实现了某种动作行为,或用来否定某事物曾经有过某种动作行为,一般简称为"对动作行为已然的否定"。例如:

(8)不去　　(9)没(有)去　　(10)没(有)去过

例(8)"不去"是对"去"的否定,即否定要进行"去"这一动作行为。例(9)"没(有)去"是对"去了"的否定,即否定已经发生了或完成、实现了"去"这一动作行为。例(10)"没(有)去过"是对"去过"的否定,即否定曾经有过"去"这一动作行为的发生、完成或实现。这里也需要顺便提醒大家注意的是,"去了"这肯定形式带"了",与其相对应的否定形式只能说"没(有)去",不能说"*没(有)去了",即相应的否定形式不能带"了";"去过"这肯定形式带"过",与其相对应的否定形式则不能说"*没(有)去",得说"没(有)去过",即相应的否定形式必须带"过"。

"不"和"没(有)"二者意义上的上述区别,影响它们所适用的时态。这一点前人已有所注意。《现代汉语八百词》说,"不""可指

过去、现在和将来","没有""限于指过去和现在,不能指将来"。上述意思可表示如下:

	过去	现在	将来
不	＋(昨天他不去是对的)	＋(现在他不去)	＋(明天他不去)
没(有)	＋(昨天他没有去)	＋(现在他没有去)	－(＊明天他没有去)

不过上述说法不是很准确,因为事实上"没(有)"也可以用于将来,例如:

(11)如果明天他没去,那就说明他的病加重了。

(12)要是明天上午十点钟我还没到,你就甭等我了。

只不过"没(有)"用于将来很不自由,要受到限制,只用于假设复句中,即"没(有)＋动词性词语"这个偏正结构用于将来时是黏着的,不能单独出现。其实,"不"用于过去也不大自由,"不＋动词性词语"这个偏正结构用于过去时也是黏着的,一般也不能单说,如上面表中所举的"昨天他不去是对的"可以说,但如去掉"是对的",单说"昨天他不去"就站不住。通常"不＋动词性词语"如用于过去,则多用于因果复句或表示对比的并列复句中,有时也能在表示因果关系的单句中充任主语。例如:

(13)昨天他不去,因为孩子病了。

(14)昨天他不去,今天他更不去了。

(15)昨天他不来开会是有原因的。

根据以上的分析,上面的表宜修改为:

	过去	现在	将来
不	(＋)	＋	＋
没有	＋	＋	(－)/((＋))

"(＋)"表示虽可用,但要受到一定条件的限制,"(－)"表示一般不

用,但在一定条件下可用,"((＋))"表示虽可用,但要受到很大的限制。

"不"和"没(有)"适用时态上的区别,就跟它们在语法意义上的区别密切相关——正因为"不"是对意志的否定,所以用于过去不大自由;正因为"没(有)"是对事实的否定,所以用于将来不自由。《现代汉语八百词》关于"不"可以用于过去,仅有一例:

(16)前天请他他不来,现在不请他他更不来了。

其实这就是我们上面所说的对比句。

"不"和"没(有)"语法意义的不同,也影响到它们跟能愿动词的结合。

"不"可以用在所有的能愿动词前,而"没(有)"只能用在"能(能够)"、"敢"、"肯"等少数几个能愿动词前。请看下表:

	能	能够	会	可	可以	要	应该	应	该	敢	肯	愿意	愿	乐意
不	＋	＋	＋	＋	＋	＋	＋	＋	＋	＋	＋	＋	＋	＋
没(有)	＋	＋	－	－	－	－	－	－	－	＋	＋	－	－	－

"不＋能愿动词……"适用于将来时、现在时,用于过去时则要受到限制,一般多用于因果句。请看:

(17)昨天我不能来开会,因为孩子病了。

(18)上次我不敢告诉你,主要是怕你生气。

(19)昨天我家里有事,所以不能够陪你玩儿。

(20)上次他怕你生气,所以不肯告诉你。

反之,"没(有)＋能愿动词"适用于过去时、现在时,用于将来时则要受到限制,一般多用于假设句。请看:

(21)假如后天你还没能做完,就要误事了。

(22)如果明天他还没肯答应的话,你就另找别人吧。

(23)要是明天他还没敢接受,那就麻烦了。

此外,"不＋能愿动词……"强调主观因素,语气较硬;"没(有)＋能愿动词"则强调客观事实,语气委婉一些。如上面的例(17)—(20)的"不"虽都能换用为"没(有)",例(21)—(23)里的"没(有)"虽都能换用为"不",表面看基本意思差不多,但强调的方面是不同的。

实例(五):别、甭

这两个否定副词都能用来表示劝阻或禁止,常用于祈使句。例如:

(1)这么晚了,别等了。

(2)甭去了,那边人已经够了。

就例(1)、(2)看,"别"和"甭"似乎没有什么区别,因为例(1)里的"别"也可以换用"甭",而例(2)里的"甭"也可以换用"别"。请看:

(3)这么晚了,甭等了。

(4)别去了,那边人已经够了。

事实上"别"和"甭"在意义上是有区别的。

"甭"只是表示劝阻,不表示禁止;而"别"既能表示劝阻,还能表示禁止。所以,在表示劝阻时,二者可以互换,在表示禁止时,只能用"别",不能用"甭"。试比较:

(5)你别喝了,再喝就醉了。

你别理她,她就这个脾气。

你呀,别为难他了,饶了他吧。

(6)别喝!有毒!

叁 比较是分析、研究虚词最基本的方法

别动！放下武器！

大家安静点儿，别说话！

例(5)表示劝阻，句中的"别"可以换用"甭"。例(6)表示禁止，句中的"别"不宜换用"甭"。用"别"表示劝阻，更强调说话人的主观意志；而用"甭"表示劝阻，更强调客观上的不需要。下面两个例子很说明问题：

(7) 你千万别告诉他！

你可别上他的当。

(8) 这以后的事你都清楚，我就甭讲了。(《现代汉语八百词》用例)

既然你已经知道了，我就甭说了。

例(7)虽并不表示禁止，但说话人用"千万"、"可"表达了自己很强的主观意愿，句中的"别"就不宜用"甭"替换，似不能说成：

(9) *你千万甭告诉他！

*你可甭上他的当。

例(8)既然"以后的事你都清楚"，情况"你已经知道"，当然不需要"我"再说，所以宜用"甭"，而不宜用"别"，不宜说成：

(10) ? 这以后的事你都清楚，我就别讲了。(《现代汉语八百词》用例)

? 既然你已经知道了，我就别说了。

"别"还表示提醒听话人注意防止发生不如意的事情的意思。(马真 1999)例如：

(11) 别呛了。别忘了。别噎了。别感冒了。别挤破了。

"甭"不表示这样的意思，所以例(11)里的"别"也不能换用"甭"，我们不说：

(12) *甭呛了。*甭忘了。*甭喧了。*甭感冒了。
*甭挤破了。

附带说明,这两个副词都能独用,用于接话或答话,但情况不完全一样——"别"既能单说,又能单独作谓语;"甭"能单说,但不能单独作谓语。例如:

(13) a."都七点了,我去叫醒他。""别!让他再睡一会儿。"〔单独成句〕

b."都七点了,我去叫醒他。""你别!让他再睡一会儿。"〔单独作谓语〕

(14) a."这事我跟他商量一下。""别!他不会帮你出主意的。"〔单独成句〕

b."这事我跟他商量一下。""你别!他不会帮你出主意的。"〔单独作谓语〕

例(13)和(14)a句,"别"在答话中单独成句,可以换用"甭";b句"别"单独作谓语,就不能换用"甭"。请看:

(15) a."都七点了,我去叫醒他。""甭!让他再睡一会儿。"〔单独成句〕

b."都七点了,我去叫醒他。""*你甭!让他再睡一会儿。"〔单独作谓语〕

(16) a."这事我跟他商量一下。""甭!他不会帮你出主意的。"〔单独成句〕

b."这事我跟他商量一下。""*你甭!他不会帮你出主意的。"〔单独作谓语〕

最后还需说明,"别"相当于"不要",但它不等于"不要",下面句子中的"不要"就不能用"别"替换:

(17) 如果他不要看电影，可以去看话剧。

＊如果他别看电影，可以去看话剧。

(18) 这样的球赛我不要看。

＊这样的球赛我别看。

(19) 你不要听，可以出去。

＊你别听，可以出去。

这是因为"别"是副词，只纯粹表示劝阻、禁止的语法意义；"不要"则是一个动词性词组，除有劝阻、禁止意思外，还有"不想"、"不愿意"的意思，而这是"别"所不具有的。

同样，我们说"甭"相当于"不用"，也不是说它等于"不用"。它们虽然都含有"事实上没有必要"的意思，但"不用"后面可以跟小句，即主谓短语。例如：

(20) 这事以后就不用你管了。

(21) 不用他去说了，我自己去吧。

"甭"作为副词，没有修饰主谓短语的语法功能，例(20)、(21)里的"不用"就不能换用"甭"，我们不能说：

(22) ＊这事以后就甭你管了。

(23) ＊甭他去说了，我自己去吧。

实例（六）：而且、况且、何况

这三个都是连词，都能表示递进关系，但意义和用法并不完全相同。

"而且"表示一般的递进关系。例如：

(1) 这种感冒药疗效很好，而且没有任何副作用。

(2) 进行科学研究，不仅有助于认识世界，而且有助于改造世界。

(3) 他是英语系的本科生,不但英语好,而且语文水平也很高。

"况且"虽能表示递进关系,但只用于进一步申述理由,即在已经说出的理由之外,再追加一层理由,相当于口语中说的"再说"。例如:

(4) 这事儿我为什么后来又告诉他了呢?因为我想,不告诉他,他一定会着急,况且这事终究是要告诉他的。

(5) 后现代哲学本来就很难懂,况且是用外语授课,所以他学起来觉得十分吃力。

(6) 买车的事不妨先放一放,我们现在也不是很急需,况且车价还会往下降呢。

例(4)—(6)里的"况且"都可以换说成"再说"。如:

(4') 这事儿我为什么后来又告诉他了呢?因为我想,不告诉他,他一定会着急,再说这事终究是要告诉他的。

(5') 后现代哲学本来就很难懂,再说是用外语授课,所以他学起来觉得十分吃力。

(6') 买车的事不妨先放一放,我们现在也不是很急需,再说车价还会往下降呢。

"何况"表示的不是一般的递进关系,而是表示"逼进一层"的意思——一浅一深的两件事,浅的如此,深的更不用说了,含有反问语气。例如:

(7) 大人都受不了,何况他还是个孩子。

(8) 这件事连小孩子都知道了,何况大人呢?

(9) 北京都下雪了,何况哈尔滨?

由于这三个连词在意义和用法上并不完全相同,所以不能随便替换。具体说来:

(一)表示一般递进关系的复句里的"而且",不能用"况且"、"何况"来替换,特别是跟"不仅"、"不但"呼应使用时,如例(1)—(3)。

(二)例(4)—(6)里的"况且"似乎可以用"而且"替换,但一用"而且",原句那种"申述理由"的意思就没有了。例(4)—(6)里的"况且"似可以换成"何况",但意味不一样了——在"表示进一步申述理由"的同时,还含有"逼进一层"的意味了。

(三)用"何况"的例(7)—(9),只"表示逼进一层"的意思,所以这里的"何况"不能换用"况且"。我们不说:

(7')＊大人都受不了,况且他还是个孩子。

(8')＊这件事连小孩子都知道了,况且大人呢?

(9')＊北京都下雪了,况且哈尔滨?

下面的句子都有毛病:

(10)＊搞科学研究,一定要有丰富的材料,况且要有正确的观点。

(11)＊上千吨的轮船碰上这样大的风浪也得上下颠簸,而且这么一条小木船。

例(10)前后分句表示一般的递进关系,不能用"况且",应改为"而且"。例(11)表示"逼进一层"的意思,句中的"而且"要改成"何况"。

实例(七):和、及、及其、以及

连词"和"、"及"、"及其"、"以及",都表示联合关系,是一组同义词。但实际上无论意义还是用法都有些差异，需要通过比较把它们分清楚。

首先需要指出的，"及"、"及其"、"以及"都是书面语词，口语中不用；"和"则书面语、口语都用。下面的句子都是口语中常说的句子，宜用"和"，不宜用"及"、"以及"：

(1) 这次我要去上海、杭州和苏州。

＊这次我要去上海、杭州及/以及苏州。

(2) 我听说他暑假去苏州和杭州玩儿。

＊我听说他暑假去苏州及/以及杭州玩儿。

(3) 我家就爸爸、妈妈和我三个人。

＊我家就爸爸、妈妈及/以及我三个人。

其次需要指出的是，"及其"原本不是一个词，也不构成一个结构，其中的"其"是文言里的所有格代词，"及其"相当于"和他/她/它的"或"和他们/她们/它们的"。例如：

(4) 巴金及其作品

例(4)就是"巴金和他的作品"的意思，句中的"其"不直接跟"及"发生关系，而跟"作品"发生直接的关系，构成领属性偏正结构"其作品"。但由于"及"和"其"常常连在一起用，逐步凝固化，词汇化，到现代汉语里，对它进行重新分析，干脆将"及其"分析处理为一个词了。这种情况在语言里是常有的。如"曾经"、"已经"在古汉语里也不是词，甚至也不构成一个结构，"曾"、"已"是副词，"经"是介词，在古汉语里形成"曾‖经……"、"已‖经……"的格式。由于"曾"、"已"常跟"经"连在一起用，到现代汉语就词汇化了，人们就自觉不自觉地逐渐将它们分别看作一个词了。由于受"及其"原有意义的影响，所以凡用连词"及其"连接的，前后两项一定有领属关

系,即前者领有后者,如例(4)"作品"是为巴金所领有的。常有人错把"及其"当"及"用。例如:

(5)＊参加这次大会的有各厂矿、部队、学校及其商业部门的代表。

(6)＊教孩子识字,一定要给孩子讲清楚字音、字形及其字义。

例(5)"商业部门"显然不是从属于厂矿、部队、学校的,应删去"其"。例(6)"字义"跟"字音、字形"也无从属关系,宜换用"和",或删去"其"。

"和"表示并列,即表示并列几项都包括在内,项与项之间是加合关系,但具体又有"加而不合"和"加而合"两种情况。请看实例:

(7)小王和小张都上了大学。

(8)小王和小张是同乡。

例(7)"小王"和"小张"之间是加合关系,但加而不合,所以例(7)可以分说成:

(9)小王上了大学,小张也上了大学。

例(8)"小王"和"小张"之间也是加合关系,但属于"加而合"的情况,所以例(8)不能分说成:

(10)＊小王是同乡,小张也是同乡。

"及"一般用于连接多项,而且一般用于多项的最后一项之前。例如:

(11)该校文科设有六个系:中文系,历史系、哲学系、法律系、经济系及传播学系。

(12)希望各校在新的一年里,在教学、科研、教材编写、师资培训及学术交流等方面作出更大的成绩。

"及"不大用于连接两项,除非所连接的两项处于主语或修饰语的位置。例如:

(13)信息技术及能源技术均属于高科技技术。

(14)请将这些材料如实地提供给省级及中央级新闻单位。

例(13)由"及"连接的"信息技术及能源技术"作主语,例(14)由"及"连接的"省级及中央级"作定语。如果让它们处于宾语位置,句子的接受程度就很差了,请看:

(15)? 我们必须大力发展信息技术及能源技术。

(16)? 请将这些材料如实地提供给省级新闻单位及中央级新闻单位。

例(15)、(16)的"及"宜改用"和"。"和"没有这些限制。

实例(八):等、等等

"等"和"等等"都是助词,单就下面两个例子来看,它们所表示的语法意义似乎是一样的。请看:

(1)参加这次高校英语演讲复赛的有清华大学、北京大学、北京师范大学、北京外国语大学等。

(2)自然界存在着许多的运动形式,如机械运动、发声、发光、发热、电流、化合等等。

"等"在例(1),"等等"在例(2),都表示列举未尽。它们可以互换,即例(1)里的"等"可以换成"等等",例(2)里的"等等"可以换成"等",而意思一样。请看:

(3)参加这次高校英语演讲复赛的有清华大学、北京大学、北京师范大学、北京外国语大学等等。

(4)自然界存在着许多的运动形式,如机械运动、发声、发光、发热、电流、化合等。

其实它们所表示的语法意义并不完全相同。

"等"除了表示列举未尽外,还可以表示列举已尽,前后可以有所列各项总计的具体数字,这时"等"含有"一共"的意思。例如:

(5) 这学期我选修了古代文学史、古典文论、外国文学史、当代文学、《红楼梦》研究以及全校通选课"统计学概论"等六门课。

(6) 我们班同学主要来自北方的五个省:黑龙江、吉林、辽宁、河北、山西等。

"等等"不表示这一语法意义。下面这个句子里的"等等"要改为"等":

(7) *这次参观分批进行。第一批五个班,有一班、四班、六班、九班、十班等等。

表示列举未尽时,二者也还有区别。

1. "等等"一般不用于指人的名词和专有名词之后,"等"不受这个限制。例如:

(8) 出席这次大会的,有工人、农民、学生、战士等。

(9) 唐代著名诗人有杜甫、李白、白居易等。

(10) 四川省主要的河流有嘉陵江、沱江、岷江、大渡河等。

例(8)—(10)里的"等",都不能换成"等等"。我们不说:

(11) *出席这次大会的,有工人、农民、学生、战士等等。

(12) *唐代著名诗人有杜甫、李白、白居易等等。

(13) *四川省主要的河流有嘉陵江、沱江、岷江、大渡河等等。

2. "等等"后面一般不能再有其他词语,"等"不受这个限制。

例如:

(14) 这次运动会有田径、体操、射击等比赛项目。

(15) 这次运动会的比赛项目很多,有田径、体操、射击等。

例(14)里的"等"后面紧跟着另外的词语"比赛项目",这里的"等"就不能换成"等等",不说:

(16) *这次运动会有田径、体操、射击等等比赛项目。

例(15)里的"等"后面没有其他词语,这里的"等"可以换成"等等",说成:

(17) 这次运动会的比赛项目很多,有田径、体操、射击等等。

3. "等"可以附在单个名词语后面表示列举未尽,这种"名词语+等"的助词结构通常作主语或定语,不能作宾语。例如:

(18) 老张等赶忙过来帮忙,才把搁浅了的船推上了水面。

(19) 铅笔等文具用品,价格也略有所降。

(20) *参加会议的单位很多,有京棉一厂等。

例(18)"老张等"作主语,例(19)"铅笔等"作定语,这两句话都能说;例(20)"京棉一厂等"作宾语,句子就不能说。如果让"京棉一厂等"处于主语地位,句子就可以说了。请看:

(21) ……,京棉一厂等也参加了这次会议。

有时"等"也可以用在人称代词"你"、"我"之后表示列举未尽。例如:

(22) "你等听着,谁再偷吃,我就打谁的屁股。"爷爷说着,故意把手高高举起,……

(23) 当时,放下电话,我等赶紧出门要了辆出租车直奔人民医院。

"等等"没有上面这样的用法,例(18)、(19)和例(21)—(23)里的

"等"都不能换用"等等"。我们不说：

(24)＊老张等等赶忙过来帮忙,才把搁浅了的船推上了水面。

(25)＊铅笔等等文具用品,价格也略有所降。

(26)＊……,京棉一厂等等也参加了这次会议。

(27)＊"你等等听着,谁再偷吃就打谁的屁股。"爷爷说着,故意把手高高举起,……

(28)＊当时,放下电话,我等等赶紧出门要了辆出租车直奔人民医院。

4."等等"跟前面的词语之间可以有停顿,"等"则不允许有停顿。例如：

(29)记得小时候看过一些以体坛生活为内容的影片,如《女篮五号》、《球场风波》、《冰上姐妹》、《水上春秋》、《女跳水队员》,等等,那生动的故事情节、血肉丰满的银幕形象至今记忆犹新。

例(29)里的"等等"如果要换成"等",得说成：

(30)记得小时候看过一些以体坛生活为内容的影片,如《女篮五号》、《球场风波》、《冰上姐妹》、《水上春秋》、《女跳水队员》等,那生动的故事情节、血肉丰满的银幕形象至今记忆犹新。

5."等等"可以重复,"等"不能。例如：

(31)这批货物品种很多,包括布匹、手表、收音机、电视机、录音机等等,等等。

二 意义相对的虚词比较

将意义相对的虚词放在一起进行对比分析,也有助于我们辨明各个虚词各自表示的语法意义。这也是一种比较方法。譬如人们常常将介词"把"和"被"放在一起进行比较,以分别凸现、说明"把"和"被"的语法意义。下面举些实例:

实例(一):时间副词"就"、"才"

副词"就"和"才"的意义和用法都比较复杂,这里只谈表示时间的"就"和"才",即诸如"他明天就走"、"他明天才走"里的"就"和"才"。时间副词"就"和"才"可以看作是一组意义相对的虚词。

时间副词"就"和"才",到底各自表示什么样的语法意义?它们在表示时间上的区别是什么呢?如果我们把它们放在一起并运用大量实例对它们进行对比分析,"就"和"才"的语法意义就容易凸现出来,这就有助于我们更好地认识、把握"就"和"才"各自的语法意义。

先前有人以为,"就"表示将来,"才"表示过去。其实他们的区别并不在这里。它们都是不定时的时间副词,"就"也能用于过去,"才"也能用于将来,例如:

(1)a.他前天就走了。　　b.他前天才走。　　〔用于过去〕
(2)a.他明天就走。　　　b.他明天才走。　　〔用于将来〕
(3)a.他现在就走。　　　b.他现在才走。　　〔用于现在〕

例(1)—(3)a、b 两句所用实词相同,词序也相同,就是虚词不同,a 句用"就",b 句用"才",两句意思就不同;例(1)—(3)的各个 a 句用"就",都表示在说话人看来,"他"走得早,或者说"他"走得快,而不管是前天走,还是明天走,还是现在走;而各个 b 句用"才",就都表示在说话人看来,"他"走得晚,或者说"他"走得慢,而不管是前天走,还是明天走,还是现在走。从上面的例句中,我们不难看出,"就"和"才"在表示时间早晚、快慢上形成对立,二者的根本区别在于:

"就"表示在说话人看来,行为动作或情况发生、进行、完成得早或快。

"才"表示在说话人看来,行为动作或情况发生、进行、完成得晚或慢。

请再比较"就"和"才"在"时段成分+就/才+动词性词语"这种句法格式里的使用情况:

(4) a. 三两分钟就能修好。

b. *三两分钟才能修好。

(5) a. *好半天就能修好。

b. 好半天才能修好。

(6) a. 一会儿工夫就能修好。

b. *一会儿工夫才能修好。

(7) a. 三小时就能修好。

b. 三小时才能修好。

这四个例句副词"就"、"才"之前都有表示时段的词语,由于表示时段的词语的意思不同,用"就"用"才"的情况也就不同。例(4)里的"三两分钟"在汉语口语里是一种表示时间很短的习惯说法,所以例(4)用表示动作行为完成得早或快的"就"的 a 句能成立,而用表示动作行为完成得晚或慢的"才"的 b 句不成立。例(5)里的"好半天"在汉语口语里是一种表示时间长的习惯说法,所以例(5)用表示动作行为完成得晚或慢的"才"的 b 句能成立,而用表示动作行为完成得早或快的"就"的 a 句不能成立。例(6)里的"一会儿"本身也表示不长的时间,一般认为表示时间短,所以例(6)使用表示动作行为完成得早或快的"就"的 a 句能成立,而使用表示动作行为完成得晚或慢的"才"的 b 句就不成立。有时我们可以说"得一会儿才能修好,你先到商店逛逛再来取",这是因为"一会儿"前加了个"得(děi)"字,"得一会儿"就表示相对长一些的时间,说话人的意思是"不是马上就能修好的",所以可以用"才"。例(7)里的"三小时"本身无所谓长短,所以句子既可以用"就",也可以用"才",但是用"就"用"才"的意思却不同:用"就"表示,在说话人看来用三小时修好,是完成得早,修得快,所用时间短;用"才"表示,在说话人看来用三小时修好,是完成得晚,修得慢,所用时间长。

注意,如果"就"和"才"出现在表示时段的词语之前,情况又不同了:

(8)就三天怎么能完成?

(9)才三天怎么能完成?

例(8)用"就",例(9)用"才",两句都表示时间短。其实,这里的"就"和"才"已经不是时间副词了,跟下面句子里的"就"和"才"完全一样,是表示数量的副词,只不过下面的句子是把例(8)、(9)中表示时间的数量词语换成了别的数量词语:

(10)就/才三个人怎么能完成?

(11)就/才三斤怎么够吃?

(12)就/才三杯怎么就醉了?

(13)就/才三米怎么够做两套衣服?

"就"和"才"作为表示数量的副词都表示数量少。但用"就"用"才"

反映了说话人不同的心态:用"才",表示在说话人看来太少了;用"就",表示在说话人看来并不多。例如:

(14)他这次考试才六十分,我也就七十分。

关于在现代汉语里修饰数量词的副词,请参看下文"三"。

实例(二):吗、呢

"吗"、"呢"都是表示疑问的语气词。都能用在疑问句末尾。例如:

(1)爸爸回来了吗?

(2)爸爸去哪儿了呢?

但这两个疑问语气词在使用上有分工。为了说明这一点,这里有必要简单地说一下汉语里边的疑问句。

现代汉语里的疑问句一般分为四小类:

1.是非问句。形式上跟陈述句一样,用句调(升调)来表示疑问。回答时可以只用"是"、"不是"或点头、摇头来回答。例如:

(3)他们在上课?

(4)他回来了?

2.特指问句。句中一定有疑问代词,以表示疑问。回答时不能只用"是"、"不是"或点头、摇头来回答,而要作出具体回答。特指问句的句调可以用升调,也可以用降调。例如:

(5)刚才谁来了?

(6)你想喝点什么?

3.选择问句。问话人提出几种可供选择的情况,要听话人作出回答,其基本询问方式是"X还是Y",即用"X还是Y"的形式来表示疑问。选择问句的句调可以用升调,也可以用降调。例如:

(7)今天是星期三还是星期四?

(8)他想去北京还是上海,还是广州?

(9)你想喝可乐,喝咖啡,还是喝红茶?

4.反复问句。问话人只提出肯定与否定两项,要求听话人在肯定与否定之中作出回答。基本询问方式是"V不V"或"V没(有)V",换句话说,用"V不V"或"V没(有)V"这样的形式来表示疑问。反复问句的句调可以用升调,也可以用降调。例如:

(10)你去不去?

(11)那衣服贵不贵?

(12)他去没去学校?

疑问语气词在使用上的分工是:在是非问句末尾,用"吗",不用"呢";在特指问句、选择问句、反复问句末尾则用"呢",不用"吗"。例如:

(13)他们在上课吗?

(14)你想喝点什么呢?

(15)他想去北京还是上海,还是广州呢?

(16)他去没去学校呢?

例(13)句末用"吗",属于是非问句;例(14)—(16)句末用"呢",例(14)为特指问句,例(15)为选择问句,例(16)为反复问句,它们也可以合称为"非是非问句"。

注意,下面两个问句看上去很像是非问句(因为句中没有疑问成分),其实不属于是非问句,属于"非是非问句":

(17)我的笔呢?

(18)你一个人病了呢?

例(17)、(18)实际上可看作是某些特指问句的一种省略形式,可以

补出疑问代词。请看:

(19)我的笔呢?

　　a.我的笔在哪儿呢?

　　b.我的笔到哪儿去了呢?

　　c.……

(20)你一个人病了呢?

　　a.你一个人病了怎么办呢?

　　b.你一个人病了谁照顾你呢?

　　c.……

三 说明同一方面问题的虚词的比较

把说明同一方面问题的虚词放在一起进行比较辨析,以说明这些虚词各自所表示的语法意义,这不仅使我们能对这些虚词有个总体的把握,而且也有利于我们了解、掌握某些虚词的意义。这里也不妨举三类实例:

实例(一):关于修饰数量词的副词

现代汉语里,有一部分副词可以用来修饰数量词,以表明说话人对某数量的看法和态度。例如:

(1)"他吃了几个?""五个。"

这个回答只是客观地说明他所吃的数量。如果在"五个"前加上"才",说成:

(2)"他吃了几个?""才五个。"

"才五个",这就伴有说话人对那个数量的主观态度,即表示在说话人看来五个不算多。"才"便是修饰数量词的副词。类似这样的副词,现代汉语里到底有多少?各自表示什么样的主观看法?要清楚了解这些问题,最好的办法是把这些能修饰数量词的副词放在一起来比较一下。

现代汉语里能直接用来修饰数量词以表示说话人对数量的主观态度的副词,常见的有以下一些:

正好	刚好	恰好	恰巧	恰恰	刚	刚刚	已经
只	仅	仅仅	就	才	不过	足足	都
也	大概	大约	约	约莫	大致	大抵	也许
将近	最多	至多	顶多	最少	至少	的确	真的
果然	果真	当真	共	总共	一共	一总	

这些副词用来修饰数量词时,表达作用并不相同。试比较:

(3) a. 她今年刚好 18 岁。

　　b. 她今年已经 18 岁。

　　c. 她今年才 18 岁。

　　d. 她今年最多 18 岁。

　　e. 她今年的确 18 岁。

"她"今年 18 岁,这是客观事实。a 句用"刚好",含有在说话人看来,"她"的年龄符合某方面的要求(如参军的要求,或结婚的要求等)的意思;b 句用"已经",含有在说话人看来,"她"年龄不小了的意思;c 句用"才",含有在说话人看来,"她"年龄还小;d 句用"最多",表明说话人并不确知"她"的年龄,说"她"18 岁,只是一种估计;e 句用"的确",明显含有说话人的肯定语气。

从表达作用看,这些能修饰数量词的副词大致可分为以下七类:

（一）言够。这有三种情况：

1. 表示数量不多不少正合适——正合需要或正满足要求。主要用"正好"、"刚好"、"恰好"、"恰巧"、"恰恰"等副词。例如：

（4）到今天我来北京正好两年了。

（5）每次都因年龄不够没有报上名，这次刚好十八岁了，再没有不叫去的理由了吧。

（6）你们八个人恰好一桌。

（7）我们今年的产量比起一九七六年来，不多不少，恰巧两倍。

（8）"你要几斤？""要六斤。""我这里恰恰六斤，都给你吧。"

2. 表示刚够、勉强够。主要用"刚"、"刚刚"等副词。例如：

（9）他这次考试刚六十分，勉强及格。

（10）他刚刚十二岁就离开妈妈到地主家当了放牛娃。

3. 表示早够了、完全够了。主要用"已经"。例如：

（11）"老师要求我们每人念三遍，你念几遍了？""已经三遍了。"

（二）言少。主要用"只"、"仅"、"仅仅"、"刚"、"就"、"才"、"不过"等副词。用"只"、"仅"是一般地说少，用"仅仅"更强调少，包含"很少"的意思。例如：

（12）他们只两个人，却干了五个人的活。

（13）仅两天，就有二百多人来报名参军。

（14）他们仅仅两个人，却打退了敌人一个连，真了不起。

"刚"也言少，但总是和时间有关。例如：

（15）他写得最慢，到现在刚五百字。

因此，例（12）、（14）里的"只"、"仅仅"都不能用"刚"替换，不能说：

（16）*他们刚两个人，却干了五个人的活。

(17)＊他们刚两个人,却打退了敌人一个连,真了不起。

例(13)"仅"所修饰的是表示时间的数量词,所以能用"刚"替换,可以说成:

　　　(18)刚两天,就有二百多人来报名参军。

但是用"仅"用"刚"还是有细微的差别,用"刚"同时含有强调行为动作(如句中的"报名")开始不久的意味。

"就"和"才"都能表示数量少,但也有所不同:"才"表示在说话人看来太少了,"就"表示在说话人看来并不多。例如:

　　　(19)她这次考试怎么才70分啊?

　　　(20)我也就72分,我们考得都不理想。

"不过"也是强调不多,但跟"就"也不完全一样,用"不过"往往含有轻视或有意要往小里说的意味,用"就"则不带有这种色彩。例如:

　　　(21)他们不过四个人,怕什么?

　　　(22)这不过二三十斤,怎么拿不动?

　(三)言多。主要用"足足"、"已经"、"都"、"就"等副词。例如:

　　　(23)敌人被我们消灭了足足一个连。

　　　(24)昨天我们走了足足五十里。

　　　(25)他写了不少了,已经两千字了。

　　　(26)你都五个了,还要?

　　　(27)这小伙子能吃着呢,一顿就四大碗干饭。

"足足"不仅言多,同时还包含有这数量是实打实的,毫无半点虚假的意思,而这附加意义反过来又增强了"足足"言多的意思。注意,与"足足"同义的"足"不能直接修饰数量词,如果要用它来说

明数量,只能修饰一个带数量宾语的述宾词组,例如:

(28) 这个瓜足有十斤。 (*这个瓜足十斤。)

(29) 他足买了二百斤。 (*买了足二百斤。)

"已经"和"都"(轻读)都能表示多,而且都包含早就达到这数量了的意思,但又有不同。第一,"都"只用于口语,"已经"多用于书面语。第二,用"都"总带着提醒听话者注意的语气,例如:"他都五杯了!"同时包含有"你得注意"这种提醒的语气。"已经"则不带有这种语气,如果要表示这种语气,得在前面加上"你得注意"之类的话,例如:"你得注意,他已经五杯了!"第三,"已经"还可以言够(见前);"都"只言多,不言够。前面所举的例(11)中表示言够的"已经"就不能换成"都",请比较:

(30) a."老师要求我们每人念三遍,你念几遍了?""已经三遍了。"

b."老师要求我们每人念三遍,你念几遍了?""?都三遍了。"

而例(25)中表示言多的"已经"可换为"都"。请看:

(31) a. 他写了不少了,已经两千字了。

b. 他写了不少了,都两千字了。

"已经"可以言够,也可以言多,那么"我们已经十个人了",这里的"已经"是言够呢,还是言多呢?光从字面上没法区分。但是,言够言多句子的重音不一样:言够时,重音在"已经"上;言多时,重音在数词上。试比较("ǀ"表示后头的字是重音所在):

(32) 不是规定每队出十个人吗?我们ǀ已经十个人了!

〔言够〕

(33) 我们已经ǀ十个人了,早超员了,你还往我们这儿塞人

啊！〔言多〕

因此,当"已经"用来修饰数量词时,是言够还是言多,我们除了根据上下文外,还可以根据重音来加以区别。

上面所举的例(27)中的"就"很明显是表示言多。前面我们已经指出"就"能表示言少,如例(20)。那么,"就"什么时候表示少,什么时候表示多呢？这是否有规律可循呢？请先看下面的例子：

(34) a. ˈ就十个人。〔言少〕

b. 就ˈ十个人。〔言少〕

(35) a. 他们ˈ就十个人。〔言少〕

b. 他们就ˈ十个人。〔言少〕

(36) ˈ他们就十个人。〔言多〕

(37) a. ˈ他们,ˈ就十个人。〔言少〕

b. ˈ他们,就ˈ十个人。〔言少〕

从上面的例子可以看出,如果"就"前没有别的成分,那一定言少,不管重音是在"就"上还是在数词上,如例(34)。如果"就"前有别的成分,而这成分不是重音所在,也还是言少,如例(35)。如果"就"前的成分是重音所在,而"就"之后(包括"就"在内)无重音,那一定是言多,如例(36)。如果"就"前的成分是重音所在,而"就"之后另有重音(不管是在"就"上还是在数词上),则也还是言少,不过,"就"前的成分之后一定有短暂的停顿,如例(37)。

(四)等量。用"都"和"也"。例如：

(38)我们都五个。　(39)他五个,我也五个。

用"都",作主语的必须是复数,意思是作主语的集合体中的每个成员等量,"都"一定重读;用"也",主语不受限制,意思是作主语的与另者等量。

（五）估量，即不确定的量。这可分两小类：

1. 大概数。主要用"大概"、"大约"、"约"、"约莫"、"大抵"、"大致"、"也许"、"将近"等副词。例如：

（40）"他买了多少？""大概五十个。"

（41）"他买了多少？""也许五十个。"

（42）"他买了多少？""将近五十个。"

用"大概"、"大约"、"约"、"约莫"、"大抵"、"大致"等这些副词，意思一样，都表示实际数在指明的数量上下，它们的区别只在风格色彩上。"大概五十个"是说所买的数量在"五十个上下"或"五十个左右"。"也许"则不同，用"也许"也表示估量，但同时含有说话人对自己所估计的数量不很肯定的意思，实际的数量可能就是指明的那个数量，也可能不是，甚至有可能差得很远。"也许五十个"，意思是所买的数量可能性比较大的是五十个，也可能是别的数。"将近"又不同，用"将近"，指出约数的最高界限，是说即便不到这个数量，也相差不远了。"将近五十个"，即所买的数量可能是五十个，也可能是四十九个。这里需要指出的是，"将近"一般用在十位以上的整数前，例如，可以说"将近二十个"，不能说"将近十九个"。但却可以说"将近六斤"，这是因为斤以下还有两、钱、分等更小的单位。有时也可以说"将近十五个"，这是因为汉人有时把"五"作为计数的单位，例如"一五，一十，十五，二十，……"。

2. 最大或最小限量。用"最多"、"至多"、"顶多"、"最少"、"至少"等副词，指明估计的最大限量或最小限量。例如：

（43）你们参加修水库的，我看最多六十人。

（44）看上去他至多三十岁。

（45）这个井并不太深，井筒子顶多七、八尺。

(46) 一个星期最少二十节课。

(47) 这篇文章至少三千字。

用"最多"、"至多"、"顶多"表示在说话人看来实际数不会高于估计数,例如"最多五个",即说话人认为实际数不会高于五个;"最少"、"至少"则相反,在说话人看来,实际数不会低于估计数,例如"最少五个",即说话人认为实际数不会低于五个。注意副词"顶少"也可以表示最小限量,但在普通话里,不用来直接修饰数量词。我们只说:

(48) 这篇文章顶少也有三千字。

但不说:

(49) *这篇文章顶少三千字。

这一点跟"最少"、"至少"不同(见例(46)、(47))。

"最多"与"将近"有些共同点。"最多二十个"和"将近二十个",都指实际数不超过二十个。如果实际数是十八、十九或二十,都可以看作是比较准确的估计。但二者意思仍有不同,用"最多"主要是指出最大的估计数,用"将近"主要是指出约数的最高限量。"最多二十个"实际数允许是一至二十,如果在十五以下,是估计不甚准确,如果只是一个,也不能说估计错误。"将近二十个",实际数一般在十五至十九,超出这范围,就是估计错误了。

除上面谈的以外,"不过"也能表示估量。例如:

(50) 这块地我看不过三亩。

"不过"修饰数量词时,既与"大概"意思相近,也与"最多"相似。例(50)意思是大概三亩,而且实际数只会比这数少,不会比这数多。

(六) 实量。用"的确"、"果真"、"果然"、"当真"、"真的"等副词。

表示满有把握的肯定,只用"的确"、"真的"。例如:

(51) 他们的确五个人。

(52) 这孩子真的六岁了。

表示实际数量与预料的或别人所说的相符,主要用"果真"、"果然"、"当真"等副词,有时也用"的确"、"真的"。例如:

(53) 大家都说她一胎生了两个女孩儿,昨天去一看,果真两个女孩儿。

(54) 他说给四张票,果然四张。

(55) 我了解了一下,小王当真三十了,一点也不假。

(56) 称了一下,的确五斤。

(57) 我从头数了一遍,真的十五个,一个不多,一个不少。

(七) 合计,或者说总计。用"共"、"总共"、"一共"、"一总"等副词。例如:

(58) 全书共十五卷。

(59) "你们全校教职员工有多少人?""总共三千二百六十五人。"

(60) 两个班一共八十个人。

(61) 这几样菜一总八块钱。

"一总"现在很少用。

上面谈到的这些副词在修饰数量词时大多只表示一种意思,"刚"、"已经"、"就"、"都"这四个副词可表示多种意思。以上所述可列表如下:

表达的意义	所用副词
1. 言够	正好　刚好　恰巧　恰好　恰恰　刚刚　刚　已经
2. 言少	刚　只　仅　仅仅　就　才　不过
3. 言多	已经　就　足足　都
4. 等量	都　也
5. 估量	大概　大约　约　约莫　大致　大抵　也许 将近　最多　至多　顶多　最少　至少　不过
6. 实量	的确　果真　果然　当真　真的
7. 合计/总计	共　总共　一共　一总

实例（二）：关于表示程度的副词

任何语言都有程度副词。现代汉语里的程度副词相当多。常见的有以下一些：

"很"系：很、挺、怪、蛮、老、十分、非常、异常……

"极"系：极、极为、极其……

"太"系：$太_1$(太棒了!)、好(好棒啊!)、多(么)……

"过于"系：过于、过、$太_2$(太高)、太过……

"更"系：更、更加、更为、$还_1$……

"最"系：最、最为、顶……

"越"系：越、越加、越发、愈、愈加、愈发……

"大力"系：大力、大大、极力……

"尤其"系：尤其、尤为、尤……

"有点儿"系：有点儿、有些……

"比较"系：比较、较、较为、$还_2$……

"稍微"系：稍微、稍、略微、略、略略、多少……

这些词虽然都表示程度，但各自所表示的语法意义有所区别。

首先可以根据它们表示的程度的深浅,将它们分为两类:甲、表示程度深的,这包括"很"、"极"、"太"、"过于"、"更"、"最"、"越"、"大力"、"尤其"各个系的程度副词;乙、表示程度浅的,这包括"有点儿"、"比较"、"稍微"三个系的程度副词。

甲类表示程度深的程度副词,又可以根据是否能表示性状的程度,分为两类:甲a类,不表示性状程度的,因此不能直接修饰形容词,只能修饰动词性词语。这只有"大力"一个系的程度副词,包括"大力"、"大大"、"极力"等。例如:

(1) 大力发展畜牧业。

(2) 大大提高生活水平。

(3) 这个工程项目我们一定要极力争取。

甲b类,可以表示性状程度,绝大部分表示程度深的程度副词都属于这一类,它们都能修饰形容词,绝大多数也能修饰某些动词性词语。例如:

(4)"很"系:a. 很好|很棒|很漂亮

b. 很喜欢|很说明问题

(5)"极"系:a. 极好|极棒|极漂亮

b. 极为喜欢|极为满意

(6)"太"系:a. 太好了|太棒了|太漂亮了

b. 太喜欢了|太说明问题了

(7)"过于"系:a. 过于殷勤|过于严肃

b. 过于贪图享受|(不要)过于束缚自己

(8)"更"系:a. 更好|更干净|更漂亮

b. 更说明问题|更愿意学小提琴

(9)"最"系:a. 最好|最干净|最漂亮

　　　　b. 最说明问题 | (她)最守交通规则

(10)"越"系：a. 越加好 | 越加干净 | 越加漂亮

　　　　b. 越加说明问题 | 越加想念奶奶

(11)"尤其"系：a. (这样)尤其好 | (卧室)尤其干净 | (小三)尤其漂亮

　　　　b. 尤其说明问题 | 对奶奶尤其想念

甲 b 类又可以根据能否用于比较，再分为甲 b1 类和甲 b2 类。甲 b1 类可以用于比较，这包括"过于"系、"更"系、"最"系、"越"系、"尤其"系的程度副词。例如：

(12)"过于"系：跟你们相比，他过于严肃。

(13)"更"系：比较起来这里更安静些。

(14)"最"系：相比之下，他的普通话说得最好。

(15)"越"系：跟以前相比，这里越发富裕了。

(16)"尤其"系：这几个孩子长得都很俊，但相比之下小三尤其漂亮。

甲 b2 类不用于比较，这包括"很"系、"极"系、"太"系的程度副词。例(12)—(16)里的程度副词都不能换用"很"系、"极"系或"太"系的程度副词，我们不能说：

(17)＊跟你们相比，他很/极为/好/多严肃。

(18)＊比较起来这里很/极为/好/多安静。

(19)＊相比之下，他的普通话说得很/极/好/多好。

(20)＊跟以前相比，这里很/极为/好/多富裕。

(21)＊这几个孩子长得都很俊，但相比之下小三很/极为/好/多漂亮。

能用于比较的甲 b1 类程度副词，还可以进一步分类——"更"系和

"越"系程度副词,不妨记为甲 b1-1 类,可以用于两两相比的"比"字句,例如:

(22)"更"系:今天比昨天更冷。

小李比小张跑得还₁快。

今年中国的经济形势比去年更加好。

这个方案比先前的方案对我们更为有利。

(23)"越"系:今后的任务将会比现在越加重。

今年西北地区比去年发展得越发快。

她比三年前愈发漂亮了。

而"最"系、"过于"系和"尤其"系的程度副词,不妨记为甲 b1-2 类,都不能用于两两相比的"比"字句,例(22)、(23)里的程度副词都不能换为"最"系、"过于"系和"尤其"系的程度副词,我们不能说:

(24)＊今天比昨天最/过于/尤其冷。

＊小李比小张跑得最/过于/尤其快。

＊今年中国的经济形势比去年最/过于/尤其好。

＊这个方案比先前的方案对我们最/过于/尤其有利。

(25)＊今后的任务将会比现在最/过于/尤其重。

＊今年西北地区比去年发展得最/过于/尤其快。

＊她比三年前最/过于/尤其漂亮了。

表示程度浅的乙类程度副词,又可以根据它们能不能用于比较,再分为乙 a 和乙 b 两个小类。乙 a 类可以用于比较,这包括"稍微"系和"比较"系的程度副词。例如:

(26)"稍微"系:跟那个房间相比,这个房间稍微大一些。

(27)"比较"系:相比之下,这儿比较安静。

乙 b 类即"有点儿"系程度副词不用于比较。例(26)—(27)里的乙

类程度副词都不能换用"有点儿",我们不能说:

(28) * 跟那个房间相比,这个房间有点儿大。

(29) * 相比之下,这儿有点儿安静。

能用于比较的乙 a 类程度副词,还可以进一步分类——"稍微"系程度副词,不妨记为乙 a-1 类,可以用于两两相比的"比"字句,例如:

(30)"稍微"系:

今天比昨天稍微冷些。

小李比小张跑得略微快些。

这个方案比先前的方案略有改进。

而"比较"系程度副词,不妨记为乙 a-2 类,都不能用于两两相比的"比"字句,例(30)里的程度副词都不能换为"比较"系程度副词,我们不能说:

(31)"比较"系:

* 今天比昨天比较冷(些)。

* 小李比小张跑得较为快些。

* 这个方案比先前的方案较有改进。

根据上述分类,现代汉语里常用的程度副词列表如下:

叁 比较是分析、研究虚词最基本的方法

程度			只能修饰动词性成分	能修饰形容词性成分和动词性成分
表示程度深	用于比较	可用于"比"字句		"更"系 "越"系
		不用于"比"字句		"最"系 "过于"系 "尤其"系
	不用于比较		"大力"系	"很"系 "极"系 "太"系
表示程度浅	用于比较	可用于"比"字句		"稍微"系
		不用于"比"字句		"比较"系
	不用于比较			"有点儿"系

从上面这个表中我们可以看到，表示程度深的、能修饰形容词的程度副词跟表示程度浅的、能修饰形容词的程度副词之间，存在着分类上的平行现象，形成倒影关系（或称镜像关系），可图示如下：

程度	例词	用于比较	用于"比"字句
深	很	−	
	最	+	−
	更	+	+
浅	稍微	+	+
	比较	+	−
	有点儿	−	

这里还需指出的是，每一系内的程度副词在语法意义上还都有差异。本书"壹·二、词类"一小节里曾举实例说明，"很"、"挺"、"怪"、"蛮"、"老"对形容词、动词的选择，范围宽窄不一样。这里需要进一步指出的是，这种选择上的差异是由他们所表示的语法意

义的差异所决定的。下面不妨作些具体说明。

从"很"、"挺"、"怪"、"蛮"、"老"所表示的语法意义看,它们还有细微的差异。

1. 风格色彩不同。"很"是通用词,书面语口语都用,而"挺"、"怪"、"蛮"、"老"是口语词。试比较:

(32)　很寒冷　＊挺寒冷　＊怪寒冷的　＊蛮寒冷　＊老寒冷
　　　很壮观　＊挺壮观　＊怪壮观的　＊蛮壮观　＊老壮观
　　　很审慎　＊挺审慎　＊怪审慎的　＊蛮审慎　＊老审慎
　　　很萧条　＊挺萧条　＊怪萧条的　＊蛮萧条　＊老萧条
　　　很悲愤　＊挺悲愤　＊怪悲愤的　＊蛮悲愤　＊老悲愤
　　　很昌盛　＊挺昌盛　＊怪昌盛的　＊蛮昌盛　＊老昌盛
　　　很迅猛　＊挺迅猛　＊怪迅猛的　＊蛮迅猛　＊老迅猛
　　　很聪颖　＊挺聪颖　＊怪聪颖的　＊蛮聪颖　＊老聪颖

2. 感情色彩不同。"很"、"挺"不带感情色彩,而"怪"、"蛮"、"老"都带较强的感情色彩。

"怪"带有亲昵、爱抚和满意、俏皮的感情色彩,例如:

(33) 那小家伙怪可爱的。

(34) 这孩子怪机灵的。

(35) 这孩子怪招人喜欢的。

(36) 好久不见了,母女俩怪亲热的。

(37) 你看她,那小脸蛋儿怪俊的。

(38) 奶奶逗着未满周岁的小孙子说:"宝宝怪臭的,洗洗就香了啊!"

有时,表示一种说不出的没法形容的心理感受,例如:

(39) 这么多人,怪难为情的。

(40) 怪说不出口的,你叫我怎么说啊?

(41) 当时,她说得我心里怪难受的。

下面的句子都不能用"怪":

(42) ＊忽然,他的态度变得怪严肃的。

＊敌人怪残酷的。

因为这些句子都不含有上述感情色彩。注意,例(42)的"怪严肃的"如果出现在下面的句子里,就可以说了:

(43) 妈妈一边看,一边说:"冬冬平时那么淘气,今天演起老师来,还怪严肃的。"

因为这个句子含有亲昵、满意、爱抚、俏皮的感情色彩。

"蛮"来自方言,在普通话里,不用于不好的、不喜欢的事物,带有说话人喜爱的感情色彩。例如:

(44) 这姑娘蛮漂亮。

这儿蛮干净(的)。

那个电影蛮好看(的),我不骗你。

下面两个例子很说明问题:

(45) 这块肉好,蛮瘦的。 〔说话人愿意买瘦肉〕

(46) 这只鸡好,蛮肥的。 〔说话人愿意买肥鸡〕

在普通话里,我们不说:

(47) ＊这儿蛮脏的。

＊那个电影蛮不好看。

"蛮"和"怪"虽都带有说话人喜爱的感情色彩,但二者还是有区别。"蛮"因为是方言词,普通话里用得远没有"怪"多;"蛮"主要含有喜爱的感情色彩,不含有"怪"所表示的那种俏皮的感情色彩,更不含有"怪"所表示的那种说不出的没法形容的心理感受这样的感情色彩。所以上面所举的例（33）—（37）里的"怪"可以换用"蛮"，可以说成：

(48) 那小家伙蛮可爱的。

(49) 这孩子蛮机灵的。

(50) 这孩子蛮招人喜欢的。

(51) 好久不见了，母女俩蛮亲热的。

(52) 你看她，那小脸蛋儿蛮俊的。

而例（39）—（41）里的"怪"就不能换成"蛮"。请看：

(53) *这么多人，蛮难为情的。

(54) *蛮说不出口的，你叫我怎么说啊？

(55) *当时，她说得我心里蛮难受的。

例（38）虽然就整个句子看是表示喜爱的感情色彩，但因为"臭"是贬义词，所以其中的"怪"还是不能换用"蛮"，不能说：

(56) ? 奶奶逗着未满周岁的小孙子说："宝宝蛮臭的，洗洗就香了啊！"

"老"则常常带有说话人不喜爱的感情色彩，例如：

(57) 那地方老远的，我不想去了。

　　老长的胡子，留着干吗？

　　这靴子老沉的，我不要。

　　被子老厚的，热死了。

下面的例子都表示喜爱的或合意的事情，不能用"老"：

(58) *这姑娘眼睫毛老长的，十分好看。

　　*你看这根绳子老粗的，可以了吧？

另外，"很/挺"有时不表程度，在句中只起某种语法作用（一般称为"很/挺"的弱化用法），这时"很/挺"不重读。例如：

(59)"您看,这样安排怎么样?""不错,很/挺好。"

(60)"这个电影怎么样?""还可以,很/挺好。"

这两个例子里的"很/挺"都不表示程度深,都不重读。我们知道,在汉语里,形容词单独作谓语,有对比性。例如:

(61)"你觉得小王和小李谁能干?""小李能干。"

例(61)含有明显的对比意味。如果不表示对比,往往在前面加上"很/挺",这时的"很/挺"实际不表示程度,即不表示"十分"、"非常"这样的意思。请看:

(62)"你觉得小红长得怎么样? 漂亮吗?"

  a."她'很/'挺漂亮。"

  b."她很/挺漂亮。"

例(62)不含对比意味。答话如果用a句,重音在"很/挺"上,意味着答话人真认为小红非常漂亮;答话如果用b句"很/挺"不重读,意味着答话人虽认为小红可以属于漂亮的一类,但不一定认为真是非常漂亮。b句里的"很/挺"不表示程度深,只是起一种语法作用。"怪"、"蛮"、"老"不起这种语法作用。

再拿"稍微"系的"稍微"和"多少"来说,它们虽然都表示程度浅,而且都属于能用于比较和"比"字句的程度副词,但所强调的方面有所不同。"多少"强调某个事物肯定具有某种性质,而且达到一定程度,一定数量,虽然程度不高,数量不多。"稍微"只单纯表示程度不高,数量不多。例如:

(63)他比你多少强一点。

(64)他比你稍微强一点。

例(63)用"多少",意思是说"不管怎么说,他比你强一些";例(64)用"稍微",意思是说"即使强,也比你强不了多少"。正因为

有这种区别,所以在下面的句子里就根本不能互换:

(65) a 他也不见得行,只比你稍微强一点。

　　 b* 他也不见得行,只比你多少强一点。

(66) a 他怎么不行,我看他比你多少强一点。

　　 b* 他怎么不行,我看他比你稍微强一点。

另外,修饰动词性成分时,"稍微"和"多少"既能用于说已然的情况,又能用于说未然的情况,例如:

(67) 去年暑假,我稍微/多少看了些书。　〔已然〕

(68) 我看,还是稍微/多少说几句吧。　〔未然〕

但当它们修饰形容词性成分时,"稍微"还是既能用于说已然的情况,又能用于说未然的情况,而"多少"则只能用于说已然的情况,不能用于说未然的情况。例如:

(69) 这菜稍微咸了点。　　这菜多少咸了点。　〔已然〕

(70) 再稍微咸点吧。　　*再多少咸点吧。　〔未然〕

正是由于存在上述语法意义上的区别,所以反映在用法上也有差异。我们在上文壹曾谈到,"稍微"能修饰某些否定形式,如"稍微不注意"、"稍微不小心"、"稍微不努力"、"稍微不如意"、"稍微不留神",但"多少"根本不能修饰否定形式;"多少"多与积极意义形容词或"更接近说话人意向"的中性形容词共现,不怎么与消极意义形容词共现,"稍微"不受限制。另外,"稍微"能跟表示限制的范围副词"只"连用,"多少"则不能。例如:

(71) 他比你只稍微强一点。　*他比你只多少强一点。

(72) 这双鞋只稍微大一点。　*这双鞋只多少大一点。

上述这些用法上的差异,都跟他们语法意义上的差异有关。

这里附带看看同样表示程度浅的"有点儿",看看"有点儿"跟

"多少"、"稍微"的异同。

在具体说明之前,先得说明一下"有(一)点儿冷"跟"有(一)点儿水"中的"有(一)点儿"完全不同,前者是程度副词,后者不是一个词,"有"是动词,"(一)点儿水"是数量名结构。"有一点儿水"可以说成"一点儿水也没有","有一点儿冷",绝不能说成"一点儿冷也没有",因为"有(一)点儿冷"中的"有(一)点儿"是一个词,不允许拆开。我们所要讲的是副词"有(一)点儿"。

"有点儿"跟"稍微"、"多少"最明显的差异是,"有点儿"不含比较意味,所以它既不能用于"比"字句,也不能用于表示比较的句子。下面的说法都站不住:

(73) * 他比你有点儿矮。

(74) * 今天比昨天有点儿暖和。

(75) * 比较起来,这个房间有点儿脏。

例(73)、(74)是"比"字句,例(75)是表示比较的句子。它们得分别改为:

(76) a. 他比你(稍微)矮点。

　　b. 他(稍微)有点儿矮。

(77) a. 今天比昨天(稍微/多少)暖和点儿。

　　b. 今天(稍微)有点儿冷。

(78) a. 比较起来,这个房间(稍微)脏点儿。

　　b. 这个房间(稍微)有点儿脏。

从中我们可以体会到,"有点儿"只表示一般的程度浅,不含比较意味。而它所表示的程度浅,又将因所修饰的词语不同、所构成的格式不同而有细微的差异。下面作一些具体分析。

Ⅰ. 有点儿+形容词

这个格式具体表示两种语法意义：

1. 表示程度轻微。

这时，进入格式Ⅰ的形容词只能是贬义词或者说消极意义的词，不能是褒义词或者说积极意义的词；褒义词或积极意义的词受否定副词"不"修饰后形成的偏正结构能进入这个格式，相反，贬义词或消极意义的词受否定副词"不"修饰后形成的偏正结构却不能进入这个格式。例如：

(79) 有点儿笨(＊有点儿聪明)｜有点儿不聪明(＊有点儿不笨)

有点儿脏(＊有点儿干净)｜有点儿不干净(＊有点儿不脏)

有点儿骄傲(＊有点儿虚心)｜有点儿不虚心(×有点儿不骄傲)

有点儿危险(＊有点儿安全)｜有点儿不安全(＊有点儿不危险)

有点儿野蛮(＊有点儿文明)｜有点儿不文明(＊有点儿不野蛮)

有点儿小气(＊有点儿大方)｜有点儿不大方(＊有点儿不小气)

有点儿虚伪(＊有点儿诚恳)｜有点儿不诚恳(＊有点儿不虚伪)

有点儿粗心(＊有点儿细心)｜有点儿不细心(＊有点儿不粗心)

有点儿难受(＊有点儿舒服)｜有点儿不舒服(＊有点儿不难受)

有点儿消极(＊有点儿积极)｜有点儿不积极(＊有点儿不消极)

有点儿冷淡（＊有点儿热情）｜有点儿不热情（＊有点儿不冷淡）

有点儿做作（＊有点儿自然）｜有点儿不自然（＊有点儿不做作）

(80) ＊有点儿懂事｜有点儿不懂事

＊有点儿合适｜有点儿不合适

＊有点儿可爱｜有点儿不可爱

可见，"有点儿"对它所修饰的成分，在意义上有选择性，总是消极意义的或对人不如意的。也就是说，只限于消极意义的成分，或是贬义形容词，或是"不＋褒义形容词"。

2. 表示某种性质轻度偏离。

中性词也可受"有点儿"修饰，但一进入格式Ⅰ，整个格式往往就含有不合心意的意思，表示：与要求相比，性质有些偏离，但偏离的幅度不大。例如：

(81) 有点儿长／短　　有点儿大／小

　　有点儿硬／软　　有点儿厚／薄

　　有点儿冷／热　　有点儿高／低

　　有点儿浓／淡　　有点儿多／少

　　有点儿咸／淡　　有点儿胖／瘦

"（这衣服）有点儿长"就是跟要求的长度比，稍微长了一点，轻度偏离了。余者类推。

从上面的分析可以看出，格式Ⅰ"有点儿＋形容词"，不管是表示第一种意义，还是表示第二种意义，都是含有不如意的意思。

Ⅱ. 有点儿＋形容词＋了

这个格式表示的语法意义，与格式Ⅰ（"有点儿＋形容词"）有

所不同,主要表示下面两种语法意义:

1. 表示变化幅度小。

这时,能进入格式Ⅱ的形容词,可以是褒义的或积极意义的,也可以是贬义的或消极意义的,例如:

(82) 有点儿干净了　　有点儿脏了
　　　有点儿懂事了　　有点儿淘气了
　　　有点儿聪明了　　有点儿傻了
　　　有点儿明白了　　有点儿糊涂了
　　　有点儿勤快了　　有点儿懒了
　　　有点儿文明了　　有点儿野蛮了

注意,这时"有点儿"所修饰的并不是形容词本身,而是"形容词＋了"这个助词结构,因为"形容词＋了"所表示的语法意义正是性质的变化,"干净了"就是指从不干净到干净的变化。"有点儿干净了"是说这种变化的幅度小。

2. 表示轻度过分。

这时,能进入格式Ⅱ的形容词是中性词,例如:

(83) 这个菜有点儿咸/淡了。
　　　这件衣服有点儿长/短了,另选一件吧。
　　　这坑儿挖得有点儿深/浅了。
　　　这鞋有点儿大/小了,穿着不舒服。

"形容词＋了"除了有变化的语法意义外,还可以有过分的语法意义,如"(这菜)咸了",是说跟要求的比,咸过了头;"(这坑儿挖得)浅了",是说跟要求的深度比,过于浅了。表示过分的"形容词＋了"受"有点儿"修饰,整个偏正结构则表示轻度过分,如例(83)第一个句子是说这个菜稍微咸/淡了点,但不是咸/淡了很多。

注意,格式Ⅱ有时(有的句子可能)会有歧义。例如:

(84) a. 枫叶现在有点儿红了,再过些天就全红了。

〔变化幅度小〕

b. 这个颜色有点儿红了,稍微浅一点好。　〔轻度过分〕

(85) a. 江米酒有点儿甜了,但还不是很甜。　〔变化幅度小〕

b. 这个菜有点儿甜了,稍稍少放点糖就好了。

〔轻度过分〕

(86) a. 天气有点儿冷了,要加一点衣服。　〔变化幅度小〕

b. 这盆水有点儿冷了,换一盆吧。　〔轻度过分〕

(87) a. 以前的考试都不难,这次有点儿难了。〔变化幅度小〕

b. 这个题有点儿难了,换一个吧。　〔轻度过分〕

Ⅲ. 有点儿＋动词性成分

这个格式表示两种语法意义:

1. 表示程度轻微。

这时进入格式Ⅲ的动词性成分,只能是贬义的或消极意义的,不能是褒义的或积极意义的,除非是个否定形式;而且一般都能受"很"、"更"等程度副词的修饰。这说明这些动词性成分在意义上都可以有程度高低之分。例如:

(88) 有点儿讨厌|有点儿嫉妒|有点儿担心|有点儿害怕

有点儿埋怨|有点儿嫌弃|有点儿迁就|有点儿浪费

有点儿脱离群众|有点儿违反常情

有点儿吓唬人|有点儿受歧视

有点儿受排斥|有点儿违背良心

(89) 有点儿不乐意（*有点儿乐意)|有点儿不赞成（*有点儿赞成)

有点儿不同意（＊有点儿同意）｜有点儿不支持（＊有点儿支持）

有点儿不喜欢（＊有点儿喜欢）｜有点儿不满意（＊有点儿满意）

有点儿不关心（＊有点儿关心）｜有点儿不值得（＊有点儿值得）

有点儿不听话（＊有点儿听话）｜有点儿不理解（＊有点儿理解）

有点儿不受欢迎（＊有点儿受欢迎）｜有点儿不合要求（＊有点儿合要求）

有点儿不通情理（＊有点儿通情理）｜有点儿不讲道理（＊有点儿讲道理）

有点儿说不过去（＊有点儿说得过去）｜有点儿下不来台（＊有点儿下得来台）

有点儿抓不住要害（＊有点儿抓得住要害）

2. 表示轻度变化。

这时，进入格式Ⅲ的动词都含有变化的语义。例如：

(90) 投资有点儿增加。　　饭量有点儿减少。
　　 开支有点儿缩减。　　水位有点儿上升。
　　 成绩有点儿下降。　　病情有点儿加重。
　　 体重有点儿减轻。　　计划有点儿变动。
　　 态度有点儿改变。　　他最近学习有点儿退步。

Ⅳ．有点儿＋动词性成分＋了

这个格式表示出现了某种变化，而变化的幅度小。

(91) 有点儿讨厌了｜有点儿担心了｜有点儿嫉妒了｜有点儿

嫌弃了

有点儿脱离群众了｜有点儿违反常情了｜有点儿受歧视了

有点儿相信了｜有点儿重视了｜有点儿喜欢了

有点儿不相信了｜有点儿不重视了｜有点儿不喜欢了

有点儿不通情理了｜有点儿不受欢迎了｜有点儿不合要求了

(92) 投资有点儿增加了。

水位有点儿上升了。

体重有点儿减轻了。

态度有点儿改变了。

从上可知,"稍微"、"多少"和"有点儿"虽都表示程度浅,但它们所表示的语法意义存在着差异。

其他各系内部的各个程度副词在语法意义上也都有细微的差异,这里不一一细说了。

实例（三）：关于时间副词

现代汉语中的时间副词约有130个左右,几乎占整个副词的30%。一般认为,"时间副词"都是表示时间的。其实,从语法意义上看,通常所说的时间副词,大多不表示行为动作的"时",而表示行为动作的"态"。譬如说"已经",一般都把它看作是表示"过去时"的时间副词,有人甚至明确认定它"表示动作发生的时间已经成为过去"。(吕冀平 1983)所举的例子是：

(1) 他已经回来了。

就例(1)说,上述说法似乎没有什么不妥,可是在下面的句子里,

"已经"显然不表示过去时：

(2) 明天八点他已经到上海了。

事实上"已经"并不表示"时"，而是表示"态"，表示已然态。跟"已经"存在同义关系的"业已"倒可以说是表示过去时的，因为它只用于说明过去已然的事。例如：

(3) 向川陕鄂边发展根据地一事，业已有所部署，详情请问叶参谋长。

哪些时间副词是表示"时"的，哪些时间副词是表示"态"的？表示"时"的时间副词所表示的"时"是否一样？如果不一样，分别能表示哪些不同的"时"？表示"态"的时间副词所表示的"态"是否一样？如果不一样，分别能表示哪些不同的"态"？要明了这些情况，我们就有必要把这些时间副词放在一起进行比较，作一个大致的分类。

如果要沿用"时间副词"这一术语，那么我们首先可以而且也有必要把时间副词分为"定时时间副词"和"不定时时间副词"这样两类。

所谓"定时时间副词"，是指只能用于某一特定时间的时间副词，如上文举到的"业已"；所谓"不定时时间副词"，则是指可以用于不同时间的时间副词，如上面所举的"已经"。

下面分别分组比较这两类时间副词。在比较中，我们只作大略的说明，对于同一组内各个时间副词之间的差别，不予细说。

一、定时时间副词

现代汉语中的定时时间副词大约有 20 多个。所表示的"时"

并不相同。按其所表示的不同的"时",可分为以下三小类:

(一)表示过去时。可分为五组:

1."曾经、曾"。表示某种行为动作或情况在说话之前存在或发生过。例如:

> (4)她恢复了前几年曾经时行的头式,而配以最新式样的服装。
>
> 白莽并没有这么高慢,他曾经到过我的寓所来,……
>
> (5)他也曾找过小福子的丈夫,人家根本不承认他这么个老丈人,……
>
> 我从前过南京时,曾随着朋友去秦淮河游览过两次。

2."业已、业经"。表示某种行为动作或情况在说话之前已经完成或出现。例如:

> (6)我初上学时因为在家中业已认字不少,记忆力又似乎特别好,所以在学习上比其余小孩略轻松些。
>
> (7)业经规定,存款实行实名制,凡存款必须出示本人个人身份证。

3."从来、从、向来、一向、素来、素、历来"。表示某种情况或状态从过去到说话时为止一直是这样。例如:

> (8)他总是拣难事做,从来不躲避责任。
>
> 他从来就很谨慎。
>
> (9)那老头子从不撒谎。
>
> 她感到了从未有过的快乐与满足。
>
> (10)我的话,向来说出算数。
>
> 对于魂灵的有无,我自己是向来毫不介意的;但在此刻,怎样回答她好呢?

(11) 我一向跟爸爸在乡下住,所以乍到上海颇觉不习惯。

在这长期的奋斗中,他一向过着朴素的生活。

(12)（老通宝）素来看不起荷花家。

(13) 旧的曲牌子是老百姓所喜闻乐见的,老百姓对这些曲牌子素有好感。

(14) 泰山极顶所观之日出,历来被描绘成十分壮观的奇景。

其中,"从"只用于否定句式。

4."终于、毕竟、到底"。表示所预料、期望或肯定要发生的情况,在经历了一个过程以后,在说话之前的某个时候最后发生了。例如:

(15) 他踌躇了一会,终于决定还是自己送我去。

春天终于来了。

(16) 欠了林先生三百元货账的聚隆与和源也毕竟倒了。

(17) 吴天宝人小,气量可大,看出姚大婶气色不善,也不介意,还是说呀笑的,到底把姚大婶引乐了。

5."一度"。表示某种行为动作或情况只是在说话之前的某一时间里进行或发生过。例如:

(18) 他不正是她在北戴河教书时,曾经一度相遇的青年吗?

解决战斗前五分钟,敌人一度反冲,一直冲到营指挥阵地前一百米远。

（二）表示现在时。只有"至今"一个词。"至今"表示某事情、现象到说话时还这样。例如:

(19) 但有一件小事,却于我有意义,将我从坏脾气里拖开,使我至今忘记不得。

(20) 他终未回来,而她却依然不顾昏晨,不顾风雨,站在那儿等候着他——至今还在那儿等着他呢。

（三）表示将来时。可分为三组：

1."早日、及早、趁早"。表示说话人希望某种行为动作或情况在说话之后尽快进行、完成或发生。例如：

（21）至盼先生摒挡公务早日回国，莅临解放区参加会议。

他愿意殷勤地看护，使老人早日恢复健康。

（22）你的病可不能耽搁，应及早治疗。

（23）要我说，那事儿不如趁早告诉她，好让她有个准备。

2."终将、终久、终归、总归、必将、迟早、早晚"。表示某种行为动作或情况虽不会马上发生、进行或完成，但是最后一定会发生、进行或完成。例如：

（24）不听我的话呢，你终究是玩儿完！

（25）只要大家团结一致，继续努力，我们的试验终归会成功。

（26）光夫他总归会回来的，你甭替他担心。

（27）他知道，迟早他要走的，他必须把这些孩子教好，让他们将来能独立工作。

（28）饮酒开车，早晚要出事！

3."先行"。表示某行为动作或事情将要先于其他行为动作或事情而进行。例如：

（29）至于参考资料，烦请先行选买几种寄来，以应急需。

如旅途尚需时日，亦祈将筹备意见先行电示。

从上可知，定时时间副词重在"时"，不在"态"。

二、不定时时间副词

现代汉语中，将近80％的时间副词是不定时时间副词。不定时时间副词重在"态",不在"时",因此它既可用于说过去的事,也可用于说未来的事。

根据所表示的"态"的不同,又可将它们分成以下十八个小类。

(一) 表示已然。包括"已经、已、早已、早就、都"等,表示某行为动作或情况在说话之前,或者在某一特定时间之前,或者在另一行为动作或情况之前进行、完成或发生、存在了。例如(每例分 a、b,a 例是用来说过去之事的,b 例是用来说未来之事的,下同):

(1) a. 月亮渐渐地升高了,墙外马路上孩子们的欢笑,已经听不见了。

b. 下星期他恐怕已经不在北京了。

(2) a. 她的健康已完全恢复,脸上已有了点红色。

b. 但愿明年再见到你时,你已做了父亲。

(3) a. 剑波看了一下刘勋苍,刘勋苍早已会意。

b. 咱小明有出息,到咱俩的年岁时,他早已当了什么家,什么长了。

(4) a. 我早就看着这些狗男女不地道。

b. 明天这个时候,他们早就到家了。

(5) a. "您这儿预备得怎么样啦?""都差不离儿啦。"

b. 明年?明年我都退休了。

由于这一小类的不定时时间副词是表示已然态,因此用于说过去的事,比较自由,没什么条件限制;而用于说未来的事,则要有些条件限制——一般在其前有表示未来的时间成分,如例(1)—(5)的 b 句;或者在其前后有表示另一行为动作或情况进行、完成或发生的小句,例如:

(6) 等小三博士毕业出来工作,我们已/已经/早已/早就/

都退休了。

（二）表示未然。包括"即将、将要、就要、快、行将"等，表示行为动作或情况在说话之后，或者在另一行为动作或情况之后不久进行、完成或发生。例如：

(7) a. 就在部队即将解放石家庄的紧要关头，他突然胃病复发了。

　　b. 当天空中出现乌云的时候，我们就指出：这不过是暂时的现象，黑暗即将过去，曙光就在前头。

(8) a. 在大会堂将要竣工的时候，周总理来到工地看望了正在施工的建筑工人。

　　b. 下个月他将要去法国出任中国驻法的商务参赞。

(9) a. 那天，火车就要开了，还不见他的踪影，大家着急死了。

　　b. 我现在就要动身了。

(10) a. 九连连长带着九连边打边撤，在快天亮的时候，摆脱了敌人。

　　b. "我和小俊快结婚了！""几时结婚？""八月十五。"

(11) a. 我们政府对血吸虫病患者的关怀，就如和煦的春风，温暖的春阳，使行将凋谢的枯木，重新发芽开花。

　　b. 芳沛、灵莹啊，我们都是年过八十的人了，行将去见上帝了，以后就看你们的了。

不难看出，由于这一小类不定时时间副词表示未然态，因此用来说未来的事比较自由，而用来说过去的事要受到些限制，这一小类时间副词所在的动词性词组一般处于定语的位置上，除非前面有指明过去时间的词语，如例(9)a里的"那天"。

（三）表示进行。包括"正、正在、在"等，表示行为动作在说话时，或在另一行为动作发生、进行或完成时进行着。例如（下面各例中的 c 例用来说现在的事）：

(12) a. 祥子！门口有位小姐找你；我正从街上回来，她跟我直打听你。

b. 明天九点我正上课呢，再改个时间吧！

c. 工作正紧张，我哪能动不动就请假呢？

(13) a. 她正在专心割草，忽然草丛里窜出一条蛇来，把她吓得哇哇叫。

b. 明天我到了那里他要是正在开会呢？

c. "你妈妈呢？""正在做饭。"

(14) a. 也许觉察到我在暗暗注意他，吉茨忽然抬起脸朝我一笑。

b. 以后，我在跟人家说话时，你最好别插嘴。

c. "你爸爸去哪儿啦？""没去哪里，在备课呢。"

由于这一组不定时时间副词表示进行态，因此用来说现在进行的事，如例(12)—(14)的 c 例，没什么条件限制；如果用来说过去或未来的事，则在其前一定要有表示过去或未来时的时间词语，如例(12)b、(14)b；或者在其前后有说明同时进行或发生另一行为动作或事情的小句，如其他各句。

（四）表示短时。可分为四组：

1."刚、刚刚、才"。表示某行为动作或状况在说话之前不久发生，或是紧挨在另一行为动作之前发生，强调前后相隔的时间很短。例如：

(15) a. 二位请喝，刚沏好的。

金黄色的谷子刚收割不久,高粱又熟得火红一片,……

b. 我估计明天这个时候去他家,他可能刚下班回家。

(16) a. 我们刚刚坐下,服务员就端来了两杯香茶。

刚刚望见宅门,那马便立刻放缓脚步了。

b. 明天中午他大概刚刚给病人动完手术,一定很累的,你暂时不要找他。

注意,待会儿等太阳刚刚从海面上跃出,你就开始拍摄。

(17) a. 他才走,他说了,请你来了之后打个电话给他。现在打吗?

前天早上我才到岭上,碰上个骑驴媳妇,穿了一身孝,我就知道坏了。

b. 会上有人给你提意见的话,你先听着,别才提一点意见就把人家顶回去。

我先告诉你,今天你可不要又戏才开演就闹着要回家,要不我就不带你去。

这一组不定时时间副词主要强调短时,同时含有已然的意思,因此它们跟"已经"类一样用来说过去的事比较自由,用来说未来的事要受到些限制:或者在其前面要用表示未来时的时间词语,如例(15)b、(16)b,或者在它所修饰的动词性成分的后面另有一个动词性成分以说明另一行为动作要紧接着发生或进行,如例(17)b。

2."立刻、立即、即刻、马上、就、便、赶紧、赶快"。表示某行为动作在说话之后或另一行为动作之后紧接着进行、发生或完成,强调相隔的时间很短。例如:

(18) a. "疼！疼！"说着,小王立刻真觉得肚子里有些不合适似的。

刚刚望见宅门,那马便立刻放缓脚步了。

b. 老乔,旅首长要我立刻去旅指挥所,我走了。

(19) a. 他们发现了游击队的行动,立即开枪报警,突然袭击已经不可能了。

b. 要是不立即做手术,这伤员很快就会死亡;……

(20) a. 你这人的记忆力真坏,怎么刚说过了的话,即刻就忘了。

b. 要他即刻就来见我!

(21) a. 小芹去洗衣服,马上青年们也都去洗;小芹上山采野菜,马上青年们也都去采。

b. 我马上去买电影票,好不好?

(22) a. 我刚才一进门就碰见徐慕美告诉我贾克逊病人的事情,我很吃惊。

b. 我这就去,等我先说完了。

(23) a. 他也拖过椅子来,在桌旁坐下;我们便开始喝酒……

b. ? 小李,你现在便去。

(24) a. 卫大嫂在院中叫:"老卫！老卫！"齐凌云赶紧跑出去,在院中跟卫大嫂说了两句话,而后一同进来。

b. 走,把这些赶紧告诉经理去!

(25) a. 吩咐毕,他连公馆也不回,赶快换了衣服,在长安左门外上了马向昌平奔去。

b. 尤师傅,那就赶快好好教教我吧!

这一组不定时时间副词,主要强调短时,但同时含有未然的意思,因此它们也跟"将要"类一样,用来说未来的事比较自由,而用来说过去的事时,要受到限制,主要是在其前一定另有小句或句子,以表明所说的行为动作是在另一行为动作之后很短的时间里发生、进行或完成的。从上面举的例子看,"便"不用于未来的事,这是因为近代汉语里多用"便","就"是后起的,到现代汉语里,"便"逐渐为"就"所替代,起码在口语里是这样,因此现在多说"你最好就去"、"我跟妈说句话就来"、"叫他就写",很少说"你最好便去"、"我跟妈说句话便来"、"叫他便写"。

3."赶忙、连忙、急忙"。似乎跟第 2 组一样,其实有区别。这一组只表示某行为动作在另一行为动作之后(而不是在说话之后)很短的时间里进行、发生或完成,因此与第 2 组正相反,当用来说过去的事时比较自由,而用在说未来的事时,倒要求在其前面有另一个动词性成分。例如:

(26) a. 正在这时候,新郎摇晃了一下,两边的人赶忙扶住,才没有跌倒。

b. 这个镜头得重拍,注意了,我一挥手,你们就赶忙冲过去,老李就开拍。

(27) a. 她需要花的安慰,她也配受香花供养,我连忙托人带去赠了她。

b. 你一会儿瞧吧,肖书记一掏出烟,那马屁精会连忙把打火机打着火给点上。

(28) a. 他也不便故意去找不自在,也和别人一样急忙收了车。

b. 明天会上,你可别人家给你提点意见就急忙申辩。

4. "当即"。似乎跟第 2 组里的"立即、即刻"一样,其实也不同。"当即"表示某行为动作几乎在另一行为动作发生、进行或完成的同时发生、进行或完成,因此多用来说过去的事。例如:

(29) a. 你们的报告,我们当即进行了研究,回复了你们,你们没有收到?

b. 一俟得知确切消息,当即电告。

"当即"用来说未来的事,在其前面一般得有另一个动词性成分。

(五) 表示突发。包括"忽然(间)、骤然、猛然(间)、猛地、蓦地"等,表示行为动作或情况突然发生或出现。例如:

(30) a. 想到这儿,他周身忽然觉得不合适,心仿佛也要由嘴里跳出来。

我本来什么也没有,一见着他呀,好像忽然间我什么都有啦!

b. 半路上忽然下起雨来怎么办呢?

(31) a. 他吃惊地叹息,同时觉得脸上骤然发热了,……

b. 这氰化钾极毒,无论人畜,咬上一丁点儿,就会骤然死去。

(32) a. 六列的红星中,猛然开了门似的冲出三条红光来。

似乎前面有些脚步声;他正听,猛然间一个人从对面逃来了。

b. 我相信,他总有一天会猛然醒悟的。

(33) a. 他走进屋中,炉火的热气猛地抱住他,红烛的光在满屋里旋转。

b. 你小心那畜生猛地跳起来咬你一口。

(34) a. 宋华出了门,蓦地想起刚才广播说下午有阵雨,就又回去拿雨衣。

b. 你去他家时,得留神他家那大黄狗蓦地蹿上来咬你。

(六) 兼表短时和突发。可分为两组:

1. "顿时、登时、霎时、立时"。例如:

(35) a. 屋子里顿时变得死一般寂静。

祥子心里的惭愧与气闷凝成一团,登时立住了脚,呆在那里了。

b. 这药比硝酸甘油还灵,犯病的人只要一闻,顿时就会缓过气来。

(36) a. 周一杰的脸霎时变得苍白了。

b. 天池气候变化莫测。现在天气不是好好儿的吗?说不定霎时狂风大作,乌云密布,下一场瓢泼大雨。

(37) a. 冰凉的脊背立时感到温暖。

b. 小心触电,这可不是吓唬人,手指头一碰上,你可立时就玩儿完了。

用于未来的事,句子多含假设意味。

2. "一下(子)"。例如:

(38) a. 小姑娘大约无法表达她的欢喜了,就一下跑到打锣鼓的那里,夺过鼓槌,使劲地擂起鼓来,……

b. 根据你讲的模样,待会儿你不说,我准能一下把她认出来。

(39) a. 汽船横冲直撞,一下子闯到一片苇子地,……

b. 我拉住她问:"你的家远吗?"她指着窗外说:"就在

山窝那棵大黄果树下面,一下子就走到的。"

(七) 表示早晚。可分为两组:

1. "就、便"。表示在说话者看来某行为动作或情况发生、进行或完成得早。例如:

(40) a. 你不是从过年的时候,就嚷嚷着要小金鱼吗?

b. 我估计他后天上午就能到你那里。

(41) a. 但我也终于敷衍不到暑假,五月底,便离开了山阳。

b. 上午九时起程,下午三时便能到达。

2. "才"。表示在说话者看来某行为动作或情况发生、进行或完成得晚。例如:

(42) a. 我到了家,才听见张大婶告诉我,说你在这儿。

我不在家,你半夜才回来,你干什么来着?

b. 明天才揭晓哪。

武队长几时才叫人家来呀?

不管是表示早的"就、便",或是表示晚的"才",使用时在其前一定有表示时间的词语或另一动词性成分,除非是在当面提问中,例如:

(43) 你后天就走啊?

(44) 你怎么才来?

当面提问实际也指明了时间,那就是提问的时候。

(八) 表示先后。可分为五组:

1. "先"。表示某行为动作或情况发生、进行、完成或出现在先。例如:

(45) a. 我是先想出戏剧性的人物,而后才把他们变成龙须沟的人物。

b. 请他先别挖沟,先招呼着老街坊们到这儿来,免得万一房子塌了,砸伤了人!

(46) a. 灵芝先让玉生交代出她需要的那几个数目字,立起式子来向有翼说:"你算一个,我算两个!"

　　b. "噢,我就先吃二两吧。"小傻子抱歉地说。

2. "预先、事先"。表示某行为动作在某事情之前进行或完成,并为该事情的发生或进行作了必要的准备。例如:

(47) a. 一九三五年冬天的一个傍晚,鲁迅先生在预先约定的地点,会见了一个陌生的女青年。

　　b. 上海已有这种倾向发生,武汉必须预先看到。

(48) a. 你们事先研究了没有?

　　b. 你们事先一定要作好充分准备,并尽量考虑得周到些。

3. "然后、而后、随后、随即"。表示某行为动作或情况后于另一个行为动作或情况进行、完成或发生。例如:

(49) a. 老人坐在小板凳上,时时起立望一望,然后又坐下,作小玩意儿。

　　瑞丰仰脸看了看树上的红枣,然后很勉强地笑了笑。

　　b. 遇到这样的好地方,应该命人马停下来休息打尖,然后再走。

(50) a. 我是先想出戏剧性的人物,而后才把他们变成龙须沟的人物。

　　b. 必须敌情、地形、人民等条件,都利于我,不利于敌,确有把握而后动手。

(51) a. 仆人由外面推开左门让余小姐走进,自己随后收去了桌上的茶具。

b. 你先说吧,我随后补充。

(52) a. 这时候忽然从山脊上长出两支牛角来,随即牛的全身也出现,捎着犁的人形也出现,……

b. 今随信寄上你所急需的《春秋左传集解》,共五册,望查收;《文心雕龙辑注》数日后亦随即寄上。

4. "从此"。表示某种情况或现象从所说的某件事情起出现或发生,并一直这样。例如:

(53) a. 老百姓都拍手叫好,喊着:"雁翎队!雁翎队!"从此,雁翎队的名儿就传开了。

b. 如果这一次落选了,也许这个人终生就和音乐分手了。她的天才可能从此就被埋没。

(54) a. 他后来还托他的父亲带给我一包贝壳和几支很好看的鸟毛,我也曾送他一两次东西,但从此没有再见面。

b. 再过两年,铁路一修通,我们这儿工业也会从此逐步发展起来。

5. "先后、相继"。表示两个以上的行为动作或情况在不长的时间里紧接着发生、完成或出现。例如:

(55) a. 刘麻子把桌上的三个茶杯的茶先后喝净。

b. 估计明天下午四点之前他们三个团可先后到达古北峰一带。

(56) a. 北京城内的大茶馆已先后相继关了门。

b. 你按动这两个电钮,在电视荧光屏上就会相继显示出附近所有的中国餐厅的名称、地址及所属等级。

(九) 表示常偶。可分为两组:

1. "常常、常、时时、往往、时时、时刻、不时、每每"。表示某行为动作或情况经常不断地进行、发生。例如:

(57) a. 这些年常常有人从北方不远千里而来,瞧一瞧南国花市的盛况。还常常可以见到好些国际友人,也陶醉在这东方的节日情调中,和中国朋友一起选购鲜花。

b. 以后你常常去看看她!

(58) a. 我上班下班常由这儿走,常看见齐姑娘。

b. 奶奶,现在振华调北京工作了,他一定会常来看您。

(59) a. 妈妈,我现在知道了您为什么时常生病。

b. 如有进一步办法,希望能建立正常联系,可以时常通信。

(60) a. 从前,几乎家家烧煤炉,每到冬天往往有人不注意通风而煤气中毒。

b. 这里早晚温差较大,你要不注意穿衣,就会感冒,一感冒往往就是一个礼拜。

(61) a. 这并非为了别的,只因为两年以来,悲愤总时时来袭击我的心,至今没有停止,……

b. 这是真的,爱情必须时时更新,生长,创造。

(62) a. 他老时刻提醒自己,出了门要稳当,不要慌张,免得出差错或丢失东西。

b. 为了祖国,我们时刻准备贡献出一切!

(63) a. 连长总是看他那只老怀表,生怕它不走了,不时放在耳朵上听听,摇摇。

　　 b. 你们得不时敲打敲打他。

(64) a. 做工的人,傍午傍晚散了工,每每花四文铜钱,买一碗酒,……

　　 b. 你们到了那里,一定要依靠当地党组织,并注意跟各界人士搞好关系,否则工作开展起来,每每会遇到很多困难。

其中,"往往"和"每每"多用来说带有经验性的事情,因此一般用于过去或经常性的事情。

2. "偶尔(偶而)、间或、有时"。表示某行为动作或情况的进行或发生是少见的,偶发的。例如:

(65) a. 坦平的柏油马路上铺着一层薄雪,被街灯照得有点闪眼。偶尔过来辆汽车,灯光远射,小雪粒在灯光里带着点黄亮,像洒着万颗金沙。

　　 b. 想做事情的人,总免不了偶尔犯错误。

(66) a. 她是一个沉默寡言、目不斜视的人,偶而抬头也从不主动跟人打招呼。

　　 b. 这药给你留着,只能急需时偶而服一两次,可不能经常服用。

(67) a. 阳光下空气十分暖和,间或吹来一阵微风,空气中便可感觉到一点从滇池送来的冰凉的水气和一点枯草的香气。

　　 b. 我决计搬回金家桥去住了,那儿安静多了,间或也会有人来访,但总不会像这儿老是人来人往,让你不得安宁。

(68) a. 她有时望望淀里,淀里也是一片银白世界。

b. 你放心,他们小两口感情好着呢,即使有时发生些争执,也准保吵不起来。

(十) 表示永暂。可分为两组:

1. "永远、永、始终、直"。表示某行为动作或状况在一个很长的时间里进行或存在着。例如:

(69) a. 头不很大,圆眼,肉鼻子,两条眉很短很粗,头上永远剃得发亮。腮上没有多余的肉,脖子可是几乎与头一边儿粗;脸上永远红扑扑的,……

b. 你这句话可是至理名言,我得永远记住。

(70) a. 他老以为他的个子比别人高大,就一定比别人能多受些苦,似乎永没想到身量大,受累多,应当需要更多的滋养。

b. 他就是这样心甘情愿地、毫不勉强地要"永远做一个永不生锈的螺丝钉",……

(71) a. 我妈呀,说过好几年了,就爱一身祥云纱的裤褂,可是始终没有钱买。

b. 这样,我们就可以始终立于主动,……

(72) a. 小坡伸着脖子往远处看,心中噗咚噗咚的直跳,……

b. 别经理、经理地叫了,叫得我脸上直发烧!

2. "暂、暂且、姑且、权且、且"。表示某行为动作或状况只是在一个短时间内进行或存在着。例如:

(73) a. 谈了一小会,区干部回区上去了,老杨同志还暂留在这一带突击秋收工作,同时在工作中健全各救会组织。

  b. 高、中两级干部教育计划,依你昨日主张暂停为好。

(74) a. 当时他坚持要给,我拗不过他,只好暂且收下,想第二天去他家时送还给他,谁知……

  b. "既是还得去拉车,"曹先生慢慢地说,"那就出不去两条路。一条呢是凑钱买上车,一条呢是暂且赁车拉着,是不是?……"

(75) a. 看见林先生急苦了,寿生姑且安慰着。

  b. 我给你介绍一种药膏,你姑且试一试。

(76) a. 当时由于缺党参,他就只好权且以太子参代之。

  b. 现在天色已晚,前不着村,后不落店,哪里去找人家,权且在此过一夜吧。

(77) a. 他做什么工作,在哪里工作,我且不管,我只想问你,他的人品怎么样。

  b. 攒钱,买车,都给别人预备着来抢,何苦呢?何不得乐且乐呢?

(十一) 兼表永常。这包括"老、总、一直"等,表示情况、状态保持不变。例如:

(78) a. 闲坐着等人总觉得时间太长,表上的针像锈住了一样老不肯迈大步,……

  b. 您放心吧,他会老来看您的。

(79) a. 他呀,老是忘事,记性像是给狗吃了似的。
队长几次要她休息,她老是不肯。

b. 以后你们俩可不能老是吵架了,小两口和和睦睦过日子不好吗?

(80) a. 他总以为多跑出几身汗来就会减去酸懒的。

以前,前门里头的新事总闹不到咱们龙须沟来。

b. 以后别总这样儿了,好吗?

(81) a. 第一连一直闹腾了多半夜,才凑合着吃了顿饭。

b. 我会一直等着他的。

(十二)表示缓慢。这包括"渐、渐渐、渐次、逐渐、日渐、日见、逐步"等,表示某种行为动作或状况缓慢地而又不间断地进行或出现。例如:

(82) a. 天色渐暗,丁淞整理好了标本,点点数目,关电灯。

b. 你先慢慢读一点,引起了兴趣,你就会渐入佳境。

(83) a. 饭桌上的空气渐渐地和谐起来啦。

此时天色已渐渐昏暗。

b. 按此发展,西部地区群众生活水平会渐渐提高。

(84) a. 经过一年多的努力,我校成立出版社的条件已渐次成熟。

b. 对于旧文艺里合理的部分,可以发展的东西,要加以吸取,改造,使之渐次变为新文艺的组成部分。

(85) a. 再往里走就像是春天了。山色逐渐变得柔嫩,山形也逐渐变得柔和,很有一伸手就可以触摸到凝脂似的感觉。

b. 我们要有步骤地去做,使他们参加生产,逐渐地改造成为新人,……

(86) a. 天气已日渐炎热。

  b. 人过了60岁,脊椎骨日渐紧缩,人的高度便日渐降低。

(87) a. 这孩子现在是日见成熟了,把事儿交给他办让人放心。

  b. 昨天所议之事,眼下尚难办到,待条件日见成熟后再考虑,如何?

(88) a. 他终于摸清了棉苗的脾性,逐步认识了落蕾、落铃、落桃的时间,跟水、肥、光、温等条件的辩证关系。

  b. 你应当从新旧社会的根本变化上去看问题,逐步地把你的思想和情绪转变过来。

(十三) 表示同时。这包括"同时、一齐、一同"等,表示某些行为动作或情况在同一时间进行、完成或发生、出现。例如:

(89) a. 马后炮是随着古象棋的出现而同时出现的。

  b. 但我劝你同时注意自己方面的某些毛病,不要绝对地看问题,……

(90) a. 车夫们听见了,一齐拉着车围拢来,问他到什么地方。

  b. 他可以在运灰的时候,一齐搬回家里去;……

(91) a. 看她这样日夜操劳,我也不能不跟她一同操心,也算是跟她同甘共苦吧。

  b. 于是我们决定,广告和发信,就在明日一同实行。

(十四) 表示随时。这就"随时"一个词,表示某种行为动作或情况不拘什么时候,只要需要或具备一定条件就进行、发生。例如:

(92) a. 西间的旁边有一个车门,车夫们出车收车和随时来往都走这个门。

那时,他们一家四口就住在那随时可能塌倒的屋中,把命交给了老天。

b. 我们不怕死,随时像李先生一样,前脚跨出大门,就不准备再跨进大门!

疾病,意外的祸害,都随时有可能来到自己身上,每个人不能不有个防备。

(十五)表示守时。这包括"按时、按期"等。表示按照预先规定的时间行事。例如:

(93) a. 每次开会,他总按时到达会场,既不来早,也不来迟。

b. 各位务须按时寄回,以免散失。

(94) a. 新建的两座职工宿舍大楼已按期交付使用。

b. 此项工程务必按期完成。

(十六)表示延续。这包括"还、还是、仍、仍然、仍旧、依然、依旧、照旧、照样、照常"等。表示已经存在、出现或进行的状态、情况或行为动作持续不变。例如:

(95) a. 小菊出了厢房,心里还在算计,等三子哥回来,她一定要打听清楚。

b. 所谓"终身学习",是说即使老了,退休了,也还得学习,不断跟上时代的步伐,让自己的生活永远充实。

(96) a. 自从"骆驼祥子"传开了以后,祥子虽然还是冈着头儿干,不大和气,大家对他却有点另眼看待了。

b. 你明天这个时候还是在这儿等我。

(97) a. 他们俩仍穿灰色大衫,但袖口瘦了,而且罩上青布马褂。

b. 刚才的话收回,我该做什么仍做什么。

(98) a. 雪雨仍然在下着,风仍然在吹着。

b. 他是个热心肠人,以后你有什么事,仍然来找他好了。

(99) a. 我不知道我已经走了若干时候。可是我的心仍旧被烈火煎熬。

b. 三哥! 过了爸爸的开丧,我打算仍旧回乡下去!

(100) a. 从前欧洲大战的时候,人家天空里布着防御炸弹的网,下面学校里却依然在那里上课:……

b. 我以后有空,还会来这里欣赏那些绿色斑驳金光灿烂的小甲虫,欣赏它们在阳光下依然保持那本来的从容闲适,……

(101) a. 前天,他依旧没有来上课,这就不能不引起我注意了。

b. 你以为没有了你地球就不转了? 放心吧,大家依旧会活得好好儿的。

(102) a. 担任突击任务的第一船,冒着弹雨照旧前进。

b. 我走了要是她还愿意在这里伺候你,你可以照旧地给她工钱。

(103) a. 那个晚上他照样一直工作到深夜。

b. 今后我不在家,你也得照样一天练一个小时的功。

(104) a. 胳臂上擦去一大块皮,他还是照常干活儿。

b. 妇女商店就是凌云她们那个试验田改大了的,现在照常卖鱼肉青菜,一半天就全部开张。

(十七) 表示最终。这就"终究"一个词。例如:

(105) a. 春天终究到来了,尽管还略带些寒意。

　　　b. 人终究要死的,所谓"长生不老"那只是人的一种良好的愿望。

(106) a. 当初是想学一点医,想对国家、对社会作点切实的贡献,然而我终究没有学成,这确是一件遗憾的事。

　　　b. 莫非他造塔的时候,竟没有想到塔是终究要倒的么?

(十八) 其他。

1. "现"。表示某行为动作在需要时临时发生、进行。例如:

(107) a. 这个虾仁肉丝是专为您现炒的。

　　　b. 他自己起下了誓,一年半的工夫,他——祥子——非打成自己的车不可!是现打的,不要旧车见过新的。

2. "临"。表示某行为动作处于快要发生或进行时。例如:

(108) a. 临走时我总不让他走。我欢喜他,觉得他比乡下叔父能干有趣。

　　　b. 临走时请留下通讯处,以便日后联系。

以上的比较分析,可以使我们对现代汉语里的时间副词及其内部差异有一个大概的了解和把握,这将有助于我们,特别是外国留学生,更好地使用现代汉语里的时间副词。

四　有无某虚词的比较

所谓有无某虚词的比较,是指包含某个虚词和不包含某个虚词的句子之间的比较分析,通过这样的比较分析来把握虚词的语法意义。这是很重要的一种比较分析,这种比较分析对于把握虚词的语法意义,用处很大。陆俭明(1984)来描写说明"吗"、"吧"、"呢"、"啊"到底是不是都是疑问语气词,哪个才是真正的疑问语气词时,就用的这种比较分析方法。这里不妨再举两个实例:

实例(一):好了

这里所说的"好了"是指下面例句中用在句末的"好了":

(1)"师傅,没米饭了。""没米饭吃面条好了。"

(2)"老李,这本《福尔摩斯探案集》我拿去看看好吗?""你拿去看好了。"

(3)你只管放手干好了,有我们呢!

(4)今天看不成,我们明天看好了。

(5)"他说他还要去告你呢。""让他去告好了。我怕什么!"

(6)"他不去,我们自己去好了。"

这个"好了",我们在《虚词研究浅论》(陆俭明、马真 1985)一文中就谈到过它,指出这个"好了"是语气词,表示"不介意、不在乎、尽管放心"的语法意义。这一语法意义,我们就是通过包含语气词"好了"的句子跟不用"好了"的句子的对比分析获得的。例如:

(7)没米饭吃面条好了。　　:　　没米饭吃面条。

(8)你拿去看好了。　　　　:　　你拿去看。

(9)你只管放手干好了。　　:　　你只管放手干。

(10)我们明天看好了。　　　:　　我们明天看。

(11)让他去告好了。　　　　:　　让他去告。

(12)我们自己去好了。　　　:　　我们自己去。

通过上面句末有无"好了"的句子的比较,我们初步确定"好了"表示"不介意,不在乎,尽管放心"的语法意义。

实例(二):也

在上文贰·二"实例(三)"里,以具体语言事实论证了在各种复句中的"也"实际都仍然表示类同。我们论证的方法之一,就是运用"有无某虚词的比较"。譬如,我们在论证并列复句里的"也"表示类同,并不表示并列,就举了下面这样的例子:

(1) 小王吃了一个苹果,我也吃了一个苹果。

(2) 小王吃了一个苹果,我吃了一个苹果。

例(1)用了"也",例(2)没用"也"。这两个句子大家都会承认是并列复句;因为不管是例(1)还是例(2),都是把"小王吃了一个苹果"和"我吃了一个苹果"这两件事并列起来说的。这样说来,一个复句是不是并列复句,不取决于是否用了副词"也"。那么用"也"不用"也"的区别在哪里呢?细细地比较、分析,我们可以发现,例(1)用"也",强调后者(我吃了一个苹果)与前者(小王吃了一个苹果)类同;而例(2)没用"也",就不含有"强调类同"的意味。我们又举了下面这样的例句:

(3) "你们俩代数考得怎么样?"

"他考了72分,我考了75分。"

(4) "你们俩代数考得怎么样?"

"我们俩考得都不理想。他考了72分,我也只考了75分。"

从内容上看,例(3)、(4)的答话都说了两个并列的情况——"他"的考分情况和"我"的考分情况。但例(3),答话人没有用"也",只是客观说明了"他"和"我"两个人的考分情况,并未强调二者在考分上的类同之处;而例(4),答话人用了"也",就不只是客观地说明"他"和"我"两个人的考分情况,而且还强调说明"我"和"他"在代数考试成绩不理想这一点上有类同之处。

五 形似实异的虚词比较

将形似实异的虚词放在一起辨析,这也是一种比较。譬如"既"与"即",人们常常用错,原因只在于这两个虚词音和形近似,跟别的字词搭配相似。其实这两个虚词所表示的语法意义截然不同。为区别起见,我们就有必要将它们放在一起进行比较,以使人们明了它们之间的差别。这里也举几个实例:

实例(一):不管、尽管

"不管"和"尽管"只因都是连词,又只因都有一个"管"字,不少人就常常用错。其实它们从意思到用法都很不相同。

"不管"跟"不论"、"无论"意思相同,表示无条件,即表示某人某事物在任何条件下都是如此。例如:

(1) 不管困难有多大,我们都要克服。

(2) 不管什么人,都要遵守国家的法令。

(3) 不管怎么样,你必须在上课前赶到。

(4) 不管你去不去,我一定去。

(5) 不管是刮风还是下雨,他都坚持锻炼。

(6) 不管刮风和下雨,他早上天天坚持跑 1 000 米。

(7) 不管是大汉族主义或者地方民族主义,都不利于各族人民的团结。

这些句子里的"不管"都可以用"不论"、"无论"替换,意思不变。请看:

(8) 无论/不论困难有多大,我们都要克服。

(9) 无论/不论什么人,都要遵守国家的法令。

(10) 无论/不论怎么样,你必须在上课前赶到。

(11) 无论/不论你去不去,我一定去。

(12) 无论/不论是刮风还是下雨,他都坚持锻炼。

(13) 无论/不论刮风和下雨,他早上天天坚持跑 1 000 米。

(14) 无论/不论是大汉族主义或者地方民族主义,都不利于各族人民的团结。

"尽管"则跟"虽然"意思相同,表示让步转折,即先让步,承认某件事是如此,然后,再转过来指出相反的一面。例如:

(15) 尽管困难一个接着一个,但最后我们还是保质保量提前完成了任务。

(16) 尽管风很大,雨很大,他们还是按时赶到了。

(17) 这部电影尽管有些缺点,但从总体看,还是一部好电影。

(18) 尽管我并不喜欢他的说教,我还是耐着性子听着。

(19) 他们俩尽管说法不同,基本意思还是一样的。

这些句子里的"尽管"都可以用"虽然"替换,意思不变。请看:

(20) 虽然困难一个接着一个,但最后我们还是保质保量地提前完成了任务。

(21) 虽然风很大,雨很大,他们还是按时赶到了。

(22) 这部电影虽然有些缺点,但从总体看,还是一部好电影。

(23) 虽然我并不喜欢他的说教,我还是耐着性子听着。

(24) 他们俩虽然说法不同,基本意思还是一样的。

"不管"和"尽管"由于所表示的语法意义迥异,所以用法上也有很大的差异。使用"不管",要求后面紧跟的词语,或者包含表示真实询问的疑问代词,如例(1)—(3),或者是一个疑问格式,如例(4)、(5),或者是一个含有选择意义的联合词组,如例(6)、(7)。而使用"尽管",则后面的词语绝对不能是个疑问格式,不能是带有选择性的联合词组。例如,只能说"尽管这样",不能说"尽管怎么样";只能说"尽管刮风下雨",不能说"尽管刮风还是下雨"。这跟"不管"恰好相反。下面是"不管"和"尽管"互相误用的病例:

(25) *到了冬天,不管天气很冷,气温很低,他还是坚持冬泳。

(26) *尽管你的计划订得多好,不切合实际有什么用?

例(25)的"不管"要改成"尽管";如要保留"不管",就得把"天气很冷,气温很低"改为"天气多么冷,气温多么低"。例(26)的"尽管"要改成"不管";如要保留"尽管",就得把"你的计划订得多好"改为"你的计划订得很好"。

实例(二):只有、只要

"只有"和"只要"都是表示要讲条件的连词,而且都有一个"只"字,所以人们也常常混用。但二者是有明显区别的。

"只有"表示所讲的条件是最根本的最有决定性的条件,后面常要求有"才"跟它相呼应,例如:

(1) 只有国家康泰,家业才能兴旺,个人才得幸福。

(2) 只有通过实践,才能检验出是否符合客观规律。

(3) 只有让老张去请,才能把他老人家请来。

(4) 现在只有在偏远山区,才能吃到不用化肥或农药的真正的绿色食品。

(5) 只有建立和健全监督制度和机制,才能较好地消除腐败现象。

"只要"表示有这样的条件就行了,后面常用"就"、"便"跟它相配。例如:

(6) 只要你肯学,保证一个月就学会了。

(7) 只要大家齐心协力,事情就好办。

(8) 只要你愿意,便可以去报名。

(9) 只要不发生意外情况,今年棉花丰收就不成问题。

(10) 只要燃料往上涨一点儿,其他商品就会跟着往上涨。

有时,所指条件相同,所指事情相同,但由于一个用"只有……才……",一个用"只要……就……",意思就不一样。请比较:

(11) 只有他去,才能解决问题。

(12) 只要他去,就能解决问题。

例(11)、(12)所指事实相同:"他去"是"解决问题"的条件。但例(11)用"只有……才……",表示在说话人看来,这个条件严,非他去不能解决问题,排斥其他人去可以解决问题的可能性;例(12)用"只要……就……",表示在说话人看来这个条件是宽的,他去了就能解决问题,而不排斥别人去可以解决问题的可能性。下面这些句子里的"只有"、"只要"都用错了:

(13) *我们只有努力学习,就能攀登科学高峰。

(14) *据杨振宁估计,在今后二三十年中,中国只要在一个稳定的条件下发展,经济和科技才会赶上或超过世界水平。

例(13)"只有"和"就"不能相配。或将"就"改为"才",或将"只有"改为"只要"。例(14)"只要"和"才"不能搭配。鉴于杨振宁在题为《从二十世纪的物理学看中国科学的发展》的报告中说到,按中国现在的发展情况,不需多少年,经济和科技就会赶上或超过世界水平。所以例(14)宜将"才"换为"就",全句改为:

(15) 据杨振宁估计,在今后二三十年中,中国只要在一个稳定的条件下发展,经济和科技就会赶上或超过世界水平。

由于"只有"和"只要"在语法意义上有上述区别,所以跟某些词语的配合上也有差别。譬如,用"只有"的句子,其主要动词前就不宜带上"稍微"、"轻轻"等这样一些表示程度轻微的词语。请看:

(16) 只要稍微看一眼,他就记住了。

(17) 你只要轻轻摁一下那绿色的键,那大铁门就会徐徐开启。

例(16)、(17)里的"只要"就不能换用"只有",即使后面的"就(会)"换成"才(能)"。请看:

(18) *只有稍微看一眼,他才能记住。

(19) *你只有轻轻摁一下那绿色的键,那大铁门才能徐徐开启。

实例(三):以至、以致

"以至"和"以致"都是连词,而且第一个字都是"以"字,第二个字的读音相同,都念"zhi^{51}",字形又相近,整个读音一样,因此常常有人用错。其实这两个连词的意义和用法也是很不相同的。

"以至"的意思相当于"直到、甚至",表示递进关系,即由小到大、由少到多、由低到高、由浅到深的递进关系(也可用于相反的方向)。连接的成分如果不止两项,"以至"一般用在最后一项之前。例如:

(1) 一石居是在的,狭小阴湿的店面和破旧的招牌都依旧;但从掌柜以至堂倌却已没有一个熟人,我在这一石居中也完全成了生客。

(2) 搞城市建设不能只看眼前,要考虑到明年、后年以至十年、二十年……。

(3) 这项工艺改革成功的话,生产效率将会提高几倍以至十几倍。

(4) 实践、认识、再实践、再认识,这种形式,循环往复以至无穷,而实践和认识之每一循环的内容,都比较地进到了高一级的程度。

"以至"还可以说成"以至于"。例如:

(5) 许多美的人和美的事,错综起来像一天云锦,而且万颗奔星似的飞动着,同时又展开去,以至于无穷。

(6) 对群众的批评采取抵触以至于压制的态度,那是十分错误的。

"以致"则表示"致使、弄得"的意思,用在因果复句的主句开头,表示下文所说的是上述原因所造成的结果。这种结果大多是不好的,或说话人所不希望的。例如:

(7) 对于非本质和非主流方面的问题,不能忽视,而且要认真对待,很好解决,但是,不应当将这种问题看成为本质和主流,以致迷惑了自己的方向。

(8) 可查考的资料记载,解放前蒋家沟的泥石流曾经十多次隔断小江、堵塞河道,以致洪水四处泛滥,淹没了许多农田、房屋。

(9) 由于他不听从劝告,以致上了别人的当。

"以至"和"以致"的区别是明显的。有时似乎在同一个句子里,既可以用"以至",也可以用"以致",其实意思是不同的。例如:

(10) 在一片赞扬声中,他变得飘飘然起来,以至看不到自己工作中的缺点。

(11) 在一片赞扬声中,他变得飘飘然起来,以致看不到自己工作中的缺点。

例(10)用"以至",例(11)用"以致"。例(10)表示递进关系,强调程度的加深,意思是"在一片赞扬声中,他变得不仅飘飘然起来,而且发展到了看不到自己工作中缺点的程度"。这里的"以至"可换成"甚至"。例(11)表示因果关系,强调由于上述原因而造成的结果,意思是"他在一片赞扬声中由于变得飘飘然起来,因此连自己工作中的缺点也看不到了"。这里的"以致"可换成"因此"。

常见的毛病是误把"以至"当"以致"用。例如:

(12) *他只听了一面之词,以至没有处理好那两家的纠纷。

(13) *他腹部连中三弹,以至生命危在旦夕。

(14) *由于他看问题的方法不对,又不听从别人的劝告,以至犯了错误。

(15) *她儿子做了坏事,甚至拿了人家的东西,她不但不加管教,还替他隐瞒,以至使她儿子逐渐走上犯罪的道路。

这些句子里的"以至"都用错了,因为从意思上看,前后分句之间只能是因果关系,不可能是递进关系。例(12)、(13)干脆将"以至"删去,这样句子还简洁些。例(14)、(15)要改用"以致"。

实例(四):从而、进而

"从而"、"进而"是两个意思不同的连词。"从而"的作用在于引出表示结果的主句,这种结果可以是在已有结果的基础上产生的,也可以是在某种条件下产生的。例如:

(1) 大家从团结的愿望出发,通过批评与自我批评,消除了多年来的隔阂,从而达到了新的团结。

(2) 以前,沈阳、锦州两铁路局调度在交接车上常有摩擦。今年年初两局主管运输工作的领导同志得知这一情况后,都加强了对本局调度人员的教育,强调要识大局、顾整体,严于律己,严格按计划办事,从而改善了马三家站分界口的交接车工作,大大提高了两局的运输效率。

(3) 工程师刘守忠在京广铁路韶广段复线定测中,认真负责,精心修改了韶关、马坝车站初测设计方案,从而为国家节省工程投资553万元。

"进而"则强调在前一行动的基础上,采取进一步的行动。例如:

(4) 铁道部决定,先评选出各局、厂的先进集体和先进个人,进而评选出部的先进集体和先进个人。

(5) 要完成今年经济建设的任务,并进而实现90年代的奋斗目标,关键在于深化改革、扩大开放。

(6) 由于人与人之间存在个性的差别,会产生矛盾,出现相互交往的障碍,因此了解这些差别,有助于理解许多冲突产生的根源,进而克服交往中的困难。

如果进一步采取的行动,从某个角度说也可以看作是前一行动所产生的结果,那么,既可以用"进而",也可以用"从而",但意思上有差别。试比较:

(7) 为了迫使她屈服,他们停发了她的工资,进而切断了她的一切经济来源。

(8) 为了迫使她屈服,他们停发了她的工资,从而切断了她的一切经济来源。

例(7)用"进而",是说他们在停发了工资后,还进一步切断她除工资以外的其他经济来源。这意味着迫害的加深,前后是递进关系。例(8)用"从而",是说由于他们停发了她的工资,这样就切断了她的一切经济来源。这意味着前后是一种因果关系。

由于"从而"、"进而"都包含"而"字,在用法上有时又似乎相通,因此常有人用混。常见的毛病是,该用"从而"的地方用了"进而"。例如:

(9) *从去年开始,徐州市进一步走出国门,先后派出40多个代表团参加国内外一系列大型经贸洽谈活动,特别是到众多发达国家和地区与大财团、大商社、跨国公司进行经济技术合作洽谈,进而使利用外资的路子逐步拓宽。

(10) *来自个体经济的压力和挑战,促使国营和集体商业部门改善经营方式,改善经营手段,改善服务态度,进而无形中形成了经济生活中的竞争局面。

例(9)"进而"后面所说的内容,不是徐州市走出国门的进一步行动,而是进一步走出国门后所收到的良好效果。同样,例(10)"形成了经济生活中的竞争局面"并不是"国营和集体商业部门改善经营方式,改善经营手段,改善服务态度"的进一步措施或行动,而是"来自个体经济的压力和挑战,促使国营和集体商业部门改善经营方式,改善经营手段,改善服务态度"所出现的一种结果。这两个例子里的"进而"都应该换成"从而"。

实例(五):既、即

"既"和"即"只在书面上混用,原因是,"既"和"即"左边形体相同,整个字形相似;读音也相似——就现代汉语说,声韵相同,只是声调不同,"既"是去声字,"即"原是入声字,现为阳平字。由于形、音相似,这就造成许多人在书写时出错。

"既"原是"食毕"之意,后引申为"完尽"义,又虚化为"已经"义,用作副词,现代汉语里作为连词的"既然"里的"既"保留了此古义。"既"再进一步虚化,跟"且"、"又"呼应,连接并列成分,如《诗经·商颂·那》:"既和且平,依我磬声。"《诗经·豳风·破斧》:"既破我斧,又缺我斨。"但《论语·季氏》:"既来之,则安之"其中的"既"还是"已经"的意思。到现代汉语,"既"字的用法,一是跟"又"、"也"等构成"既……又……"、"既……也……"格式,起并列连接作用,例如"既多又好"、"既高又大"、"既可以这样,也可以那样"、"他呀,既怕老婆,也怕娘";一是跟"然"字构成连词"既然",用来表示因果推论关系。例如:

(1)既然你现在没有什么要紧的事,就留下来陪奶奶说说话。

(2)既然你已经答应他了,那就先去他那里工作一段时间吧。

表示"已经"意思的"既",还能单用作状语,但只见于书面。例如:

(3)这已是既成的事实。

(4) 未来的京沪高速铁路跟既有的京沪线的走向及所经之城市几乎相同,但距离缩短了200多公里。

"即"原是空间"靠近"的意思,"即之也温"(《论语·子张》)里的"即之"就是"靠近他"的意思。后又引申为时间上的接近,表示眼下不久的时间,"春节在即"里的"即"就是这个意思。后又虚化为表示"立时"的"就"义,"午后即到"、"招之即来"里的"即"就表示"立时"的意思。在现代汉语里,表示上述意义的"即"只见于书面语,而且用得也不是很多。用得多的,还是跟"使"等一些字构成的连词"即使"、"即便"、"即令"等,在假设让步转折复句中引出假设让步的分句。例如:

(5) 即使明天下雨,我也去。

(6) 她即使骂我打我,我也还是像过去一样很好地对待她。

(7) 那红柳即便在沙漠中,也能很好地生长。

(8) 李自成心想,那城池即令攻开,也得死伤好多将士。

"即"还有一个意义,相当于"也就是"的意思,有人称之为"判断系词",现代书面语中还很常用。例如:

(9) 周树人,即鲁迅也。

(10) 事物的矛盾法则,即对立统一法则,是辩证唯物主义最根本的法则。

(11) 国营经济即全民所有制经济,目前在国民经济中还是起主导的作用。

"既"和"即"混用最多的地方是,将"即使"写成了"既使"。例如:

(12) *既使他不告诉我,我也猜得出来。

例(12)里的"既使"要改为"即使"。混用的原因除了上面说的外,还有一点,那就是,"即使"后面常有"也"呼应,构成"即使……也……"句式;而"既"也常跟"也"配搭,构成"既……也……"句式。然而要知道,在现代汉语里,"即使"是一个词;而"既"和"使"有连着用的情况,但不构成一个词。例如:

(13) 农村税收制度的改革,既使农民减轻了负担,也不影响国家的税收收入。

例(13)虽然"既"和"使"连着,但它们既不构成一个结构,更不构成一个词。这里的"既"跟后面的"也"配合,构成"既……也……"这样一个格式,起连接作用,表示并列关系。而"使"跟"农民"构成一个结构。

显然,要防止"既"和"即"在书面上的混用,只需注意这样一点:用"即使",要求带起的是一个假设让步分句,后面还一定跟一个表示转折的分句,整个句子表示假设让步转折关系。用"既(使……)",后边有"也"或"又"与之呼应,整个句子表示一种并列关系。再请比较例(6)和例(13):

(6) 她即使骂我打我,我也还是像过去一样很好地对待她。

(13) 农村税收制度的改革,既使农民减轻了负担,也不影响国家的税收收入。

例(6)用"即使",引出的是一个假设让步分句"她骂我打我",后面跟一个表示转折的分句"我也还是像过去一样很好地对待她";例(13)用"既使",形成"既……也……"格式,"使农民减轻了负担"和"不影响国家的税收收入"之间构成并列关系。再看上面举的病句例(12):

(12) *既使他不告诉我,我也猜得出来。

例(12)用"既使",可是前后"他不告诉我"和"我也猜得出来"之间在语义上显然不是并列关系,而是假设让步转折关系。可见这里的"既使"使用错了,得改为"即使"。

六 比较,要步步深入,不断验证
——"常常"、"往往"之比较

我们在运用比较的方法时,还必须注意这样一点:比较,一定要步步深入,具体说,每当获得一个新的看法后,要反复地问自己:"这样行不行?"这里不妨以"常常"和"往往"的比较为例来加以说明。

"常常"和"往往",一般认为,它们的意思、用法差不多;一些工具书用"常常"来注释"往往",如《新华字典》。对我们来说,这两个副词是不会用错的,可是外国留学生出错的不少,主要是错用"往往"。请看:

(1) *据说他往往说谎。

(2) *他呀,往往去香港玩儿。

"往往"和"常常"的意义和用法到底是不是一样的呢?如果不一样,区别在哪儿呢?经考察发现,能用"常常"的地方有的能用"往往"替换。例如:

(3) a. 北方冬季常常会有一些人不注意煤气而不幸身亡。

　　　b. 北方冬季往往会有一些人不注意煤气而不幸身亡。

(4) a. 星期天他常常去姥姥家玩儿。

　　　b. 星期天他往往去姥姥家玩儿。

(5) a. 每当跳高运动员越过横杆时,观看的人常常会下意识地抬一下腿。

　　　b. 每当跳高运动员越过横杆时,观看的人往往会下意识地抬一下腿。

可是,有的不能。请看:

(6) a. 他呀,常常开夜车。

　　b. *他呀,往往开夜车。

(7) a. 听说他常常赌博。

　　b. *听说他往往赌博。

(8) a. 这种水果我们那儿很多,我们常常吃。

　　b. *这种水果我们那儿很多,我们往往吃。

为什么有的句子里的"常常"可以换说成"往往",有的却不能?对比例(3)—(5)与例(6)—(8),我们似乎很容易找到答案,得出结论:"常常"和"往往"意思一样,都表示某种事情或行为动作经常出现或发生。可是用"往往",前面一定得先说出某种前提条件,说明在某种条件下,某种事情或行为动作经常出现或发生;"常常"则没有这个限制。例(3)—(5)所以能用"往往",因为交代了条件;而例(6)—(8)所以不能用"往往",因为没有交代条件。

上面这个看法怎么样?是不是就把"常常"和"往往"的异同说清楚了呢?我们需回到语料中去检验。结果发现上述结论还不能说明下面的语言现象:

(9) 每到星期六晚上,我常常/往往去姥姥家玩儿。

(10) 去年周末我们常常/往往去钓鱼。

(11) 以后周末,你要是没事儿,常常去看看姥姥。

　　(*以后周末,你要是没事儿,往往去看看姥姥。)

(12) 明年回上海,你得常常去看看她。

　　(*明年回上海,你得往往去看看她。)

例(9)—(12)在"常常/往往"前都说出了前提条件,可是例(9)、

(10)可以换用"往往",而例(11)、(12)却不能换用"往往"。这又为什么呢？比较例(9)、(10)和例(11)、(12),我们会发现,例(9)、(10)说的是过去的事,例(11)、(12)说的是未来的事。这说明我们原先的说法需要加以修改,得修改为:在交代前提条件的情况下,"往往"只用来说过去的事,即过去在某种条件下某种事情或行为动作经常出现或发生;"常常"则不受这个限制。

上面新得出的结论怎么样呢？请再看下面的实例：

(13) 去年冬天我常常去滑雪。

　　（*去年冬天我往往去滑雪。）

(14) 上个星期我常常接到匿名电话。

　　（*上个星期我往往接到匿名电话。）

(15) 今年夏天我住在北京姥姥家,姥姥常常带我去看京戏。

　　（*今年夏天我住在北京姥姥家,姥姥往往带我去看京戏。）

例(13)—(15)说的是过去的事,也交代了条件,但还是不能用"往往"。可是,如果我们在这三个句子里加上某些词语,就可以说了,请看：

(16) 去年冬天每到周末我往往去滑雪。

(17) 上个星期每晚9点我往往接到匿名电话。

(18) 今年夏天我住在北京姥姥家,星期天姥姥往往带我去看京戏。

对比例(13)—(15)和例(16)—(18),我们不难明了,前面所做的结论还不能准确揭示"往往"与"常常"的差异。"往往"与"常常"的差异似应重新描写、说明如下：

"往往"只用来说明根据以往的经验所总结出的带规律性的情

况(多用于过去或经常性的事情),"常常"不受此限。

例(13)—(15)之所以不能用"往往",就在于句子所说的情况不属于"根据以往的经验所总结出的带规律性的情况"。

看来上面这个新的结论比较周全了。可是,又遇到了下面这样的语言事实:

(19) 高房子往往比较凉快。

(20) 胖的人往往浮力大。

(21) 南方往往比较潮湿,北方往往比较干燥。

例(19)—(21)的情况倒过来了,这些句子里的"往往"不能换用"常常",即不能说成:

(19') *高房子常常比较凉快。

(20') *胖的人常常浮力大。

(21') *南方常常比较潮湿,北方常常比较干燥。

这说明原先的结论还需要修改。"往往"与"常常"的异同似宜修改为:

某情况如果只具有经常性,不具有规律性,只能用"常常",不能用"往往";如果既具有经常性,又具有规律性,"常常"和"往往"都可以用;而如果只具有规律性,不具有经常性,则只能用"往往",不能用"常常"。

从对"往往"与"常常"的对比分析中,我们可以看到,虚词的比较分析一定要步步深入,而且每当获得一个新的看法后,一定要反复地问自己:"这样行不行?"这样做的目的有两个:一是为了使自己的结论经得起推敲,更符合语言实际,要知道反复地否定自己正是为了更好地肯定自己;二是为了使自己养成反复思考的良好习惯,而这种习惯是科学研究所必需的。

肆　每个虚词都需进行多角度、多方位、多层面的综合分析与研究

上面,我们在第壹部分里,介绍了研究虚词用法的种种角度;在第贰部分里,介绍了研究虚词语法意义的两项要义;在第叁部分里,又介绍了分析、研究虚词最基本的方法——比较。在上述论述中,我们都是一个一个地、一种一种地、一条一条地分着说的,而事实上对每个虚词都需进行综合的分析与研究。再说,虚词研究本身就要求我们必须有意识地从语法意义、具体用法以及使用的语义背景等多个角度、多个层面、多个方位来考察、分析、研究,而考察、分析、研究的基本方法是比较,通过比较来凸显虚词的语法意义和用法,只有这样才能全面、准确地把握所研究的虚词的语法意义和用法。至于最后从哪个方面或哪些方面来加以描写、说明,这得根据各个不同虚词的具体情况和研究的实际需要来定。下面我们用五个实例来加以说明。

实例(一):表示重复的副词"又"、"再"、"还"

副词"又"、"再"、"还"都分别能表示好几种语法意义,它们只是在表示重复这一点上构成一组同义词。

"又"、"再"、"还"都能表示重复,那么他们在表示重复这一点上,语法意义和用法是否完全相同呢？如果有差异,表现在哪里？这些问题,以往的有关论著也谈到过,但我们觉得谈得还不是很全面、清楚,有的可以说谈得不是很确切,还有必要进一步辨析清楚。

而要辨析清楚,就得运用各种比较方法,对它们进行全面的考察和分析。

在进行具体考察、比较之前,需要作些必要的说明。首先需要说明,重复可以有狭义和广义两种理解。

按狭义的理解,重复是指前后(中间有时间上的间隔)所进行或发生的行为动作(包括变化)及其所涉及的对象一样。例如:

(1)我把那篇文章又看了一遍。

(2)你把这封信再看一遍。

(3)明天还吃面条,我可受不了了。

例(1)是说"看那篇文章"这一行为动作重复进行;例(2)是说"看这封信"这一行为动作重复进行;例(3)是说"吃面条"这一行为动作重复进行。这种重复是狭义的重复。

按广义的理解,除了上述狭义的重复外,还包括追加。例如:

(4)我吃了一个馒头,还吃了一碗面条。

(5)我吃了一个馒头,还带了一个馒头。

(6)我吃了一个馒头,还喝了一杯咖啡。

例(4)—(6)都表示追加,但其中含有重复的意味——例(4)前后进行的动作一样(都是"吃"),只是动作所支配的对象不同,例(5)前后进行的动作虽不同,但所支配的对象一样;例(6)前后具体进行的动作不同,所支配的对象也不同,但就进食这意义说,可以认为一样。这里采用广义的理解,不过下面在具体讨论表重复的副词"又"、"再"、"还"的异同时,我们把重复与追加分开来谈。

蒋琪、金立鑫(1997)将延续义包括在重复之中。我们不采取这种意见。我们认为重复与延续有一个很重要的区别,那就是前者在前后的行为动作之间一定有时间上的间隔,后者则在前后的行为动作之间没有时间上的间隔。所以"还早,你再坐一会儿"、"雨还在下"这类用例里的"再"、"还"不在我们讨论范围之内。

关于表重复的"又"、"再"、"还"使用上的异同,以往的有些论著认为,这跟用于说过去的或已实现的事情还是说未来的或未实现的事情有密切关系。然而事实告诉我们,实际的情况并不那么简单。当然,我们也承认,用于说过去的事情还是说未来的事情这确实是影响表示重复的副词"又"、"再"、"还"使用的一个重要因素。因此,下面我们将先以此为线索,来辨析它们的异同。为了能全面说明表示重复的副词"又"、"再"、"还"的异同,前人已谈到的一些意见,这里将不避重复。

一、用于说过去的事情

(一)陈述事实

"又"用在陈述过去的事实时,既能表示重复,也能表示追加。表示重复的实例如:

(1) 这种圆珠笔我觉得很好用,所以用完后我又买了一支。
(2) 妈,那篇课文我刚才又背了一遍。
(3) 那辆车她实在喜欢,临走前她又看了好半天。

表示追加的实例如:

(4) 刚才我买了一支笔,又买了一个本儿。
(5) 他今天扫了地,又擦了桌子。
(6) 下班后他不仅去看望了张老师,而且又到超级市场买了些吃的。

"还"用在陈述过去的事实时,不能表示重复,只能表示追加。上面所举的表示重复的例(1)—(3)里的"又"都不能换用"还",我

们不能说:

(7)＊这种圆珠笔我觉得很好用,所以用完后我还买了一支。

(8)＊妈,那篇课文我刚才还背了一遍。

(9)＊那辆车她实在喜欢,临走前她还看了好半天。

而上面所举的表示追加的例(4)—(6)里的"又"都能换用"还"。例如:

(10)刚才我买了一支笔,还买了一个本儿。

(11)他今天扫了地,还擦了桌子。

(12)下班后他不仅去看望了张老师,而且还到超级市场买了些吃的。

不过表示追加时,"还"和"又"在使用上还有细微的差别,那就是"又"在使用上没什么条件限制,而"还"好像不能用来说跨越时间(或者说属于不同时间范围)的追加。像下面的例(13)只能用"又",不能用"还":

(13) a. 他去年去了英国,今年又去了法国。

b. ＊他去年去了英国,今年还去了法国。

如果说话人心目中把去年和今年归属同一时间范围,例(13)b在一定语境中也能说。请看:

(14)他这两年老出国,去年去了英国,今年还去了法国。

当然,例(14)里的"还"也可以换用"又",例如:

(15)他这两年老出国,去年去了英国,今年又去了法国。

"再"不能用于陈述过去的事实,不管是表示重复还是表示追加。所以例(1)—(6)里的"又"都不能换用"再",我们不能说:

(16)＊这种圆珠笔我觉得很好用,所以用完后我再买了一支。

(17) *妈,那篇课文我刚才再背了一遍。

(18) *那辆车她实在喜欢,临走前她再看了好半天。

(19) *刚才我买了一支笔,再买了一个本儿。

(20) *他今天扫了地,再擦了桌子。

(21) *下班后他不仅去看望了张老师,而且再到超级市场买了些吃的。

不过,有一个例外情况,在书面上当说明原因或理由时,虽然陈述的是过去的事情,"还由于……"、"又由于……"和"再由于……"都能说。(北京大学中文系1955、1957级语言班1982)例如:

(22) a. 由于他自己平时的努力,还由于同志们的帮助,他在学习上取得了优异的成绩。

b. 由于他自己平时的努力,又由于同志们的帮助,他在学习上取得了优异的成绩。

c. 由于他自己平时的努力,再由于同志们的帮助,他在学习上取得了优异的成绩。

(二)说虚拟假设的事

用于说过去并未成为事实而只是一种虚拟假设的事情时,"再"既能用来表示重复,也能用来表示追加。下面是表示重复的实例:

(23) 那天我要是再练一次就好了。

(24) 昨天如果我再看一遍就记住了。

(25) 当初再听一遍就好了。

下面是表示追加的实例:

(26) 那天我要是拍了护照相,再拍一张生活照就好了。

(27) 昨天上午如果我们请他们吃了饭再请他们喝杯咖啡，就更好了。

(28) 当时你买了上衣，再买条裙子就好了。

说过去并未成为事实而只是一种虚拟假设的事情时，如果用"还"，要受到限制。首先，如果用"还"来表示重复，一定要有能愿动词"能"跟它共现。像例(23)—(25)里的"再"都不能直接换用"还"，我们不说：

(29) *那天我要是还练一次就好了。

(30) *昨天如果我还看一遍就记住了。

(31) *当初还听一遍就好了。

如果在例(29)—(31)里的"还"后分别加上"能"，就都可以说了。请看：

(32) 那天我要是还能练一次就好了。

(33) 昨天如果我还能看一遍就记住了。

(34) 当初还能听一遍就好了。

不过与"能"共现时，"还"和"再"还有一些小小的区别，那就是用"再"时，其词序可以是"'再'+'能'……"，也可以是"'能'+'再'……"(后者更常用)；用"还"时，其词序只能是"'还'+'能'……"。试比较：

(35) a. 那天我要是能再练一次就好了。

　　 b. 那天我要是再能练一次就好了。

(36) a. 那天我要是还能练一次就好了。

　　 b. *那天我要是能还练一次就好了。

其次，虽然可以用"还"来表示追加，上面所举的表示追加的例(26)—(28)里的"再"也都可以换用"还"，说成：

(37) 那天我要是拍了护照相,还拍一张生活照就好了。

(38) 昨天上午如果我们请他们吃了饭还请他们喝杯咖啡,就更好了。

(39) 当时你买了上衣,还买条裙子就好了。

但是"还"的使用频率远远低于"再"。据调查,人们对例(37)—(39)的接受程度跟例(26)—(28)比起来要低一些。

用于说过去并未成为事实而只是一种虚拟假设的事情时,"又"不能用来表示重复,像上面所举的表示重复的例(23)—(25)里的"再"都不能换用"又",不能说成:

(40) *那天我要是又练一次就好了。

(41) *昨天如果我又看一遍就记住了。

(42) *当初又听一遍就好了。

"又"一般也不能用来表示追加,例(26)—(28)里的"再"都不能换用"又",请看:

(43) *那天我要是拍了护照相,又拍一张生活照就好了。

(44) *昨天上午如果我们请他们吃了饭又请他们喝杯咖啡,就更好了。

(45) *当时你买了上衣,又买条裙子就好了。

但是,如果句中动词前用了"能",则可以用"又"来表示追加("又"在"能"前),换句话说,表示追加的"又"用于说过去虚拟假设的事情时必须与"能"共现。例如:

(46) 那天我要是拍了护照相,又能拍一张生活照就好了。

(47) 昨天上午如果我们请他们吃了饭又能请他们喝杯咖啡,就更好了。

(48) 当时你买了上衣,又能买条裙子就好了。

肆　每个虚词都需进行多角度、多方位、多层面的综合分析与研究　247

这时所虚拟假设的事情都一定是理想的事情。关于这一点看来跟"能"有关,因为不只是"又","再"和"还"如与"能"共现,所虚拟假设的事情也都一定是理想的事情。请看:

(49) a. 昨天上午如果我们请他们吃了饭能再请他们喝杯咖啡,就更好了。

b. 昨天上午如果我们请他们吃了饭还能请他们喝杯咖啡,就更好了。

c. 昨天上午如果我们请他们吃了饭又能请他们喝杯咖啡,就更好了。

(50) a. ＊昨天上午如果我们请他们吃了饭能再请他们喝杯咖啡,就赶不上飞机了。

b. ＊昨天上午如果我们请他们吃了饭还能请他们喝杯咖啡,就赶不上飞机了。

c. ＊昨天上午如果我们请他们吃了饭又能请他们喝杯咖啡,就赶不上飞机了。

(51) a. 昨天上午如果我们请他们吃了饭再请他们喝杯咖啡,就赶不上飞机了。

b. 昨天上午如果我们请他们吃了饭还请他们喝杯咖啡,就赶不上飞机了。

c. ＊昨天上午如果我们请他们吃了饭又请他们喝杯咖啡,就赶不上飞机了。

例(49)虚拟假设的是理想的事情,"再"、"还"、"又"都能与"能"共现;例(50)虚拟假设的是非理想的事情,"再"、"还"、"又"都不能与"能"共现。例(51)虚拟假设的也是非理想的事情,但没有"能"共现,"又"当然不能用,"再"和"还"却可以用。可见"又"与"能"共现时所虚拟假设的事情一定是理想的事情,这跟"又"无关,而跟"能"有关。

上述表示重复的副词"又"、"再"、"还"用于说过去的事时的异同,大致可以列如表(一):

表(一)

	陈述事实		说虚拟假设的事	
	表示重复	表示追加	表示重复	表示追加
又	+	+	−	$\begin{cases} - \text{(一般情况)} \\ + \text{(与"能"共现)} \end{cases}$
再	−	$\begin{cases} - \text{(一般情况)} \\ + \text{(∼由于…)} \end{cases}$	+	+
还	−	+ (有例外)	$\begin{cases} - \text{(一般情况)} \\ + \text{(与"能"共现)} \end{cases}$	+

二、用于说未来的事情

(一)说非假设的事

"再"用在说未来非假设的事情时,既能表示重复,也能表示追加。表示重复的实例如:

(1) 明天我再来看你。

(2) 我看你明年再考一次。

(3) 他想再找找。

表示追加的实例如:

(4) 你先回去吧,我再到王大嫂家看看。

(5) 包饺子算学会了,明天我再学一下做蛋糕的技术。

(6) 我觉得王平说得不一定对,明天我们再去问问张东阳。

"还"用于说未来非假设的事情时,也既能表示重复,又能表示追加,所以上面所举的例(1)—(6)里的"再"都能换用"还",请看:

(7) 明天我还来看你。

(8) 我看你明年还考一次。

(9) 他还想找找。

(10) 你先回去吧,我还到王大嫂家看看。

(11) 包饺子算学会了,明天我还学一下做蛋糕的技术。

(12) 我觉得王平说得不一定对,明天我们还去问问张东阳。

不过,"还"和"再"在具体用法上还有些区别:

第一,更多的时候,"还"要求与表意愿的动词(包括能愿动词)共现,"再"没有这种强烈的要求。上面所举的例(7)、(8)、(10)、(11)、(12)虽然也能说,但是不如在"还"后加上一个表意愿的动词来得顺畅。请看:

(13) 明天我还要来看你。

(14) 我希望明年还能考一次。

(15) 你先回去吧,我还想到王大嫂家看看。

(16) 包饺子算学会了,明天我还想学一下做蛋糕的技术。

(17) 我觉得王平说得不一定对,我们明天还要去问问张东阳。

反之,例(9)如果将表意愿的动词"想"删去,就显得别扭。请看:

(18) ? 他还找找。

第二,用"再"时也可以与表意愿的动词共现,但在词序上跟"还"不一样。用"还"的时候,"还"在前,意愿动词在后;用"再"的时候,则一般"再"在后,意愿动词在前。试以例(3)和例(9)为例,例(3)用"再",词序是"'想'+'再'……"(想再找找);例(9)用"还",词序是"'还'+'想'……"(还想找找)。

第三,"再"可以跟数量词语共现。例如:

(19) 那包子很好吃,我再吃两个。〔表名量的数量词〕

(20) 这电子游戏很好玩儿,我再玩儿一次。〔表动量的数量词〕

(21) 爸爸,我这儿朋友特别多,我再呆两天。〔表时量的数量词〕

而"还"跟数量词语共现要受到限制,所以例(19)—(21)里的"再"不能直接换用"还",我们不能说:

(22) *那包子很好吃,我还吃两个。〔表名量的数量词〕

(23) *这电子游戏很好玩儿,我还玩儿一次。〔表动量的数量词〕

(24) *爸爸,我这儿朋友特别多,我还呆两天。〔表时量的数量词〕

如果要换用"还",得加进表意愿的动词("还"放在表意愿的动词前)。例如:

(25) 那包子很好吃,我还要吃两个。〔表名量的数量词〕

(26) 这电子游戏很好玩儿,我还想玩儿一次。〔表动量的数量词〕

(27) 爸爸,我这儿朋友特别多,我还想呆两天。〔表时量的数量词〕

注意,加进表意愿的动词后,仍然可以用"再",只是"再"要放在表意愿的动词之后。(见上面所说的第二点)

第四,在祈使句里,用"再"而不用"还"。(蒋琪、金立鑫 1997)试比较:

(28) a. 你再听,楼上好像有响动。

b. *你还听,楼上好像有响动。

(29) a. 你再去对他说,不能收红包!

b. *你还去对他说,不能收红包!

第五,"再"不但能用于实在的重复(指重复已进行过的行为动

作),还能用于"空缺的重复"(指原先打算进行某行为动作,由于某种原因未能进行,而改到说话后的某个时间进行)。例如:

(30) 刚才我们看的《变脸》这个电影真好,我明天想再看一次。

(31)《变脸》这个电影今天看不上没关系,我们明天再看。

例(30)是说"看《变脸》这个电影"这一行为动作已进行过,但想在明天重复进行这一行为动作。这里的"再"就属于"实在的重复"。例(31)是说原定今天去看《变脸》这个电影,可是没有买到票,于是就改到明天看。这里的"再"就属于"空缺的重复"。"再"表示这两种重复在句子的轻重音上有所反映,表示实在的重复,重音只能在"再"或"再"后面的某个音节上,绝不能在"再"之前;而表示空缺的重复,重音一定在"再"之前的某个音节上,绝不会在"再"之后。(陆俭明、马真 1985)"还"则只能用于实在的重复,不能用于空缺的重复。所以上面例(30)里的"再"可以换成"还",说成:

(32) 刚才我们看的《变脸》这个电影真好,我明天还想看一次。

而例(31)里的"再"就不能换成"还",我们不说:

(33) *《变脸》这个电影今天看不上没关系,我们明天还看。

以上说的是"再"和"还",下面来看"又"。"又"一般不能用来说未来非假设的事,不管是表示重复,还是表示追加。像上面所举的(1)—(6)句里的"再"都不能换用"又",我们不说:

(34) * 明天我又来看你。

(35) * 我看你明年又考一次。

(36) * 他想又找找。

(37) * 你先回去吧,我又到王大嫂家看看。

(38)＊包饺子算学会了,明天我又学一下做蛋糕的技术。

(39)＊我觉得王平说得不一定对,明天我们又去问问张东阳。

注意:"下星期他又要出差了。"这句话,就"出差"这一行为动作而言,将在说话后进行,但就"要出差"这一愿望或意愿来说,那是在说话前就有了。所以上面这句话里的"又"还是属于说过去的事,而不是属于说未来非假设的事。但有例外:

第一,是在表示提醒性劝阻时可以用"又",虽然说的是未来非假设的事("又"放在"别"或"不要"的后面,主要动词之前)。例如:

(40)明天去姑姑家,你别又喝醉了。

(41)钥匙一定要保管好,别又丢了。

(42)明天你们去看足球赛,千万不要又惹是生非。

(43)你可别吃了螃蟹又吃柿子,否则会闹病的。

例(40)—(43)也可以用"再",但不能用"还"。请看:

(40')明天去姑姑家,你别再喝醉了。

(＊明天去姑姑家,你别还喝醉了。)

(41')钥匙一定要保管好,别再丢了。

(＊钥匙一定要保管好,别还丢了。)

(42')明天你们去看足球赛,千万不要再惹是生非。

(＊明天你们去看足球赛,千万不要还惹是生非。)

(43')你可别吃了螃蟹再吃柿子,否则会闹病的。

(＊你可别吃了螃蟹还吃柿子,否则会闹病的。)

第二,是在说到有规律性的重复情况时可以用"又"。(舆水优1981)这时句子往往含有在说话人看来时间过得太快或前后间隔的时间太短的意味。例如:

(44)明天值班又轮到我了。

(45) 明天又是星期六了。

(46) 又快进入梅雨季节了。

注意:例(44)—(46)倒反而不能用"再"或"还"。我们不能说:

(44') a. *明天值班再轮到我了。

　　　b. *明天值班还轮到我了。

(45') a. *明天再是星期六了。

　　　b. *明天还是星期六了。

(46') a. *再快进入梅雨季节了。

　　　b. *还快进入梅雨季节了。

(二)说假设的事

说未来假设的事,"又"、"再"、"还"都能用,不管是表示重复还是表示追加,只是"再"的使用频率最高。

先说表示重复。下面是"再"表示重复的实例:

(47) 如果他明天再来找你的麻烦,你给我打电话。

(48) 如果明后天再吃面条,我就吃倒胃口了。

(49) 要是明天再出现漏电现象怎么办呢?

上面例(47)—(49)里的"再"都能换成"又"或"还",请看:

(50) 如果他明天又/还来找你的麻烦,你给我打电话。

(51) 如果明后天又/还吃面条,我就吃倒胃口了。

(52) 要是明天又/还出现漏电现象怎么办呢?

虽然"又"、"再"、"还"都能在说未来假设的事情时表示重复,但它们三者在使用上也还有些区别。"再"用得最多,似没什么条件限制,而"又"和"还"在使用上都要受到一些限制。明显的是,"又"似乎只用于说不如意的事,例(50)—(52)说的都是不如意的事;如果说如意的事好像不能用"又"。试比较:

(53) a. 如果明天再吃面条就好了。

b. 如果明天还吃面条就好了。

c. ＊如果明天又吃面条就好了。

例(53)说的是如意的事情,"再"、"还"都能用,"又"就不能用。

"还"的限制条件主要是它所修饰的动词性成分不能是一个带结果补语的"动结式"。像下面句子里的"再"和"又"就不能换用"还":

(54) a. 他要是再病倒了就麻烦了。

b. 他要是又病倒了就麻烦了。

c. ＊他要是还病倒了就麻烦了。

(55) a. 这件衣服要是再穿破了,你可别来找我。

b. 这件衣服要是又穿破了,你可别来找我。

c. ＊这件衣服要是还穿破了,你可别来找我。

具有[＋失去]语义特征的动词加上"了",如"丢了"、"掉了"、"烧了"、"坏了"等,大致相当于一个"动结式"(马希文 1983),所以前面也只能受"再"、"又"的修饰,不能受"还"的修饰。请看:

(56) a. 这录像机要是再坏了,你就换一台吧。

b. 这录像机要是又坏了,你就换一台吧。

c. ＊这录像机要是还坏了,你就换一台吧。

(57) a. 参加了房屋保险,房子如果再烧了,就由保险公司赔偿损失。

b. 参加了房屋保险,房子如果又烧了,就由保险公司赔偿损失。

c. ＊参加了房屋保险,房子如果还烧了,就由保险公司赔偿损失。

现在说表示追加。说未来假设的事情表示追加时,"再"、

肆 每个虚词都需进行多角度、多方位、多层面的综合分析与研究 255

"还"、"又"都能用。请看：

(58) a. 喝了酒再抽烟就容易醉。

　　b. 喝了酒还抽烟就容易醉。

　　c. 喝了酒又抽烟就容易醉。

(59) a. 吃了螃蟹再吃柿子，那会拉肚子的。

　　b. 吃了螃蟹还吃柿子，那会拉肚子的。

　　c. 吃了螃蟹又吃柿子，那会拉肚子的。

不过它们在使用上也还有些差异。

第一，"又"好像也只用于说不如意的事，上面所举的例(58)、(59)说的都是不如意的事，所以用"又"可以。再看下面的例句：

(60) a. 如果买了上衣再买一条裤子，可以享受八折优惠。

　　b. 如果买了上衣还买一条裤子，可以享受八折优惠。

　　c.＊如果买了上衣又买一条裤子，可以享受八折优惠。

(61) a. 如果买了上衣再买一条裤子，钱可就不够了。

　　b. 如果买了上衣还买一条裤子，钱可就不够了。

　　c. 如果买了上衣又买一条裤子，钱可就不够了。

例(60)说的是如意的事，用"再"和"还"的句子能说，用"又"的句子就不能说；而例(61)说的是不如意的情况，所以"又"、"再"、"还"都能用。当然，"再"的使用频率要高于"还"和"又"。

第二，"还"所修饰的动词性成分其主要成分也不能是个"动结式"。请看：

(62) a. 遇上了天灾再碰到人祸，那就真没有活路了。

　　b.＊遇上了天灾还碰到人祸，那就真没有活路了。

　　c. 遇上了天灾又碰到人祸，那就真没有活路了。

"碰到人祸"里的主要成分"碰到"是个"动结式"，a、c分别用"再"、

"又",句子可以说;b 用"还",句子就站不住。

表重复的"又"、"再"、"还"用于说未来的事时的异同大致可列如表(二):

表(二)

	说非假设的事		说假设的事	
	表示重复	表示追加	表示重复	表示追加
又	－ (有例外)	－ (有例外)	＋(不如意的事) (如意的事)	＋(不如意的事) (如意的事)
再	＋	＋	＋	＋
还	＋ (有限制)	＋ (有限制)	＋ (有限制)	＋ (有限制)

以上所说表重复的副词"又"、"再"、"还"用法上的异同,也可综合列如表(三):

表(三)

			又	再	还
用来说过去的事	陈述事实	重复	＋	－	－
		追加	＋	－(有例外)	＋(有例外)
	虚拟假设	重复	－	＋	－(有例外)
		追加	－(有例外)	＋	＋
用来说未来的事	非假设的事	重复	－(有例外)	＋	＋(有限制)
		追加	－(有例外)	＋	＋(有限制)
	假设的事	重复	＋(有限制)	＋	＋(有限制)
		追加	＋(有限制)	＋	＋(有限制)

从上可知,副词"又"、"再"、"还"在表重复上的异同,主要跟以

下两方面的因素有关：一是语用方面的因素，这主要表现在(a)是用于说过去的事还是用于说未来的事，(b)是用于说事实还是用于假设(不管是过去的还是未来的)，(c)是用于说如意的事还是用于说不如意的事，(d)是用于祈使句还是非祈使句，等等。二是语法方面的因素，如是否要求与表示意愿的动词(包括能愿动词)共现，能否与数量词语共现，所修饰的动词性词语其主要成分是否是带结果补语的"动结式"，等等。正是通过上面多角度、多方面的比较，我们对副词"又"、"再"、"还"在表重复上的异同，可以有个比较全面、准确的认识与把握。

实例(二)：时间副词"已经"和"曾经"

关于"曾经"和"已经"的异同，过去也已有不少人谈到过，但我们觉得二者的同和异还不是说得很清楚。而要把它们分辨清楚，就需要进行多角度、多方面的比较。

首先，必须注意到，"曾经"和"已经"虽然都属于时间副词，但它们是属于不同范畴的时间副词——"曾经"属于定时时间副词，因为它只能用来说过去的事；而"已经"属于不定时时间副词，因为它既能用来说过去的事，也能用来说现在、将来的事。(见本书叁·三)下面不妨来比较一下，请看例(1)—(3)：

(1) 去年，我_____看过这本书。

(2) 现在他_____看到120页了。

(3) 明天这个时候，他大概_____看完了。

如果要把"曾经"或"已经"填入例(1)—(3)的空格内，我们会立刻发现情况是不一样的。例(1)既能填"曾经"，也能填"已经"。例如：

(4) a. 去年,我曾经看过这本书。

b. 去年,我已经看过这本书。

例(2)、例(3)则只能填"已经",不能填"曾经"。请看:

(5) a. *现在他曾经看到 120 页了。

b. 现在他已经看到 120 页了。

(6) a. *明天这个时候,他大概曾经看完了。

b. 明天这个时候,他大概已经看完了。

例(4)说的是过去的事,例(5)说的是现在的事情,例(6)说的是将来的事情。显然,"曾经"只能用来说过去的事,所以它是"定时时间副词";而"已经"则没有时间上的限制,无论说过去、现在、将来的事都可以用,所以是"不定时时间副词"。它们在时态上的差别,可列如下表:

	过去时	现在时	将来时
曾经	+	−	−
已经	+	+	+

过去,有一些语法书把"已经"看作"过去时"的时间副词。(黎锦熙 1924;吕冀平 1983)这显然不妥当。

其次,它们虽然都能用于过去时,但有明显的区别。这种区别以往的语法书也注意到了。例如《现代汉语八百词》在比较"曾经"和"已经"的语法意义时就曾指出以下两点:

第一、"曾经"表示从前有过某种行为或情况,时间一般不是最近;"已经"表示事情完成,时间一般在不久以前。

第二、"曾经"所表示的动作或情况现在已结束;"已经"所表示的动作或情况可能还在继续。

不过,这两点我们认为都还值得商榷。

肆 每个虚词都需进行多角度、多方位、多层面的综合分析与研究

就第一点来说,容易给人(特别是给外国学生)一个错觉,以为说从前的事得用"曾经",说最近的事得用"已经"。其实,不管是说从前的事还是最近的事,"曾经"和"已经"都可以用。特别是当"曾经"或"已经"后的动词一带上助词"过",更难分时间的先后了。例如:

(7) a. 二十年前他曾经学过法语。

　　b. 二十年前他已经学过法语。

(8) a. 上个月我曾经去过一趟。

　　b. 上个月我已经去过一趟。

(9) a. 这件事,刚才/昨天我曾经问过他,他说不知道。

　　b. 这件事,刚才/昨天我已经问过他,他说不知道。

例(7)说的是从前的事,例(8)说的是过去的事,例(9)说的是最近的事。显然,"曾经"和"已经"的区别不在一个是"时间一般不是最近",一个是"时间一般在不久以前"。而《现代汉语八百词》的作者所以会有上述看法,这可能跟"曾经"是定时时间副词,只用于过去,"已经"则是不定时时间副词,过去、现在、将来都能用这一点有关。

就第二点来说,前半句所说的"'曾经'所表示的动作或情况现在已结束",这是符合实际的;后半句所说的"'已经'所表示的动作或情况可能还在继续",这说法还需斟酌。为什么这样说呢?请先看几个实例:

(10) 我们已经走了两个小时了。

(11) 我已经等了你三个小时了。

(12) 那本书,我上个月已经烧了。

(13) 你要的电脑我已经给你买来了。

例(10)—(13)都是用"已经"的例子。例(10)的核心动词是"走",句中的"已经"可以说表示"走"这一行为动作还在继续,即可以认为这里的"已经""所表示的行为动作或情况还在继续"。例(11)的核心动词是"等",句中的"已经"是否表示"等"这一行为动作或情况还在继续,就要看上下文了。有的时候表示"等"这一行为动作或情况还在继续,例如:

(14) 我已经等了你三个小时了,你怎么还不来啊!

〔打电话〕

可是有的时候并不表示"等"这一行为动作或情况还在继续,例如:

(15) 我已经等了你三个小时了,你怎么现在才来啊!

〔当面说〕

而像例(12)、(13)里的"已经"就不能说动作或情况还在继续,既不好说"烧"或"买"这个动作还在继续,也不好说"烧书"或"买电脑"的情况还在继续。

总之,说"'已经'所表示的动作或情况可能还在继续",这不是很确切。但这个说法有启发。下面我们先对比一些实例:

(16) a. 我曾经在这里住过三年。　　〔现在不住这里了〕
　　　b. 我已经在这里住了三年。　　〔现在还住在这里〕

(17) a. 她三年前曾经是个很红的演员。

〔现在不再是很红的演员〕

　　　b. 她三年前已经是个很红的演员。

〔现在还是很红的演员〕

(18) a. 我曾经戒过烟。　　　　　　〔现在又抽烟了〕
　　　b. 我已经戒烟了。　　　　　　〔现在不抽烟了〕

(19) a. 他的胃上个月曾经作过检查,说没问题。

〔说话人认为,说他的胃没有问题,那是过去的事,现在不一定是这样,也就是说,在说话人看来,检查的事已经过去,而且检查的结论今天也不一定有效〕

b. 他的胃上个月已经作过检查,说没问题。

〔检查的事虽然已经过去,但说话人认为过去的检查结论至今有效,他的胃现在不会有问题,也不用再检查〕

(20) a. 大门口曾经种过两棵枣树。

〔种树的事已成为过去,而且现在那枣树也没有了〕

b. 大门口已经种了两棵枣树。

〔种树的事虽然已经过去,但是枣树还在,而且现在也不必再种枣树,甚至不必再种树〕

从上面的对比、分析中,我们可以看到,用"曾经"意在强调"过去一度如此,现在不如此了",或者说"那是以前的事了,现在又当别论"。因此说,用"曾经",所说的事情或情况是以往的一种经历。而用"已经"则意在强调"所说的事情或情况虽在某个特定的时间之前(包括说话之前和某个特定的行为动作之前)就成为事实,而其效应与影响一直作用于那个特定时间之后"。概括起来说,"已经"含有延续性和有效性,而"曾经"含有非延续性和非有效性。这样看来,"已经"的语法意义作这样的概括可能更为合适:

强调句子所说的事情、情况在说话之前,或某个行为动作之前,或某个特定的时间之前就成为事实,而其影响与效应具有延续性和有效性。

以上是就"已经"和"曾经"的语法意义进行对比分析。为了让我们更好地认识和把握这两个时间副词的异同,我们还需进一步比较分析"已经"和"曾经"在具体用法上的差异。

"已经"和"曾经"在具体用法上的差异,突出地表现在以下几个方面:

1. 跟助词"了"、"过"以及与语气词"了"的共现情况不同。

先说跟助词"了"、"过"共现的情况。"曾经"通常跟助词"过"共现,如果跟助词"了"共现,后面必须出现数量成分。"已经"则既能跟助词"了"共现,也能跟助词"过"共现,而且在语法上没有什么条件限制。试比较:

(21) a. 为了研究清楚这个问题,我曾经请教过(十几位)专家学者。

为了研究清楚这个问题,我曾经请教了十几位专家学者。

*为了研究清楚这个问题,我曾经请教了专家学者。

b. 为了研究清楚这个问题,我已经请教过(十几位)专家学者。

为了研究清楚这个问题,我已经请教了(十几位)专家学者。

(22) a. 八十年代后,我记得她曾经去过(四次)台湾。

八十年代后,我记得她曾经去了四次台湾。

*八十年代后,我记得她曾经去了台湾。

b. 八十年代后,我记得她已经去过(四次)台湾。

八十年代后,我记得她已经去了(四次)台湾。

现在说说跟语气词"了"共现的情况。"已经"可以跟语气词

"了"共现,而"曾经"不能跟语气词"了"共现。请看实例:

(23) a. 他已经去广州了。

　　　b. *他曾经去广州了。

(24) a. 他已经去了广州了。

　　　b. *他曾经去过广州了。

(25) a. 广州他已经去过/了三次了。

　　　b. *广州他曾经去过/了三次了。

上述差异可以列如下表:

	曾经	已经
助词"了"	⊕	＋
助词"过"	＋	＋
语气词"了"	－	＋

2. 修饰否定形式的情况不同。

"已经"和"曾经"修饰否定形式的情况有所不同。否定形式主要有两种,一种是由副词"不"构成的,一种是由副词"没有"构成的。

"已经"修饰由"不"构成的否定形式没有什么条件。例如:

(26) 我现在已经不抽烟了。

　　　他已经不工作了。

　　　我已经不想去香港了。

　　　我已经不喜欢钓鱼了。

　　　他已经好几天不看书了。

　　　我已经吃不下了。

　　　他已经站不起来了。

　　　你已经不小了。

　　　　　　那花已经不香了。

而修饰由副词"没有"构成的否定形式有条件限制,一般要求在否定副词"没有"前要有表示时段的数量成分。请看:

　　(27) 他已经三天没有吃饭了。

　　　　我已经两个星期没有看书了。

　　　　他已经一个月没有洗澡了。

　　　　他已经三天三夜没有合眼了。

如果把上面句子里的数量成分删去,句子就都站不住,请看:

　　(28) ＊他已经没有吃饭了。

　　　　＊我已经没有看书了。

　　　　＊他已经没有洗澡了。

　　　　＊他已经没有合眼了。

注意,例(28)里的"＊他已经没有吃饭了"如果改成"他已经没有饭吃了"又可以说了,不过改了以后,句子就不属于我们所说的否定形式了,因为其中的"没有"就不是副词,而变成相当于"无"的动词了。

　　而"曾经"无论修饰由副词"不"构成的否定形式,还是修饰由副词"没有"构成的否定形式,都要受到条件限制。"曾经"修饰由副词"不"构成的否定形式的条件是:动词要求是表示心理活动或表示意愿的动词。请比较下面的例句:

　　(29) a. 他曾经不喜欢狗。

　　　　b. ＊他曾经不养狗。

　　　　c. 他曾经不喜欢养狗。

例(29)a句的动词"喜欢"属于心理、意愿动词,句子可以说;b句的动词"养"不是心理、意愿动词,句子就不能说;如果在 b 句的"养"

前加上心理、意愿动词"喜欢"而变成 c 句,就又能说了。如果动词不是心理、意愿动词,那么要求在否定副词"不"前必须有表示时段的数量成分。例如:

(30) 他曾经三天不吃饭。

　　他曾经半年不回一趟家。

　　我曾经三天三夜不省人事。

　　我骂了他以后,他曾经一个月不叫我一声"爸"。

如果把上面句子里的数量成分去掉就都不成话了。请看:

(31) *他曾经不吃饭。

　　*他曾经不回一趟家。

　　*我曾经不省人事。

　　*我骂了他以后,他曾经不叫我一声"爸"。

"曾经"修饰由副词"没有"构成的否定形式的条件是:"没有"前必须有表示时段的数量成分。例如:

(32) 我曾经一个月没有洗澡。

　　她曾经七年没有出过远门。

　　他曾经两个星期没有来上课。

　　有的人曾经三天三夜没有睡过一个整觉。

如果把这些句子中的表示时段的数量成分去掉,句子就都站不住,我们不说:

(33) *我曾经没有洗澡。

　　*她曾经没有出过远门。

　　*他曾经没有来上课。

　　*有的人曾经没有睡过一个整觉。

3. 相应的否定形式不同。

用"已经"的句子,相应的否定形式有两种:

Ⅰ. ……没有+动词+(补语/宾语)　　例如:

(34)　　**肯定式**　　　　　　　　**否定式**

我已经吃了。　　　　　我没有吃。

他已经说完了。　　　　他没有说完。

那衣服已经卖出去了。　那衣服没有卖出去。

我们已经交给他了。　　我们没有交给他。

他已经喝了牛奶了。　　他没有喝牛奶。

Ⅱ. ……没有+动词+过+(宾语)　　例如:

(35)　　**肯定式**　　　　　　　　**否定式**

她已经去过上海。　　　她没有去过上海。

听说他已经结过婚了。　听说他没有结过婚。

他已经学过法语了。　　他没有学过法语。

用"曾经"的句子,相应的否定形式也有两种:

Ⅰ. ……没有+动词+过+(宾语)　　例如:

(36)　　**肯定式**　　　　　　　　**否定式**

他曾经学过德语。　　　他没有学过德语。

这种酒我曾经喝过。　　这种酒我没有喝过。

她曾经去了两次非洲。　她从来没有去过非洲。

她曾经在这儿住了三年。她没有在这儿住过。

Ⅱ. ……不曾/未曾+动词+过+(宾语)　　例如:

(37)　　**肯定式**　　　　　　　　**否定式**

他曾经抽过大麻。　　　他不曾/未曾抽过(大麻)。

他曾经当过翻译。　　　他不曾/未曾当过翻译。

这种否定形式只见于书面语,口语中不说。

4. 与一些词语的搭配使用情况不同。

A."已经"可以跟副词"快"、"要"、"在"共现,但"曾经"不能。例如:

(38) a. 宿舍大楼已经快完工了。

b. *宿舍大楼曾经快完工。

(39) a. 他来的时候,我已经要吃完饭了。

b. *他来的时候,我曾经要吃完饭。

(40) a. 你约他写的文章,他已经在写了。

b. *你约他写的文章,他曾经在写。

B."已经"和"曾经"都可以与副词"也"连用,但也还有些差异:"曾经"与"也"连用时,"也"的位置可前可后,例如:

(41) a. 他也曾经立过功。

b. 他曾经也立过功。

(42) a. 北京故宫我也曾经参观过三次。

b. 北京故宫我曾经也参观过三次。

而"已经"与"也"连用时,"也"只能出现在"已经"前,不能出现在"已经"后。例如:

(43) a. 他也已经吃过了。

b. *他已经也吃过了。

(44) a. 她也已经是教授了。

b. *她已经也是教授了。

(45) a. 我也已经去过三次了。

b. *我已经也去过三次了。

C."已经"可以跟"自从……以来"或"到……为止"共现,"曾经"不能。例如:

(46) a. 自从上大学以来,他已经写了四篇短篇小说了。

b. *自从上大学以来,他曾经写过四篇短篇小说。

(47) a. 到目前为止,我们已经完成了任务的百分之八十。

b. *到目前为止,我们曾经完成过任务的百分之八十。

5. 所修饰的词语的范围不同。

A. "已经"能直接出现在含有"推移性"语义特征的名词的前面;"曾经"根本没有这样的用法。例如:

(48) a. 你已经大学生了。

b. *你曾经大学生。

(49) a. 她已经大姑娘了。

b. *她曾经大姑娘。

(50) a. 现在已经清明了。

b. *现在曾经清明。

B. "曾经"不能用来修饰属于一次性的行为动作的动词,"已经"没有这个限制。例如:

(51) a. 那时他已经出生了。

b. *那时他曾经出生过。

(52) a. 他已经为国牺牲了。

b. *他曾经为国牺牲过。

(53) a. 他已经在前年逝世了。

b. *他曾经在前年逝世过。

(54) a. 那玻璃杯已经打破了。

b. *那玻璃杯曾经打破过。

C. "曾经"不能修饰表示受自然规律支配的必然现象的动词,

"已经"没有这个限制。例如：

(55) a. 太阳已经下山了。

b. *太阳曾经下过山。

(56) a. 孩子已经长大了。

b. *孩子曾经长大过。

(57) a. 那花儿已经谢了。

b. *那花儿曾经谢过。

通过上述多角度、多方面的比较，我们就可以较好地分别了解、掌握"曾经"和"已经"的语法意义和用法，以及他们之间的异同。（马真 2003）

实例（三）：表示程度浅的副词"还"

表示程度的副词"还（hái）"可以分为两个：一个表示程度深，相当于副词"更"。例如：

（1）小王比小李跑得还快。

一个表示程度浅。例如：

（2）比较起来，这个房间还干净些。

关于表示程度深的"还"，我们在本书"叁·一 同义或近义虚词比较"里已有描写说明。这里只谈表示程度浅的"还"。

在现代汉语中，表示程度浅的副词"还"属于"比较"系程度副词（见本书叁·三 实例（二）：关于表示程度的副词），总伴有比较的意思。这有两种情况：

一种情况是没有明确比较对象的比较，当表示这种比较时，只有一种句式，即

Ⅰ. X＋还＋AP 例如：

(3) 这根绳子还结实。

这句话并不是明确地就这根绳子跟其他绳子比较而言的,而仅仅是就这根绳子的结实程度说的,但实际含有比较的意味。下面的例子将更清楚地表明这一点:

(4) "妈妈身体怎么样?""妈妈身体还好。"

(5) 孩子们还乖吧?

另一种情况是有明确比较对象的比较,当表示这种比较时,可以有三种句式,即

Ⅱ. X+还+AP_1,Y+AP_2 例如:

(6) 这个房间还干净些,那个房间脏死了。

Ⅲ. Y+AP_2,X+还+AP_1 例如:

(7) 那几篇文章不怎么好,这篇文章还可以。

Ⅳ. X+还+AP_1+呢,Y+更+AP_2+了 例如:

(8) 这个房间还大一点呢,那几个房间更小了。

从上可知,使用表示程度浅的"还",可以有上述Ⅰ、Ⅱ、Ⅲ、Ⅳ四种句式。在上面各句式里,AP通常是个形容词性词语,也可以是动词性词语;X表示"还+AP"所陈述的对象,Y表示明确用来与X比较的对象。X、Y通常是名词性成分,如例(3)—(8),但也可以是动词性成分。例如:

(9) 比较起来,种蔬菜还合算些。

(10) 孩子暂时由我自己带着也还行!

很少是形容词性成分。

下面我们试以上述四个句式为纲对表示程度浅的"还"进行详细描写。为了便于说明,下文在讨论上述各句式时,只举AP为形容词性词语的例句,必要时才举动词性词语的例子。为使行文简

洁起见，下文凡说到"表示程度浅的'还'"时，不是十分必要的话，便一律将"表示程度浅的"这一修饰语略去不说。

一、关于句式Ⅰ

先说句式Ⅰ：X+还+AP。

这是个单句格式，下面再举些实例：

(11) 小王学习还踏实。

(12) 他现在还老实，谁知道是真是假呢？

(13) 地势看来也还平，可是从房顶上看起来，从西到东却是一道斜坡。

(14) 燕燕说王助理员的脑筋还不错。

句式Ⅰ表示这样的语法意义：虽不是太满意，但基本上合意。其中"还"所表示的程度浅，含有"勉强过得去"的意思。由于基本上合意，因此句式Ⅰ总是从褒义方面说的，它要求出现在这个句式里的形容词A是褒义形容词，不能是贬义形容词，除非是个否定形式。试比较：

(15) 这件衣服还好看。　　＊这件衣服还难看。

　　　　　　　　　　　　这件衣服还不难看。

(16) 他倒还虚心。　　　　＊他倒还骄傲。

　　　　　　　　　　　　他倒还不骄傲。

(17) 这个孩子还聪明。　　＊这个孩子还笨。

　　　　　　　　　　　　这个孩子还不笨。

中性形容词，如"肥"和"瘦"，虽然可出现在这个格式中，例如：

(18) 这块肉还瘦，就买这块吧。

(19) 这只鸡还肥，就买这只吧。

但是进入上述句式Ⅰ之后,就带上了褒义色彩,含有符合说话人心意的意思。例(18),说话人喜欢买瘦肉;例(19),说话人喜欢买肥鸡。

前面已经指出,句式Ⅰ只用于没有明确比较对象的比较。因此,句式Ⅰ有以下两点值得注意:

第一,形容词A后面不能带"(一)些"、"(一)点儿"这样的不定指数量成分,因为形容词后面一带上这些数量成分,就表示有明确的比较对象了。下面的说法,表面看像是句式Ⅰ,其实都属于句式Ⅱ,是句式Ⅱ的一种省略形式(详见下文)。例如:

(20)这根绳子还结实一点儿。

(21)这个地方还凉快一些。

第二,形容词A前面可以加上另一个表示程度浅的副词"比较",但是不能加上也是表示程度浅的副词"稍微(稍稍)"。试比较:

(22)a."妈妈身体怎么样?""妈妈身体还比较好。"

b.＊妈妈身体还稍微好。

(23)a."老王,小刘的文章怎么样?""内容还比较充实,修改一下可以发表。"

b."＊内容还稍稍充实,修改一下可以发表。"

原因在于,"稍微(稍稍)"一定得用于有明确比较对象的比较,而"比较"既可以用于有明确比较对象的比较,如"在他们几个人中只有小赵比较能干些",也可以用于没有明确比较对象的比较,如"这篇文章写得比较好"。这一区别决定了只适用于没有明确比较对象的比较的句式Ⅰ,它里面的形容词A前面可以加"比较",不能加"稍微(稍稍)"。

二、关于句式 Ⅱ

现在说句式 Ⅱ：$X+还+AP_1, Y+AP_2$。

这是一个复句格式，表示对比；前一分句总是一个肯定形式，后一分句可以是个肯定形式，也可以是个否定形式。例如：

(24) 302 房间还干净，303 房间可真脏。

(25) 老张身体还好，老李身体不好。

(26) 这本书还浅一点儿，那本书可深了。

(27) 102 教室还大一些，103 教室不大。

句式 Ⅱ 里的"还"也含有"勉强过得去"的意思，包含"还"的分句，也总是往褒义方面说的，因此 AP_1 里的形容词也只能是褒义的或中性的。与之相对的后一分句则总是往贬义方面说的，所以，句式 Ⅱ 里的 AP_1 与 AP_2 在词义上总是相对立的。通常当 AP_1 里的 A 为褒义形容词时，则 AP_2 如果是个肯定形式，其中的 A 往往是个与 AP_1 里的 A 相对立的贬义形容词，如例(24)；AP_2 如果是个否定形式，其中的 A 往往是与 AP_1 里的 A 相同的褒义形容词，如例(25)。当 AP_1 里的 A 为中性形容词时，则 AP_2 如果是个肯定形式，其中的 A 往往是个与 AP_1 里的 A 构成反义的中性形容词，如例(26)；AP_2 如果是个否定形式，其中的 A 与 AP_1 里的 A 也往往是同一个中性形容词，如例(27)。

有时，当 AP_2 为肯定形式时，其中的形容词不一定与 AP_1 里的形容词构成一对反义词，当 AP_2 为否定形式时，其中的形容词也不一定与 AP_1 里的形容词相同。例如：

(28) 晴天还好，赶上下雨，够多么麻烦！(老舍《女店员》)

(29) 王利发慢慢地走出来，他还硬朗，穿的可很不整齐。

(老舍《茶馆》)

例(28)里的"好"和"麻烦"并不构成一对反义词,例(29)里的"硬朗"和"整齐"并不是同一个形容词。但是 AP_2 在语义上还是与 AP_1 相对立的。

上文已经指出,句式Ⅱ是适用于有明确比较对象的比较的一种句式,因此,句式Ⅱ里 AP_1 的 A 后面常常带上"(一)点儿"或"(一)些"这样的数量成分,以增强明确比较的意味,如例(26)、(27);当然,A 后也可以不带这种数量成分,如例(24)、(25)。但是带不带这种数量成分,在具体运用上略有不同:当形容词 A 后面不带这种数量成分时,形容词 A 前就只能加"比较",不能加"稍微(稍稍)";当形容词 A 后面带有"(一)点儿"或"(一)些"这样的数量成分时,则形容词 A 前既可以加"比较",也可以加"稍微(稍稍)"。例如上面所举的例(25)里的形容词"好"之前只能加"比较",不能加"稍微",而例(27)里的形容词"大"之前既能加"比较",也能加"稍微",请看:

(30) 老张身体还好,老李身体不好。

→老张身体还比较好,老李身体不好。

→*老张身体还稍微好,老李身体不好。

(31) 102 教室还大一些,103 教室不大。

→102 教室还比较大一些,103 教室不大。

→102 教室还稍微大一些,103 教室不大。

其所以会造成这种运用上的不同,原因在于,副词"稍微"、"稍稍"等在用法上有一个特点,那就是后边不能是一个简简单单的形容词,一般得是一个形容词后头带上"(一)点儿"或者"(一)些"的词组;而副词"比较"修饰形容词,没有这个限制。

句式Ⅱ中也可以插入"比较起来"、"相比之下"一类表明比较的短语,但这种短语似只能放在整个句子的头上,不能插在两个分句的中间。例如:

(32) 比较起来,302房间还干净,303房间比较脏。

? 302房间还干净,比较起来,303房间比较脏。

(33) 相比之下,大的还用功点儿,小的可不用功了。

? 大的还用功点儿,相比之下,小的可不用功了。

三、关于句式Ⅲ

下面说句式Ⅲ:Y+AP_2,X+还+AP_1。

句式Ⅲ显然与句式Ⅱ有密切关系,句式Ⅱ前后分句换位就成为句式Ⅲ。请看:

(34) 句式Ⅱ:302房间还干净,303房间可真脏。

↓

句式Ⅲ:303房间可真脏,302房间还干净。

(35) 句式Ⅱ:老张身体还好,老李身体不好。

↓

句式Ⅲ:老李身体不好,老张身体还好。

(36) 句式Ⅱ:这本书还浅一点儿,那本书可深了。

↓

句式Ⅲ:那本书可深了,这本书还浅一点儿。

(37) 句式Ⅱ:102教室还大一些,103教室不大。

↓

句式Ⅲ:103教室不大,102教室还大一些。

因此,上述句式Ⅱ所具有的一些特点,基本都适用于句式Ⅲ。

但是,既然句式Ⅲ已作为一种独立的句式出现,它便具有与句式Ⅱ所不同的特点。

首先,句式Ⅲ在一定的对话里,不包含"还"的那个分句,即"Y+AP_2",可以省去不说。例如:

(38)"小李考得不好,小王呢?""小王还好一点。"

(39)"我们这儿很冷,你们那儿呢?""我们那儿还暖和。"

句式Ⅱ不能有这样的省略。

其次,句式Ⅲ中也可以插入"比较起来"、"相比之下"这类短语,但与句式Ⅱ不同——上面我们曾指出,在句式Ⅱ中这种短语不能插入两个分句中间,得放在整个句子头上,如例(32)、(33);而在句式Ⅲ中,这种短语不仅能加在整个句子头上,也可以插入两个分句的中间。例如:

(40) a. 比较起来,303房间较脏,302房间还干净。

b. 303房间较脏,比较起来,302房间还干净。

(41) a. 相比之下,那小的可不用功了,那大的还用功点儿。

b. 那小的可不用功了,相比之下,那大的还用功点儿。

再次,句式Ⅲ还可以有以下的变式:

句式Ⅲ:Y+AP_2,X+还+AP_1。

↓

X(和)Y+都+AP_2,X+还+AP_1

例如:

(42)句式Ⅲ:那本书可深了,这本书还浅一点儿。

↓

变式:那本书和这本书都比较深,这本书还浅一点儿。

(43) 句式Ⅲ:103 教室比较小,102 教室还大一些。

↓

变式:103、102 教室都比较小,102 教室还大一些。

(44) 句式Ⅲ:303 房间可真脏,302 房间还干净。

↓

变式:303 和 302 房间都较脏,302 房间还干净点。

(45) 句式Ⅲ:老李身体不好,老张身体还好。

↓

变式:老李、老张身体都不怎么好,老张还好一点。

(46) 句式Ⅲ:小王比较矮,小李还高点。

↓

变式:小王、小李都比较矮,小李还高点。

而这是句式Ⅱ所不具有的。关于上述变式,还需要说明以下几点:

1. 变式中 AP_2 之前一定有范围副词"都"; AP_1 都必须在形容词后面带"(一)点儿"或"(一)些",因此上面举的例(42)—(46)变式的后一分句里的"(一)点儿"、"(一)些"都不能去掉。

2. X、Y 为"指示代词+(数量结构)+名词"时,不能有此变式。例如:

(47) 那三本书可深了,这两本书还浅一点。

＊那三本书、这两本书都深,这两本书还浅一点。

3. 变式中也可以插入"比较起来"一类短语,但只能插在两个分句的中间,不能放在整个句子的头上。例如:

(48) 303、302 这两个房间都较脏,比较起来,302 还干净点。

＊比较起来,303、302这两个房间都较脏,302还干净点。

(49) 老李和老张身体都不好,相比之下,老张还好一些。

＊相比之下,老李、老张身体都不好,老张还好一些。

四、关于句式 Ⅳ

最后说句式Ⅳ:X+还+AP_1+呢,Y+更+AP_2+了。这也是一个表示对比的复句格式,而且也是适用于有明确比较对象的一种句式。例如:

(50) 这个房间还干净点呢,那个房间更脏了。

(51) 老张身体还好点呢,老李更差了。

(52) 这个瓜还大点呢,那个瓜更加小了。

〔说话人希望买大的瓜〕

(53) 这铺子的肉还瘦点儿呢,那铺子的肉更加肥了。

〔说话人希望买瘦的肉〕

句式Ⅳ的语法意义跟其他句式不尽相同。句式Ⅳ表示这样一种语法意义:提醒对方,别嫌弃眼前所看到、听到或说到的某个事物或情况(X),因为其他的更不如。

句式Ⅳ里的AP_1与AP_2在词义上总是相对立的。当AP_1里的 A 为褒义形容词时,AP_2里的 A 往往是与之相对的贬义形容词,如例(50)、(51)里的"脏"、"差",除非使用否定形式,则前后 A 为同一个褒义形容词。例如:

(54) 这个房间还干净点呢,那个房间更不干净了。

(55) 老张身体还好点呢,老李身体更不好了。

而当AP_1里的 A 为中性形容词时,AP_2里的 A 往往是与之形成

肆 每个虚词都需进行多角度、多方位、多层面的综合分析与研究 279

反义的另一中性形容词,如例(52)里的"小"、例(53)里的"肥"。

从形式上看,句式Ⅳ的前一分句末尾一定得用"呢",例(50)—(55)里的"呢"都不能删去;后一分句A前一定得用"更"一类的程度副词,例(50)—(55)中的"更"、"更加"都不能删去,也不能用"很"、"极"、"最"一类程度副词去替换。上面举的例(50)—(53)都不能说成:

(50')这个房间还干净点呢,那个房间更脏了。

*这个房间还干净点呢,那个房间脏了。

*这个房间还干净点呢,那个房间很/极/最脏了。

(51')老张身体还好点呢,老李更差了。

*老张身体还好点呢,老李差了。

*老张身体还好点呢,老李很/极/最差了。

(52')这个瓜还大点呢,那个瓜更加小了。

*这个瓜还大点呢,那个瓜小了。

*这个瓜还大点呢,那个瓜很/极/最小了。

(53')这铺子的肉还瘦点儿呢,那铺子的肉更加肥了。

*这铺子的肉还瘦点儿呢,那铺子的肉肥了。

*这铺子的肉还瘦点儿呢,那铺子的肉很/极/最肥了。

句式Ⅳ里也能加进"比较起来"、"相比之下"一类短语,但也与句式Ⅱ一样,只能加在整个句子的头上,不能插在两个分句中间。例如:

(56)比较起来,这个房间还干净点呢,那个房间更不干净了。

*这个房间还干净点呢,比较起来,那个房间更不干

净了。

(57) 比较起来,老张身体还好点呢,老李身体更不好了。

＊老张身体还好点呢,比较起来,老李身体更不好了。

(58) 比较起来,这件衣服还长点呢,那件衣服更短了。

＊这件衣服还长点呢,比较起来,那件衣服更短了。

(59) 相比之下,你们这儿还凉快一点呢,我们那儿可热死了。

＊你们这儿还凉快一点呢,相比之下,我们那儿可热死了。

句式Ⅳ与其他三种句式比较,还有一个很重要的区别,那就是AP_1一定要重读,因此,严格说句式Ⅳ得表示为:

$$X+还+'AP_1+呢,Y+更+AP_2+了$$

最后需要附带说明的,下面的句子从表面看很像是句式Ⅳ,其实不是:

(60) 你当干部的还不知道怎么做,大伙儿更不知道了。

(61) 这道数学题号称小诸葛的王敏还解不出来,你更解不出来了。

(62) 咱班上象棋冠军小刘还赢不了他呢,你更赢不了他了。

例(60)—(62)里的"还"不表示程度。这里用"还"的分句好像起一个陪衬的作用,含有"连……都……"的意思,以突出说明后一分句的意思。因此例(60)—(62)里的"还"可以用"尚且"、"都"来替换,而句子意思基本不变。请看:

(63) 你当干部的尚且/都不知道怎么做,大伙儿更不知道了。

肆　每个虚词都需进行多角度、多方位、多层面的综合分析与研究　281

(64) 这道数学题号称小诸葛的王敏尚且/都解不出来,你更解不出来了。

(65) 咱班上小刘尚且/都赢不了他呢,你更赢不了他了。

例(60)—(62)这类句子,其中的"还"、"更"所修饰的通常是个否定形式的动词性成分,不能是形容词性成分,这一点也与句式Ⅳ不同。

这个表示程度浅的"还"可以跟"算"连用,上面四种句式的各个实例,都可以在"还"后面加上"算",而句子意思不变。再如:

(66) 这一次还算好,没有伤了人。

(67) 他虽然已年过八十,身体还算结实。

(68) 还算不错,最后赶上了末班车。

如果"还"所修饰的成分是个否定形式,则"算"往往加在"不"的后面,形容词的前面。例如:

(69) 到上海已经三天了,他到处打听、寻找他爹的下落,没有任何结果,好在自己带的钱还不算少,决定继续留在上海找他爹。

表示程度深的"还"都不能与"算"连用。例如:

(70) 他比你还高。

　　＊他比你还算高。

(71) 卫大嫂的劲头比姑娘还大。

　　＊卫大嫂的劲头比姑娘还算大。

上面讨论四种句式时,为便于说明起见,所举的例句 AP 都只限于形容词,或以形容词为中心语的形容词性成分。其实,无论是 AP_1 或 AP_2 都可以是动词性词语。

先说说 AP_1。AP_1 如果是动词性词语,一般有四种情况。

1. 是能愿动词或能愿动词结构。例如：

(72) 他呀，就是跟我过不去，给别人办事还可以。

(73) 这个办法倒还可以试试。

(74) 老人家虽然退休了，总是闲不住，今天帮这家干点活儿，明天帮那家干点活儿，倒还能挣点儿零用钱。

(75) 艺术的熏陶使他在痛苦中还能够找出自我安慰的办法，所以他仍然成天活得快快活活的。

2. 是某些带可能补语的述补结构。例如：

(76) 我跟他还谈得来。

(77) 我们俩还合得来。

(78) 当时他倒还沉得住气。

3. 是由动词"有"组成的某些带有褒义的述宾结构。例如：

(79) 这个人还有点办法！

(80) 我们相处了两年，还有点交情。

(81) 小芳还有点心眼，小强一点心眼也不长。

(82) 最近也不知怎么搞得，他食欲不振，不过看见芋头，他还有几分喜欢。

4. 是部分由形容词性成分充任状态补语的述补结构。例如：

(83) 这张画还画得不错。

(84) 相比之下，他还跑得稍微快点。

(85) 家里的日子还过得好吧？

不过，更常见的还是把"还"放在作补语的形容词之前。例如：

(86) 这张画画得还不错。

(87) 相比之下，他跑得还稍微快点。

(88) 小两口的日子过得还好吧？

现在说说 AP_2。下面是 AP_2 为动词性词语的例子:

(89) 那两室一厅的我还可以考虑买,那三室两厅两卫的房子我想都不敢想。

(90) 白天还暖和,可是一到夜里就冻得够呛。

(91) 你那本书我可看不懂,这本书我还能翻翻。

(92) 这件衣服我哪能穿出去呀,那件我还可以试试。

例(89)、(90)属句式Ⅱ,例(91)、(92)属句式Ⅲ。从实际语料看,AP 为动词性词语的句子使用频率很低。

表示程度浅的副词"还",从意义上看不复杂,它跟表示程度深的副词"还"的区别也比较明显。但它在用法上比较复杂。上面我们就围绕它所适用的不同句式,层层展开,进行细致的分析,以便更好地了解、掌握这个表示程度浅的副词"还"的用法。

实例(四):关于"名$_1$的名+比+名$_2$的名+形容词性词语"这类"比"字句

"比"字句的基本格式为:甲+比+乙+谓词性成分。一般将这个"比"字句格式说成:甲比乙怎么样。

例如:

(1) 他比你聪明。　　　　铁比水重。

今天比昨天暖和。　　哈尔滨比北京冷多了。

笑(去)比哭(不去)好。　快(不一定)比慢好。

在"比"字句里,当甲、乙分别为"名的名"偏正结构时,即"比"字句具体为下面的格式时:

名$_1$的名+比+名$_2$的名+形容词性词语

这类"比"字句在实际运用中作为"比"的宾语会出现一些很有意思

的现象。具体说,这种"比"字句里的"名₂的名",常常为了表达的经济,或省去"名",或干脆把"的"和"名"都省去,而有的时候又什么都不能省去。归纳起来可以有以下四种情况:

A. 我的马比你的马跑得快。

→我的马比你的跑得快。

→ *我的马比你跑得快。〔可以说,但不是原先的意思了〕

B. 飞机的速度比汽车的速度快。

→ *飞机的速度比汽车的快。

→飞机的速度比汽车快。

C. 我们的马比你们的马多。

→我们的马比你们的多。

→我们的马比你们多。

D. 我的父亲比你的父亲健谈。

→ *我的父亲比你的健谈。

→ *我的父亲比你健谈。〔可以说,但不是原先的意思了〕

是什么因素造成"名₂的名"的替换呈现不同的情况? 内中有无规律可循?

要对这些问题做出较好的回答,特别是要找出规律性的东西来,一方面需要收集大量的语料,也就是例子;另一方面就需要仔细考察种种相关的语法环境。我们先后收集考察了一千多个例句,经仔细考察、分析,发现造成上述不同替换情况的因素主要有五个。

一、定语和中心语之间的语义联系

所谓定语和中心语之间的语义联系,具体是指"名₁/名₂"跟

"名"之间的语义联系。就"比"字句中的情况看,这种语义联系大致可以归纳为以下八种关系:

(一)领属关系——指可分离的两个事物之间领有和被领有的关系。例如:

(2)他的钢琴|小王的书包|爸爸的汽车

(二)亲属关系——指亲属之间,也包括师友之间或上下级之间的关系。例如:

(3)他的父亲|我的同学|我们的校长

(三)隶属关系——指有机组成的整体与部分之间的关系。例如:

(4)他的眼睛|象的尾巴|桌子的腿儿

(四)属性关系——指事物与其所具有的属性(包括能力、性质等)之间的关系。例如:

(5)他的脾气|象的习性|汽车的速度

(五)质料关系——指成品与原料之间的关系。例如:

(6)木头的桌子|瓷的花盆儿|呢的大衣

(六)时地关系——指事物与产生的时间或地点之间的关系。例如:

(7)今天的报纸|四川的辣椒|北京的马路

(七)类属关系——指事物与该事物区别于他事物的特性之间的关系。例如:

(8)黄头发的姑娘|四条腿的桌子|四万字的文章

(八)准领属关系——指人与他所具有的某一方面的技能之间的关系。例如:

(9)他的书(教得好)|小王的篮球(打得好)|她的芭蕾舞

(跳得好)

上述不同的语义关系,对"名₂的名"的替换情况产生影响。具体如下:

1. 凡"名₂"与"名"之间属于(一)领属关系、(五)质料关系、(七)类属关系,均属于 A 类替换。例如:

(10) 我的马比你的马力气大。　　　〔领属关系〕

　　→我的马比你的力气大。

　　→*我的马比你力气大。

(11) 木头的桌子比铁的桌子轻。　　〔质料关系〕

　　→木头的桌子比铁的轻。

　　→*木头的桌子比铁轻。

(12) 五千字的文章不一定比两万字的文章差。

〔类属关系〕

　　→五千字的文章不一定比两万字的差。

　　→*五千字的文章不一定比两万字差。

2. 凡"名₂"与"名"之间是(四)属性关系和(八)准领属关系,均属于 B 类替换。例如:

(13) 他的脾气比你的脾气好。　　　〔属于属性关系〕

　　→*他的脾气比你的好。

　　→他的脾气比你好。

(14) 她的钢琴比我的钢琴弹得好。　〔属于准领属关系〕

　　→*她的钢琴比我的弹得好。

　　→她的钢琴比我弹得好。

3. 凡"名₂"与"名"之间是(三)隶属关系,就属于 C 类替换。例如:

肆　每个虚词都需进行多角度、多方位、多层面的综合分析与研究　287

(15) 小王的胳膊比你的胳膊粗。　　〔属于隶属关系〕

→小王的胳膊比你的粗。

→小王的胳膊比你粗。

4. 凡"名₂"与"名"之间是(二)亲属关系,就属于 D 类情况,即不能替换。例如:

(16) 我的姑妈比你的姑妈有经验。　　〔属于亲属关系〕

→ * 我的姑妈比你的有经验。

→ * 我的姑妈比你有经验。

属于(六)时地关系的"名₂的名",替换关系比较复杂,还得受到其他因素的制约。此外,上面所说的属于(一)领属关系的"名₂的名"、属于(二)亲属关系的"名₂的名"以及属于(四)属性关系的"名₂的名",也会在一定程度上受到别的因素的影响,还会有些特殊情况。下面分别说明。

二、充任定语和中心语的"名₂"与"名"的性质

属于(六)时地关系的"名₂的名",可以有 A、B、C 三种替换情况。具体该属于哪一种,取决于充任定语和中心语的"名₂"和"名"的性质。

1. 中心语"名"为抽象名词,属于 B 类替换。例如:

(17) 现在的经济状况比过去的经济状况好。

→ * 现在的经济状况比过去的好。

→现在的经济状况比过去好。

(18) 西北的地势比东南的地势高。

→ * 西北的地势比东南的高。

→西北的地势比东南高。

2."名"为具体名词时,有三种情况:

甲,"名"为无生命名词,属于 C 类替换。例如:

(19) 今天的报纸比昨天的报纸有意思。

→今天的报纸比昨天的有意思。

→今天的报纸比昨天有意思。

(20) 北京的马路比天津的马路宽。

→北京的马路比天津的宽。

→北京的马路比天津宽。

乙,"名"为有生命名词,属于 A 类替换。例如:

(21) 上午的售货员比下午的售货员和气。

→上午的售货员比下午的和气。

→*上午的售货员比下午和气。

(22) 上海的工人比山西的工人技术高。

→上海的工人比山西的技术高。

→*上海的工人比山西技术高。

丙,"名"为有生命名词,但是"名$_2$的名"里的"名"跟"名$_1$的名"里的"名"所指相同,则属于 B 类替换。例如:

(23) 现在的小红比小时候的小红更漂亮了。

→*现在的小红比小时候的更漂亮了。

→现在的小红比小时候更漂亮了。

三、形容词性词语的具体情况

属于领属关系和亲属关系的"名$_2$的名",当后面的形容词性词语部分为"多"或"少"时,就都属于 C 类替换了。例如:

(24) 我的马比你的马多/少。

→我的马比你的多/少。

　　→我的马比你多/少。

（25）我的姑妈比你的姑妈多/少。

　　→我的姑妈比你的多/少。

　　→我的姑妈比你多/少。

四、社会心理

属于亲属关系的"名$_2$的名"，当形容词性词语不是"多"或"少"的时候，一般属于 D 类情况，即不能替换。但当"名$_2$的名"里的"名"指晚辈、同辈或下级时，则就可以属于 A 类替换。试比较：

（26）我的爷爷比你的爷爷硬朗。

　　→﹡我的爷爷比你的硬朗。

　　→﹡我的爷爷比你硬朗。

（27）你的女儿比我的女儿能干。

　　→你的女儿比我的能干。

　　→﹡你的女儿比我能干。

例（26）里的"名""爷爷"是指长辈，所以属于 D 类情况，不能替换；例（27）里的"名""女儿"指晚辈，就采用 A 类替换了。下面再举一个有意思的例子：

（28）我的妻子比你的妻子年轻。

（29）我的丈夫比你的丈夫年轻。

（30）我的爱人比你的爱人年轻。

表面看，"丈夫"、"妻子"、"爱人"属同辈的称呼。按说都可以采用 A 类替换。但由于长期以来丈夫在家庭居主导地位，为一家之主。这种社会心理，决定了例（28）能采用 A 类替换，而例（29）不

能采用 A 类替换,属于 D 类情况,不能替换。请看:

(31) 我的妻子比你的妻子年轻。

→我的妻子比你的年轻。

→*我的妻子比你年轻。

(32) 我的丈夫比你的丈夫年轻。

→*我的丈夫比你的年轻。

→*我的丈夫比你年轻。

而例(30)里的"爱人"是新中国成立后普遍使用的词儿,它既可以指丈夫,也可以指妻子。体现了一种男女平等的思想。所以例(30)不管是出自女同胞的口(这时"爱人"指丈夫),还是出自男同胞的口(这时"爱人"指妻子),都能采用 A 类替换。这个例子更充分说明了社会心理对语言结构的影响。下面的例子更有意思:

(33) 他的朋友比你的朋友大方。

(34) 他的朋友比你的朋友小气。

(35) 他的朋友比你的朋友更小气。

例(33)因为是说"他的朋友比你的朋友大方",言下之意"你的朋友小气"。这在说话者的心目中,暗含着对"你的朋友"有意见,甚至看不起。所以例(33)可以用 A 类替换。请看:

(36) 他的朋友比你的朋友大方。

→他的朋友比你的大方。

→*他的朋友比你大方。

而例(34)是说"他的朋友比你的朋友小气",言下之意"你的朋友"是比较大方的,所以不会去采用 A 类替换,因为 A 类替换往往会有不够敬重、不够礼貌的意味。例(35)则又可以用 A 类替换了,因为在说话人心目中不管是"他的朋友"还是"你的朋友",都是小气的,就又可以采用不礼貌的说法。

五、句子重音

前面我们讲过,属于属性关系的"名$_2$的名"得采用 B 类替换,但可以有例外。前面举过的例(13)"他的脾气比你的脾气好",通常句子的重音在表示新信息的"好"上。但为了强调"名$_1$",句子重音也可以挪至"名$_1$"上。这时,也就可以采用 C 类替换。请看:

(37) '他的脾气比你的脾气好。

　　→'他的脾气比你的好。

　　→'他的脾气比你好。

在实际语言中,采用 C 类替换比采用 B 类替换的概率要低得多。

以上五个因素,对替换的影响是不均衡的,其中三、四、五这三个因素,即形容词性词语的具体情况、社会心理和句子重音这三个因素,对替换只起局部的影响(形容词性词语的情况是局限在表示领属关系和亲属关系两类当形容词性词语为"多/少"时有影响;社会心理也只在表示亲属关系而形容词性词语又不是"多/少"时有影响;句子重音只局限在表示属性关系这一类稍有影响),而一、二两种因素,即定语和中心语之间的语义联系及充任定语和中心语的名词的性质这两个因素对替换的影响是全局性的。

关于这一类"比"字句里"比"的宾语的不同替换,其规律就是上面所说的这些。从上我们可以看到,为了找到替换的规律,不仅从语法上,还从语义上、语音上、语用上,甚至从社会心理等方面进行多层面、多角度的考察。在我们研究汉语虚词的时候,这样的考察、分析是十分必要的,也是十分重要的。

实例（五）：再说副词"也"

关于副词"也"，我曾以"说'也'"为题专门写了一篇文章，发表在1982年《中国语文》第4期上。在那篇文章里，我用大量事实，全面分析、说明了副词"也"不管出现在并列复句、递进复句还是转折复句、条件复句、假设复句中，它的基本意义是"表示类同"。现代汉语中还有另外一个"也"，表示委婉语气，但它是由表示类同的"也"经虚化（用现在的话来说就是"语法化"）而成的。最后我指出，"在虚词研究中切忌将含有某个虚词的某种句子格式所表示的语法意义硬归到格式中所包含的这个虚词身上去"。该文的内容分别在本书贰·二、叁·四有所说明。这里要进一步补充说明：用了"也"的并列复句，如果有A、B两项，那么该哪一项在前？

语言事实告诉我们，包含"也"的并列复句，从形式上来看，有两大类型，一类是只在并列的两项的最后一项用"也"；另一类是并列各项每项都用"也"。

一、只在并列各项最后一项用"也"

只在并列各项最后一项用"也"的并列复句，具体还可分两种情况。

第一种情况：A和B在语义上不分主次，孰前孰后，完全取决于语境，就看说话人是要说"谁跟谁类同"。例如：

(1) 他吃了个面包，我也吃了个面包。

(2) 我吃了个面包，他也吃了个面包。

例(1)是要说"我"跟"他"类同，例(2)是要说"他"跟"我"类词。

第二种情况：A和B在语义上不平等，孰前孰后有讲究。具

体可以细分为以下几种情况:

(一) A 和 B 在语义上有主次之分,主者在前,次者在后。例如:

(3) 水库可以用来灌溉、发电,也可以用来养鱼。

(4) 李学群是中文系的研究生,也在经济系听些课。

水库的主要功能是灌溉、发电,而不是养鱼;中文系的研究生主修的当然是中文系的课程,而经济系听课只是辅修的。所以例(3)—(4)绝不能采用下列说法:

(3') *水库可以用来养鱼,也可以用来灌溉、发电。

(4') *中文系研究生李学群在经济系听些课,也在中文系上课。

(二) A 和 B 在时间上有先后之分,先者在前,后者在后。例如:

(5) 第一批出发的已到达指定地点,第二批出发的也到达指定地点了。

(6) 今年老大上大学,明年老二也要上大学了。

(7) 今年大海哥参军了,我长大后也要参军。

例(5)—(7) A 和 B 存在着明显的时间先后顺序,所以不采用下面的说法:

(5') *第二批出发的已到达指定地点,第一批出发的也到达指定地点了。

(6') *明年老二要上大学了,今年老大也上大学。

(7') *我长大后要参军,今年大海哥也参军了。

(三) 在表达仿照关系的复句中,总是被仿照者 A 在前,仿照者 B 在后。例如:

(8) 他们都喝咖啡,那我跟他们一样,也来一杯咖啡。

(9) 你先跟我学,我怎么做,你也怎么做。

(10) 参观回来,他们就模仿祁连大队,也建起了草莓种植大棚。

(四) A 和 B 如果在情理上隐含因果关系,那么表示"因"的 A 在前,表示"果"的 B 在后。例如:

(11) 爸爸经过一年治疗,病好了,人也变得有精神了。

(12) 到了下午,风停了,浪也小了。

(13) 钟殿杰这家伙,官位高了,架子也大了。

例(11)在"病愈"和"精神好"之间,例(12)在"风停"和"浪小"之间,都含有因果关系;例(13)在说话人心目中,钟殿杰所以架子大,是因为官位高了。例(11)—(13)不采用下面的说法:

(11') *爸爸经过一年治疗,人变得有精神了,病也好了。

(12') *到了下午,浪小了,风也停了。

(13') *钟殿杰这家伙,架子大了,官位也高了。

(五) A 和 B 具有量级关系,表示类同关系时遵循"递减"准则(张斌 2001),量级高的 A 在前,量级低的 B 在后。例如:

(14) 这么难的问题小孩儿不知道,科学家也不知道。

(15) 这么容易的问题,别说一般人能回答出来,小孩儿也能回答出来。

就对客观现象或问题的认识或解释这一点来说,"孩子"与"科学家"之间就存在着量级关系。例(14)对于难的问题,就"不知道"而言,小孩儿与科学家呈现"递减"的量级关系——小孩儿最级高,在前;科学家量级低,在后。例(15)对于容易的问题,就"能回答出来"而言,一般人("一般人"总是指成人)与小孩儿呈现"递减"的量

肆 每个虚词都需进行多角度、多方位、多层面的综合分析与研究 295

级关系——一般人量级高,在前;小孩儿量级低,在后。这两个例子都不能说成:

(14') *这么难的问题科学家不知道,小孩儿也不知道。

(15') *这么容易的问题,别说小孩儿能回答出来,一般人也能回答出来。

下面是同类的例子:

(16) 挂得太高了,个子矮的够不着,个子高的也够不着。

(17) 这个洞太小了,大个子钻不进去,小个子也钻不进去。

这种并列复句在实际话语交际中更常见的是采用表示"极性强调"的、体现量级序位关系的"连"字句(张谊生 2005,张旺熹 2009)来表达,说成:

(18) 这么难的问题连科学家也不知道。

(19) 这问题容易,连小孩儿也回答得出来。

(20) 挂得太高了,连个子高的也够不着。

(21) 这个洞太小了,连小个子也钻不进去。

二、并列各项都用"也"

并列各项都用"也",具体也可分两种情况:

一种情况,A 项和 B 项在语义上无先后主次之分,孰前孰后,取决于语境,就看说话人是要说"谁跟谁类同"。例如:

(22) 他最初也很沮丧,也很难过,但音乐使他开始了新的人生。

(23) 要说居住,这里比城里不知好多少倍。这里天也特别蓝,空气也特别清新,让人觉得特舒服。

例(22)、(23)也可以说成:

(22') 他最初也很难过,也很沮丧,但音乐使他开始了新的人生。

(23') 要说居住,这里比城里不知好多少倍。这里空气也特别清新,天也特别蓝,让人觉得特舒服。

大量的实例是属于这一类。

另一种情况是,A 项和 B 项在语义上有先后主次之分。这种主次之分大致可分为:

(一)肯定与否定并举,肯定项在前,否定项在后。例如:

(24)未确定结果前还得找工作,遇到满意的单位签也不是,不签也不是,这种两难境地深深折磨着许多毕业生。

(25)天赐怕也不是,不怕也不是,一会儿以为老师是怪物,一会儿……

(26)及至见了他,她的勇气又消散了,笑也不是,不笑也不是,无聊的,敷衍的,跟他说几句平常,不着边际的话。

(27)你们认罪也死,不认罪也死,何苦多饶一面呢?

(28)杜亦甫莫名其妙地在后面跟着,跑也不好,不跑也不好,十分地不好过。

(二)含有指示代词,近指"这—"与远指"那—"并举,那么近指"这—"在前,远指"那—"在后。例如:

(29)那塔砖放在自己的家中,凡事都必平安,如意,逢凶化吉,于是这个也挖,那个也挖,挖之久久,便倒了。

(30)到了店里,满眼是五颜六色的丝巾,这条也好看,那条也漂亮,她不知挑选哪一条好了。

(31)只见他在墙上摸来摸去,一会儿又这里也敲敲,那里也敲敲,好像在找什么东西。

肆 每个虚词都需进行多角度、多方位、多层面的综合分析与研究 297

（32）就是插队,这儿也插队,那儿也插队,有的是一中的,有的是就咱们这左近的。

（三）有些成为习惯性的说法,如"旱涝"不说"涝旱","远近"不说"近远","东西"不说"西东","好歹"不说"歹好","书报"不说"报书",等等,如果二者对举,就按习惯分列前后。例如：

（33）我自己的那几亩旱也不收,涝也不收。

（34）车轮刺啦刺啦地响,喇叭也有噗噗的,有的吧吧地乱叫。远处也是车,近处也是车。

（35）东也闹兵,西也闹兵,谁敢走啊!

（36）好也不行,歹也不行,这条路上只有死亡,而且说不定哪时就来到,自己一点也不晓得。

（37）回家以后,他躺了三天三夜,茶也不思,饭也不想!

（38）同久病初愈的患者一样,日日但伸展了四肢,躺在藤椅子上,书也懒得读,报也不愿看。

（四）按时间先后排列。例如：

（39）我们与友人定约会的时候,若说随便什么时间,早晨也好,晚上也可以,反正我一天不出门,你哪时来也可以。

（40）一天老是,三顿就那个,早上也那个,中午也那个,晚上也是那个,你还甭去排队。

（41）当那次会议的精神一传达,凤阳县小岗村的农民伤心地说："早也盼,晚也盼,盼来了两个'不许干'!"

上面所分析的用"也"的并列复句,都只包含两项,实际上也有包含三项、四项甚至更多项的。例如：

（42）这里花儿还是美丽地开着,蜻蜓蝴蝶还是妖俏地飞着;也不刮大风,也不下雪,河里也不结冰。

(43) 何以度心眼,一声阿弥陀,行也阿弥陀,住也阿弥陀,坐也阿弥陀,卧也阿弥陀。

(44) 这样的时候,似乎可以说我让那东西移了情了。山也移情,水也移情,晴空也移情,田畴也移情,飞鸟也移情,游鱼也移情,一切景物融合成一个整体而移我们的情的时候……

上面分析包含两个并列项的并列复句所得的结论,也适用于这些包含多项的并列复句。

三、对郭锐(2008)关于"也"的分析的回应

郭锐在《世界汉语教学》2008年第4期上发表了《语义结构和汉语虚词语义分析》一文,对"也"所表示的语法意义做了新的分析。这里附带对他的分析做一些回应。

郭锐将自己的新的分析法称为"虚词的语义结构分析法"。郭锐在介绍这一分析法时举了副词"也"的例子(所引例子按本书例句顺序排列):

(45) 你去北京参观访问.我们也去北京参观访问。

(46) 有人看着认真干,没有人看着也认真干。

对例(45)郭锐的分析是:

语义要素:{{事物 y,事物 x},{状况 P}}

其中,x 是"也"约束的焦点,如例(45)中的"我们",y 是上文中或隐含的与之对比的成分,如例(45)中的"你"。

关系:y 具有状况 P,x 具有状况 P(x 具有与 y 相同的状况)。

例(45)这种用法就是过去研究中所说的"类同"义。

对例(46)郭锐的分析是:

肆　每个虚词都需进行多角度、多方位、多层面的综合分析与研究

语义要素：{{条件 y,条件 x},{状况 P}}

关系：条件 y 具有状况 P,条件 x 具有状况 P（在条件 x 下出现的状况与条件 y 下出现的状况相同）。

例(46)与"也"发生关联的不是某个事物,而是某种条件。例(46)这种用法表示不同条件下具有相同状况。这可以叫"条件"义。

郭锐的结论是：

例(45)与例(46)虽然"关系"一样,但"语义要素"不同,应分为两个义项。

郭锐所提出的"虚词的语义结构分析法"的总体思想,我们是赞成的,但他对"也"所表示的语法意义的分析,值得商榷。

我们觉得,他对例(45)和例(46)里"也"的语法意义的分析采用了不同的标准。他对例(45)的分析,着眼于 y 与 x 之间的关系,"x 具有与 y 相同的状况",所以例(45)里的"也"就"表示'类同'义"。而他对例(46)的分析则着眼于语义要素的性质,说例(46)里"与'也'发生关联的不是某个事物,而是某种条件",因此例(46)里的"也""表示'条件'义"。

事实上,我们说"也"表示类同,实际是就 A 和 B 的关系说的。至于 A 和 B 作为"也"引出的语义要素,可以是不同的人,可以是不同的事物,可以是不同的事件,可以是不同的时间,也可以是不同的处所,也可以是不同的条件。

因此,确定"也"的基本意义不应该看"也"所引出的是什么语义要素,而是应该看那不同语义要素之间的关系是否有类同关系。

伍　汉语虚词研究需要继续深入

在"绪论"里,我们曾指出,虚词研究在汉语语法研究中占有极其重要的地位。可是目前我们对汉语虚词的研究还远远不够。前面我们说过,虚词的个性很强,需要一个一个深入研究说明。现在离这个要求很远,特别是常用虚词。因为,凡是使用频率高的常用虚词,其语法意义和具体用法往往都十分复杂,我们常常不容易说清楚。在这方面前人与时贤虽已做过不少研究,也已有很多研究成果,但总的说还比较粗。现有的研究成果及相应的工具书都还不能让学习者,特别是外国的汉语学习者,在这些工具书中找到他们所希望找到的、比较满意的答案。因此,汉语虚词研究需要进一步加大力度,需要继续深入。下面我们分类举例性地说说需要深入研究的方面。

一　副词

关于副词,虽然对于它的归属问题——是实词还是虚词,汉语语法学界一直有争论,但是从实际使用的角度看,至少目前我们的研究精力不必放在这个问题上。就实际使用说,重要的是要分析、描写清楚每个副词,特别是那些语法意义很虚的副词的语法意义和具体用法。重要的有三个研究方面:

一、同义副词的辨析

"一概"、"一律"和"都",大家都认为是表示总括的范围副词。例如:

(1) 来回旅费和食宿费用一概自理。

(2) 违章建筑一律拆除。

例(1)的"一概"可以用"一律"或"都"替换,例(2)的"一律"可以用"一概"或"都"替换,分别说成:

(3) a. 来回旅费和食宿费用一律自理。

　　b. 来回旅费和食宿费用都自理。

(4) a. 违章建筑一概拆除。

　　b. 违章建筑都拆除。

但是,"一概"、"一律"和"都"并不是任何时候都可以互换的。请看:

(5) 新租的房子里,水、电、煤气、暖气、电话、电视、家具乃至锅碗瓢盆,一概齐全。

(6) 每个人胸前一律佩戴着白底红字的校徽。

(7) 这两篇文章都将在《光明日报》上发表。

(8) 他的来回旅差费都已如数报销。

例(5)的"一概"可以用"都"替换,但不能用"一律"替换,请看:

(9) 新租的房子里,水、电、煤气、暖气、电话、电视、家具乃至锅碗瓢盆,都齐全。

(10) *新租的房子里,水、电、煤气、暖气、电话、电视、家具乃至锅碗瓢盆,一律齐全。

例(6)里的"一律"则可以用"都"替换,不能用"一概"替换,请看:

(11) 每个人胸前都佩戴着白底红字的校徽。

(12)＊每个人胸前一概佩戴着白底红字的校徽。

而例(7)、(8)里的"都"则既不能用"一概"来替换,也不能用"一律"来替换,请看:

(13)＊这两篇文章将一概/一律在《光明日报》上发表。

(14)＊他的来回旅差费已一概/一律如数报销。

显然,"都"、"一概"、"一律"的语法意义和具体用法是有区别的。那么区别在哪儿? 在什么情况下这三个表示总括的范围副词可以通用? 在什么情况下,只能用"都",不能用"一概"或"一律"? 在什么情况下,只能用"一概",不能用"一律"? 反之,在什么情况下,只能用"一律",不能用"一概"? 这都需依据大量语料来辨析清楚。类似这样的同义副词,现代汉语里有许多,都很有辨析的价值。

二、对同义副词用法上异同的解释

拿前面"肆 每个虚词都需要进行多角度、多方位、多层面的综合分析与研究"里辨析过的表重复的副词"又"、"再"、"还"来说,我们对它们用法上的异同只是作了客观的、较为详细的描写,但未作任何解释。而前面对它们进行辨析时谈到的有些现象,是很值得我们作进一步的探索,以便作出较为合理的解释。举例来说:

1. 在陈述过去的事实时,一般不能用"再",不管是表示重复还是表示追加。但是,在"～由于……"里既能用"又"(又由于……)、"还"(还由于……),也能用"再"(再由于……)。这为什么?

2. 用于说过去并未成为事实而只是一种虚拟假设的事情时,如果要用"还"来表示重复,一定要跟能愿动词"能"共现,例如:

(15)那天我要是还能练一次就好了。

(＊那天我要是还练一次就好了。)
(16) 昨天如果我还能看一遍就记住了。
(＊昨天如果我还看一遍就记住了。)
(17) 当初还能听一遍就好了。
(＊当初还听一遍就好了。)

如果要用"又"来表示追加，也一定要跟能愿动词"能"共现。例如：

(18) 那天我要是拍了护照相，又能拍一张生活照就好了。
(＊那天我要是拍了护照相，又拍一张生活照就好了。)
(19) 昨天上午如果我们请他们吃了饭又能请他们喝杯咖啡，就更好了。
(＊昨天上午如果我们请他们吃了饭又请他们喝杯咖啡，就更好了。)
(20) 当时你买了上衣，又能买条裙子就好了。
(＊当时你买了上衣，又买条裙子就好了。)

这是为什么？

3. 用在说未来非假设的事情时，"还"要求与表意愿的动词（包括能愿动词）共现，否则接受性很差，而"再"没有这种强烈的要求。注意，"还"跟表意愿的动词共现时，"还"在前，表意愿的动词在后；而"再"跟表意愿的动词共现时，表意愿的动词在前，"再"在后。例如：

(21) 明天我还要看一次。
(？明天我还看一次。)
(明天我要再看一次。)
(22) 我希望明年还能考一次。

　　　　(？我希望明年还考一次。)

　　　　(我希望明年能再考一次。)

(23) 你先回去吧,我还想到王大嫂家看看。

　　　　(？你先回去吧,我还到王大嫂家看看。)

　　　　(你先回去吧,我想再到王大嫂家看看。)

(24) 包饺子算学会了,明天我还想学一下做蛋糕的技术。

　　　　(？包饺子算学会了,明天我还学一下做蛋糕的技术。)

　　　　(包饺子算学会了,明天我想再学一下做蛋糕的技术。)

(25) 我觉得王平说得不一定对,我明天还要去问问张东阳。

　　　　(？我觉得王平说得不一定对,我明天还去问问张东阳。)

　　　　(我觉得王平说得不一定对,我明天要再去问问张东阳。)

这又为什么?

　　4. 用在说未来非假设的事情时,一般不能用"又",但可以用在"别……"、"不要……"这样的祈使句里,形成"别又……"、"不要又……"这样的句式,例如:

(26) *明天我又来看你。

(27) *我看你明年又考一次。

(28) *你先回去吧,我又到王大嫂家看看。

(29) 明天去姑姑家,你别又喝醉了。

明天去姑姑家,你不要又喝醉了。
(30) 钥匙一定要保管好,别又丢了。
　　　钥匙一定要保管好,不要又丢了。
(31) 你可别吃了螃蟹又吃柿子,否则会闹病的。
　　　你可不要吃了螃蟹又吃柿子,否则会闹病的。

这为什么？再有,用在说未来非假设的事情时,如果是祈使句,能用"再",不能用"还",例如：

(32) 你再听,楼上好像有响动。
　　　(＊你还听,楼上好像有响动。)
(33) 你再去对他说,不能收红包！
　　　(＊你还去对他说,不能收红包！)

这又为什么？

　　5. 用在说未来非假设的事情时,"再"可以跟数量词语共现,没有条件限制,而"还"跟数量词语共现时要受到限制,得加进表意愿的动词。请看：

(34) 那包子很好吃,我(要)再吃两个。〔表名量的数量词〕
(35) 这电子游戏很好玩儿,我(想)再玩儿一次。

〔表动量的数量词〕

(36) 爸爸,我这儿朋友特别多,我(想)再呆两天。

〔表时量的数量词〕

例(34)—(36)是用"再"的例子,有没有表意愿的动词,都能成立。下面是用"还"的例子：

(37) 那包子很好吃,我还要吃两个。〔表名量的数量词〕
　　　(＊那包子很好吃,我还吃两个。)
(38) 这电子游戏很好玩儿,我还想玩儿一次。

〔表动量的数量词〕

(*这电子游戏很好玩儿,我还玩儿一次。)

(39) 爸爸,我这儿朋友特别多,我还想呆两天。

〔表时量的数量词〕

(*爸爸,我这儿朋友特别多,我还呆两天。)

例(37)—(39)用"还",一定得与表意愿的动词共现,否则站不住。这又为什么?

6. 当用于说未来假设的事情时,"又"、"再"、"还"都能用。但是,"再"和"还"既能用于说如意的事,也能用于说不如意的事,而"又"却只能用于说不如意的事。

(40) a. 如果明后天又吃面条,我就吃倒胃口了。

b. 如果明后天再吃面条,我就吃倒胃口了。

c. 如果明后天还吃面条,我就吃倒胃口了。

(41) a. 如果明天再吃面条就好了。

b. 如果明天还吃面条就好了。

c. *如果明天又吃面条就好了。

对比例(40)和例(41),可以清楚地看到,例(40)是说不如意的事,"又"、"再"、"还"都能用,即 a、b、c 各句都成立;例(41)是说如意的事,就只能用"再"、"还",不能用"又",所以用"再"的 a 句和用"还"的 b 句能成立,而用"又"的 c 句不能成立。这又是为什么呢?

再如,张亚军(2002)和张谊生(2003)都谈到,大家都认为范围副词"都"所总括的对象具有"多数"(指非单数)或"可分"的性质。汉语里"多数+名词"、"少数+名词"所指事物虽都非单数,但是"多数+名词+都 VP"说法成立,但"少数+名词+都 VP"说法不成立,例如:

(42) 多数人都不赞成这个施工方案。

(43) *少数人都不赞成这个施工方案。

他们的结论是,"总括类范围副词与大量比较和谐,与小量或中量不和谐;也就是说总括范围副词'都'倾向于对整体或中量级以上的对象共性的抽取。"这一发现是很好的,符合客观事实。但是,为什么总括类范围副词与大量比较和谐,而与小量或中量不和谐?如果能进一步对此作出解释,回答这个"为什么",研究的深度无疑也就进一步增强了。

我们过去对虚词的研究,描写说明多,很少进行解释。单纯的描写说明,只能使我们知其然,如果我们能在描写说明的基础上进一步作出解释,那就能使我们知其所以然。所以,对副词用法上的种种特点,特别是同义副词用法上的异同,作出一定的合理解释,这很有价值,因此这是一个大有可为的研究领域。

三、副词语义指向的研究

语义指向是指句中某一成分在语义上跟哪个成分直接相关。通过分析句中某一成分的语义指向来揭示、说明、解释某一语法现象,这在汉语语法学界从上个世纪80年代以来已广泛采用了。语义指向是指句法成分的语义指向,但是有些词,如副词,它只能作状语,因此有时我们也可以径直说"副词的语义指向"(意即副词作状语时的语义指向)。(陆俭明 1997)副词的语义指向是很值得研究的。举例来说,陆俭明(1997)通过对副词"到底/究竟"在语义指向上的特点的分析,对句法格式相同只是疑问点不同的两个疑问句,其内部作状语的"到底/究竟"移位情况的不同,作出了很有说服力的解释。请看:

(44) 到底／究竟我去哪里好呢？

(45) 到底／究竟谁去北京好呢？

例(44)里的"到底／究竟"可以挪到主语之后说成：

(46) 我到底／究竟去哪里好呢？

而例(45)里的"到底／究竟"不能挪到主语之后说成：

(47) *谁到底／究竟去北京好呢？

这为什么呢？原来，表示追究的副词"到底／究竟"在语义指向上有两个特点：一是只能指向句中的由实际词语构成的疑问形式，如疑问代词和"(是)A还是B"、"V不／没V"等疑问形式；二是只能指后，不能指前，即只能往后指，不能往前指。使用"到底／究竟"时，句子的组成得符合"到底／究竟"的这一特点。例(44)、(45)里的"到底／究竟"符合上述要求——句中有疑问形式"哪里"或"谁"，而且都在它的后边。而"到底／究竟"移位后的例(46)、(47)，情况就不完全一样了。例(46)虽然"到底／究竟"挪到主语之后了，但它所指向的疑问形式"哪里"仍在它之后，这符合"到底／究竟"语义指向上的要求，所以句子成立；而例(47)"到底／究竟"挪到主语之后，它所指向的疑问形式"谁"，出现在它之前了，这就不符合"到底／究竟"语义指向上的要求了，所以句子不能成立。

再如，陆俭明(2002)也是通过对说明数量的副词"总共"、"一共"在语义指向上的特点的分析，来论证说明把"吃了小王一个苹果"处理为双宾结构更为合理；而周小兵(1991)也正是运用语义特征分析较好地辨析了作为表示限制的范围副词"只"和"就"的区别。例如"只"在语义上不仅可以指向名词性成分或数量成分，还可以指向动词性成分，例如：

(48) 他只吃蔬菜不吃肉。

(49) 馒头他只吃了两个。

(50) 他只说不干。

而"就",在语义上只能指向名词性成分或数量成分,不能指向动词性成分,因此,例(48)、(49)里的"只"可以用"就"替换,而例(50)里的"只"就不能用"就"替换,请看:

(51) 他就吃蔬菜不吃肉。

(52) 馒头他就吃了两个。

(53) *他就说不干。

可见,副词的语义指向分析是很值得研究的。可是这方面的研究很少有人做。渡边丽玲(1991)写过这方面的硕士论文,系统勾勒了副词语义指向的种种情况,但没有正式发表。张亚军(2002)分别对"互、相、互相、相互"和"共、同、共同、一起、一齐"这两组副词(他称之为"前指多联搭状副词")从语义指向的角度,并联系它们所修饰的动词的特性,进行了辨析,有一定的启发性。可惜所分析的副词太少太少。

副词语义指向问题也是大有可为的研究领域。

二　介　词

关于现代汉语的介词,无论就总体而言或是就具体的一个个介词而言,需要进一步研究的问题也都很多。

一、就介词的总体而言

（一）介词的范围问题

介词的范围问题,是首先引起人们关注和研究兴趣的。这里我们还只是指前置的介词,如"把"、"被"等,不包括有人所说的后置的介词,如"桌子上"、"口袋里"的"上"、"里"等(目前一般人把它们还称为"单纯方位词")或中置的介词,如"弟弟的书包"、"爸爸的衣服"里的"的"(目前一般人把这个"的"称为助词)。

介词的范围问题,主要是介词和动词的划界问题。

大家都承认,汉语的介词基本上都是由动词经过语法化的过程而演变来的。例如介词"把"是由古汉语里表示"持、操、拿"意义的动词"把"虚化而来的,介词"被"是由古汉语里表示"覆盖、遭受"意义的动词"被"虚化而来的。有的,大家公认已彻底虚化,已成为典型的介词,如"把、被、从、对(于)、关于、基于、鉴于、和、跟、同、与、往、向、自、自从"等。有的还未彻底虚化,如"比"、"靠"等。就典型的动词"吃"、"看"和典型的介词"把"、"对于"来说,区别好像是十分明显的。汉语语法学界提到过的区分依据有:

1. 动词能带"了"、"着"、"过",介词不能。例如:

(1) a. 吃了/着/过 | 看了/着/过

  b. *把了/着/过 | *对于了/着/过

2. 动词能单独作谓语,或谓语中心,介词不能。例如:

(2) a. "她吃不吃羊肉?""她吃(羊肉)。"

  b. "她看不看京戏?""她看(京戏)。"

(3) a. "她把衣服洗了?""*她把(衣服)。"

  b. "你对于哪个问题感兴趣?""*我对于(住房问题)。"

3. 动词能单独成句,介词不能。例如:

(4) a. "你吃吗?""吃。"

  b. "你看吗?""看。"

(5) a."你把衣服给他吗?""*把。"

　　b."你对于这个方案有意见吗?""*对于。"

4. 动词能重叠,介词不能。例如:

(6) a. 吃吃|看看

　　b. *把把|*对于对于

5. 动词带上宾语后所形成的动宾结构能单独作谓语,或单独成句,介词带上宾语后所形成的介宾结构则不能单独作谓语,或单独成句。例如:

(7) a.(我)吃面包。|(我)看京戏。

　　b. *(我)把衣服。|*(我)对于他。

6. 能带宾语的动词也可以不带宾语,介词则一定得带上宾语。例如:

(8) a."你吃面包吗?""我吃。"

　　b."你看京戏吗?""我看。"

(9) a."你把衣服给她吗?""*我把。"

　　b."你对于这个方案有意见吗?""*我对于。"

7. 动词能带补语,介词不能。例如:

(10) 吃饱|看得很快

(11) *把完|*对于得很快

8. 动词和动词可以构成联合结构,介词和介词不能构成联合结构。例如:

(12) *杯子被给她打破了。

9. 动词能构成"V不V"疑问形式,介词不能。例如:

(13) 吃不吃?|看不看?

(14) *把不把?|*对于不对于?

但是,这些条条只适用于典型动词和典型介词,而不能适用于所有动词和所有介词。拿"妄图"来说,如果拿上面的依据来衡量的话,大概只符合第 5 条,这样看来"妄图"得归到介词类里去。但是,大家都认为它是动词,还没有听说谁把它归入介词。反之,相当于"替、为"的"给",如从口语角度看,它符合上述九条中的第 2、3、5、6、9 这五条,例如:

(15) "你要是不给我买,我就……""好,好,我给,我给!" 〔符合第 2 条〕

(16) "你给不给她买?""给,一定给!" 〔符合第 3 条〕

(17) "你给谁买?""给我爷爷。" 〔符合第 5 条〕

(18) 我一定给买。 〔符合第 6 条〕

(19) 你到底给不给他买? 〔符合第 9 条〕

这好像得归入动词了,可是一般都认为它是介词。看来人们已经列出的区分依据不是很管用。

下面的实例也让人左右为难。

(20) 他现在已经到北京了。

(21) 时间到!

(22) 你到抽屉里去找。

(23) 遇上问题,要多到群众中去讨答案。

(24) 她明天到北京开会。

(25) 她明天到政协礼堂开会。

例(20)、(21)里的"到",大家认为是动词,一则它作谓语动词,二则它表示"到达、达于某一点"的意思。例(22)里的"到",大家公认为是介词,一则它不是作谓语动词,"到……"后面紧跟的动词性词语(如"去找")绝对不能省去;二则它表示"往"的意思,动作者"你"并不到达抽屉里。例(23)似与例(22)不同,"到"可理解为"到达"并含有动作者到达"群众中"的意思,但这里的"到"也可以理解为"往"的意思,况且这里的"到"也不是作谓语动词,"到……"后面紧跟的动词性词语(如"去讨答案")也不能省去,所以这里的"到"也是介词。例(24)、(25)里的"到"呢?从词义上看,这里的"到"只能理解为"到达"的意思,不能理解为"往"的意思;从语法功能上看,这里的"到"是不是谓语动词,就很难说——例(24)省去"开会",说成"她明天到北京"似还站得住,不过意思有所不同;例(25)省去"开会",说成"她明天到政协礼堂"好像就站不住。那么例(24)、(25)里的"到"该看作动词还是介词呢?

"在"也有跟"到"相类似的问题。请看例子:

(26)"妈妈在家吗?""妈妈在"。

(27)你的钢笔在桌子上。

(28)你在抽屉里找什么?

(29)她在门上贴了副对联。

(30)"你弟弟到什么地方去了?""他没有到哪儿去,他在楼上看电视。"

(31)"你弟弟现在干什么?""他不干什么,他在楼上看电视。"

例(26)、(27)里的"在"大家认为是动词,一则它作谓语动词,二则它表示"人或事物的位置"。例(28)、(29)里的"在"大家认为不是动词,是介词,一则它不作谓语动词,"在……"后面紧跟的动词性词语(如"找什么"、"贴了副对联")绝对不能省去;二则它不表示"人或事物的位置","抽屉里"、"门上"不是动作者的位置。那么例(30)、(31)里的"在"呢?从意义上看都表示"'他'的位置",但就例(30)看,"看电视"可以省去,"在"单独作谓语动词;而例(31),"看电视"不能省去,"在"不能单独作谓语动词。那么这两个例子里的"在"该看成动词还是介词呢?

如果认为"到"、"在"是动词还是介词还有意义上的区别的话,那么"比"是动词还是介词没法依据意义。请看:

(32)你跟她比,看谁高。

(33)我们俩比一比,怎么样?

(34)他比我高。

例(32)—(34)里的"比"都是比较的意思。但一般认为例(32)、(33)里的"比"是动词,例(34)里的"比"是介词。其根据仅仅是例(32)、(33)里的"比"是作谓语动词,而例(34)里的"比"不是作谓语动词,而且"比我"后面紧跟的"高"不能省去。

而像"论"(论个卖还是论斤卖?)、"作为"(作为一个教员应该懂得这些道理),以及"叫、令、使、让",到底该处理为动词还是介词,大家更会争论不休。

以上所述说明,动词和介词的划界问题至今还没有找到一个令人满意的、便于操作的依据或者说标准。需要我们去进一步探究。

(二)介词的作用问题

中国第一部白话文语法书黎锦熙先生的《新著国语文法》(1924)认为,"介词是用来介绍名词或代名词到'动词'或述说的'形容词'上去,以表示它们的时间、地位、方法、原因种种关系的"。朱德熙先生在《语法讲义》(1982)里认为,"从语义上看,介词的作用在于引出与动词相关的对象(施事、受事、与事、工具)以及处所、时间等"。鲁川(1987)认为,"介词是汉语句子语义成分的重要标志",鲁川(1994)又把介词看作与谓词有及物性关系的语义格(或

称"语义范畴")的形式标志,简称"格标"。例如:

被/由:标示施事(被他打破了/由她管理)

把:标示受事(把杯子打破了)

替/跟:标示与事(她替我请假/我跟亲戚借了些钱)

用:标示工具/材料/方式(用毛笔写/用棉布做衣服/用类比法检查语法错误)

从:标示时间/处所(从去年开始/从北京出发)

往:标示方向(往南飞)

……

陈昌来(2002)则认为,介词"在句法上有介引功能",在语义上"有语义成分的标记功能",在语用上"有话题标记功能",其中"句法功能是主要的,是基础"。他还认为,正因为介词在句法上有介引功能,所以介词才会在语义上有语义成分的标记功能,在语用上有话题标记功能。

汉语的介词的作用到底是什么?从以上介绍看,大家的看法不是很一致。而解决好这个问题,不仅有助于汉语语法研究的深入,特别是有助于探究汉语动词的基础结构及其变化格式,同时有利于中文信息处理和汉语教学。

二、就具体介词而言

(一)同义介词辨析问题

上面说了,鲁川(1994)、陈昌来(2002)把介词看作"格标",或者说"语义成分的标记"。但,同为施事格,其格标既可以用"被"(那孩子被她管教好了),也可以用"归"(那孩子归她管教),也可以用"由"(那孩子就由你管教);同为方向,其格标既可以用

"朝"(朝南走),也可以用"向"(向南飞),也可以用"往"(往南看)。同一个语义格为什么要用不同的格标?一般将用来标示同一个语义格或者说同一个语义范畴的介词看作同义介词。各个同义介词,"被、归、由"也好,"朝、向、往"也好,分别有什么相同之处,有什么不同之处?即使是都可以表示被动意义的、作为施事格标的"被、给、叫、让",它们在意义、用法上是不是完全一样?试比较:

(35) 他被流氓打了。　　　　(36) 衣服被他撕破了。

他给流氓打了。　　　　　　衣服给他撕破了。

他叫流氓打了。　　　　　　衣服叫他撕破了。

他让流氓打了。　　　　　　衣服让他撕破了。

从例(35)、(36)看,这四个介词好像没有什么不同。但是,如果把介词后面的宾语成分抽掉,区别就会显示出来:

(37) 他被打了。　　　　　(38) 衣服被撕破了。

他给打了。　　　　　　　　衣服给撕破了。

＊他叫打了。　　　　　　　＊衣服叫撕破了。

＊他让打了。　　　　　　　＊衣服让撕破了。

显然这四个表示被动、标示施事的介词在用法上并不完全相同。它们都有些什么不同?这些都需要进一步分析研究。这种辨析工作,对汉语教学和中文信息处理也都很有用,而我们过去虽已做了一些,但还很不够,还需要做得更细致、全面一些。

(二)一些具体介词的问题

具体到某些介词,即使是过去已经研究得比较多的介词,也还有不少问题值得我们去进一步分析研究。下面不妨以介词"把"、"被"为例来加以说明。

1.关于"把"

介词"把"语法学界研究得很多了,但不是没有问题了,可以说仍有不少问题我们弄不清楚。

比如,"把"字后面的动词性成分不能是简单的动词,必须是复杂的,即动词前后总要带上些别的成分,或带上宾语,或带上状语,或带上动态助词等。这一点所有谈论"把"字句的论著都注意到了。我们这里要说的是,"把"字句里的动词可以带上动态助词"了"、"着",但一般不能带动态助词"过"。例如:

(39)把衣服洗了。　　　(40)把介绍信带着。
　　＊把衣服洗过。　　　　＊把介绍信带过。

这为什么?看来目前有关"把"字句的种种看法还不能解释这个现象。下面我们不妨来分析一下。

有关"把"字句的最普遍的看法是,认为"把"字句是从"主—动—宾"句式变来的(过去许多语法论著都认为"把"的作用在于把动词的宾语提到动词前面),例如:

(41)我只洗了弟弟的衣服。→我只把弟弟的衣服洗了。
　　他打破了杯子。→他把杯子打破了。
　　你带着介绍信。→你把介绍信带着。

这种看法并不能解释为什么"把"字句里的动词后面不能带"过"的现象,因为在"主—动—宾"句式里动词带"过"的情况是很常见的,但这些"主—动—宾"句式都不能变换为"把"字句。例如:

(42)我洗过衣服。→＊我把衣服洗过。

(43)我吃过烟台苹果。→＊我把烟台苹果吃过。

(44)我给过他《新华字典》。→＊我把《新华字典》给过他。

朱德熙先生(1982)提出一种新的看法,他认为,"跟'把'字句

关系最密切的不是'主—动—宾'句式,而是受事主语句",我们只要在受事主语句前面加上"把"字,就成为"把"字句,例如:

(45) 衣服洗了。→把衣服洗了。

杯子打破了。→把杯子打破了。

介绍信带着。→把介绍信带着。

然而,按朱先生的看法也仍然解释不了上面所说的现象,因为谓语动词带上"过"的受事主语句也不少,但是,这些受事主语句照样不能变换为"把"字句。例如:

(46)这种苹果吃过。→ *把这种苹果吃过。

(47)酒戒过,烟也戒过,都没戒成。→ *把酒戒过,把烟也戒过,都没戒成。

"把"字句表示处置,这是王力先生(1943)一个著名的论断,一直来都为汉语语法学界所接受;"把"的宾语一般要求是有定的,后面的动词性成分要求是复杂的,这几乎是大家一致的看法。然而我们也无法根据这些看法来解释为什么"把"字句里的动词一般不能带动态助词"过"。不妨对比两个例子:

(48) a.老张酒戒了,可烟没戒掉。→老张把酒戒了,可没把烟戒掉。

b.老张酒戒过,可烟没戒过。→ *老张把酒戒过,可没把烟戒过。

像上面举的例(48)无论 a 句还是 b 句,都有处置意义,动词的受动成分都是有定的,动词性成分都是复杂的(动词+了/过),但 a 句用"了",可以变成"把"字句,b 句用"过"却不能变为"把"字句。可见处置说也解释不了为什么"把"字句里动词不能带"过"的现象。

近来,又有一种新的看法,认为"把"字句是句子中名词短语多

重移位造成的。(沈阳 1997)例如:

(49) 那牢房几个犯人跑了。　　(50) 她的门牙掉了。

　　→那牢房跑了几个犯人。　　→她掉了颗门牙。

　　→那牢房把几个犯人跑了。　　→她把颗门牙掉了。

(51) 今天那三个孩子病了。

　　→今天病了三个孩子。

　　→今天把三个孩子都病了。

但是,这种"移位"理论也不能解释上面说的现象,因为谓语动词带"过"的句子,其中的名词短语也可以多次移位,但就是不能"移"成"把"字句。请看:

(52) 那牢房几个犯人跑过,但都给追回来了。

　　→那牢房跑过几个犯人,但都给追回来了。

　　→*那牢房把几个犯人跑过,但都给追回来了。

(53) 她的门牙掉过,……

　　→她掉过一颗门牙,……

　　→*她把颗门牙掉过,……

(54) 昨天那三个孩子都病过,现在好了。

　　→昨天病过三个孩子,现在好了。

　　→*昨天把三个孩子都病过,现在好了。

总之,到底为什么"把"字句里的动词一般不能带动态助词"过",目前所有有关"把"字句的理论或看法都还没有办法作出回答。我们提出这个问题,就是希望大家来关注这个问题,来共同探究这个问题。

说"把"字句里的动词一般不能带动态助词"过",但也不是绝对不能带"过"。请看:

(55) 我什么时候把你的利益抛开过?

(56) 他从来没有把自己打扮得这么漂亮过。

(57) 你说,你什么时候把事情办利落过?

(58) 他大约没有一天把我忘掉过。

(59) 你不信问问这村里人,他们谁把大夫从山下请上来过?

(60) 他把所有的办法都试过了,都没有成功。

(61) 他为了学好日语,开学以来他每天都要把日语单词背过好几遍。

这些句子似有以下两个特点:

第一,谓语动词,一般都是述补结构,如例(55)的"抛开"、例(56)的"打扮得这么漂亮"、例(57)的"办利落"、例(58)的"忘掉"和例(59)的"请上来"等,都是述补结构;或者谓语动词带有数量成分,如例(61)。像例(60)那样,谓语动词是一个单个动词"试",是比较少见的。

第二,整个句子一般都表示从未有过某种经历或一直以来都如此的意思,因此在"把"前常常有"从来没有"、"从未"、"什么时候也没有"和"每天"等词语作状语。

那么为什么这类"把"字句的动词后又能带"过"了呢? 到底在什么条件下能带"过"? 这都需要进一步研究。

又如,下面的"把"字句都能成立:

(62) 你把手洗洗。

　　我把昨天的事再说一遍。

但如果加进否定词"不"或"没有"就不能成立了:

(63) *你不/没有把手洗洗。

(64) *我不/没有把昨天的事再说一遍。

可是，改变一下句类，或加上一些成分，就又成立了：

(65) 你不把手洗洗？

你也不把手洗洗。

(66) 甚至我都不敢把昨天的事再说一遍。

这为什么？这说明使用"把"字句的条件，我们至今还不能说得很清楚，还需要我们去作进一步的探究。

再如，"把"的宾语，一般语法书都谈到"把"的宾语得是有定的。应该承认绝大多数的"把"字句，"把"的宾语的确是有定的。例如：

(67) 把那支铅笔递给我。　〔有定〕

＊把一支铅笔递给我。　〔无定〕

但同时我们还看到，在口语中却有"把"的宾语是无定的"把"字句。例如：

(68) 我要向他借支钢笔，他却把一支铅笔递给了我。

(69) 忽然，哐当一声，不知是谁把个凳子给撞翻了。

(70) 他只顾低着头想事，一不留神，把个孩子给撞倒了。

什么条件下"把"的宾语可以是无定的？这个问题也值得研究。就这三个例句看，都含有出乎意外的意思：例(68)是复句，"把"字句用作后一分句，全句表示乙(他)应甲(我)的要求做了某件事，而乙(他)所处置的对象并不是甲(我)所要求的(前一分句指明甲对乙的要求)；例(69)也是复句，全句表示从突然发出的声响判断，好像是毁了什么东西，在前一分句里一定包含有拟声词；例(70)是说由于不小心不留意，做了不应该做的事。含有出乎意外的意思，也许就是这类"把"字句的特殊表达作用。除了这一点，还有什么条件？更值得思考的问题是，为什么在出乎意外的"把"字句里"把"的宾语可以是无定的。

2.关于"被"

陆俭明(2003)认为,"被"字句,主要有四个问题:一是"被"字句到底表示什么语法意义;二是"被"字的作用到底是什么;三是怎么看待"被"字后不带宾语的"被"字句;四是怎么解释"被"字句主要动词后面还可以带上名词宾语的现象。我们认为,这些确实是有关介词"被"所需要进一步研究的问题。

第一,关于现代汉语里"被"字句表示什么样的语法意义的问题。

一般都认为"被"字句表示被动意义。可是下面的"被"字句能说是表示被动意义吗?请看:

(71)他被那件事情愁死了。

(72)被他这一句话害死了两条人命。

日本已故汉学家桥本万太郎先生曾对此看法提出异议,他在1987年发表在《中国语文》上的文章中提出,"被"字句是表示"受害语态"(inflictive voice)。李临定先生(1980;1986)似乎也有这种看法。不过怎么解释"被"字句有时也用来说如意的事情但又不能随便类推的事实?例如:

(73)他光荣地被大家推选为人民代表。

(74)最后,孩子还是被她调教好了。

(75) *饭被她煮好了。

*文章被他写好了。

*杂草被他砍光了。

到底怎么说明"被"字句的表达功用?这还是值得深入探讨的。

第二,关于"被"的作用问题。

关于"被"的作用,目前有这样一些说法:

    a.用在句子中表示主语是受事。(《现代汉语词典》)

    b.介绍出行为动作的主体,或直接放在动词前边,表示动作的被动性。(《现代汉语虚词例释》)

    c.用于被动句,引进动作的施动者。(《现代汉语八百词》)

    d.介绍施事,使受事位于句首。(侯学超《现代汉语虚词词典》)

    e.表示被动。(张斌主编《现代汉语虚词词典》)

    f.构成被动句,一般使受事名词位于句首。(李临定《现代汉语句型》)

我们大致可以根据这些不同的说法将"被"的作用概括为以下三方面:一是介绍或者说引进施事;二是使受事居于句首;三是构成被动句。但是上述三个方面中的任何一个方面都会碰到些麻烦。

就第一个方面来说,用"被"的句子,其中的"被"很难说都是引进施动者的。例如:

(76)他被那件事情愁死了。

就例(76)"被"的宾语"那件事"很难说是谓语动词"愁死"的施事。类似的例子还不少。更何况现代汉语里还存在着"零主语"的"被"字句(张斌2001)。例如:

(77)被他这一句话害死了两条人命。

(78)她做梦也没有想到那一大笔钱被一个电话就弄没了。

这样我们很难说"被"的作用是"介绍或者说引进施事"。

就第二个方面来说,认为"被"的作用是使受事居于句首,这也说不过去,因为现代汉语中存在着大量的谓语动词的受事为主语而不用"被"的句子;这说明谓语动词的受事居于句首不是非要介词"被"不可。

至于第三个方面,说"被"的作用是为了构成被动句,理由也不充分,语言事实告诉我们,现代汉语里受事主语句大多含有被动意义,这就是说现代汉语里要构成被动句不是非要用"被"字不可。

第三,关于"被"字不带宾语的"被"字句。

有的"被"字句"被"后出现宾语成分,有的"被"字句,"被"后不出现宾语成分,"被"字直接连着动词。怎么看待这个这种"被"字不带宾语的"被"字句?怎么看待这种句子里的"被"字?这种"被"字不带宾语的"被"字句应该看作是"被"字带宾语的"被"字句的省略形式呢,还是认为这是另一种被动句,把其中的"被"看作助词?

第四,关于"被"字句主要动词后面还带上名词宾语的现象。

"被"字句主要动词后面还带上名词宾语的现象,主要有两种情况:一是带"部分格"宾语,即那宾语所指是"被"前作主语的那个受事的部件、部分量或被领有物。例如:

(79) 那条狗被(人)打折了腿了。
  在"文革"期间,她被(红卫兵)绞了头发。
(80) 敌王牌52师被(我们)整整消灭了一个团的兵力。
  那本儿被(你那宝贝孩子)撕掉了四五张纸。
(81) 我就被(小偷)偷走过一个钱包。
  一不小心,她被(树枝)剐破了衣服。

一是带地道的受事宾语,不过这时"被"一定得带上宾语,例如:

(82) 她惯用这种可怜相来欺骗人,不到一个小时竟被她骗了五个大活人,我们就眼看着她这样轻而易举地骗得了二百块钱。

(83) 她最怕蛇了,可偏偏被她踩着了蛇,你说她能不叫唤吗?

怎么从语法上、功能上来解释这种语法现象?这也需要我们作进一步的研究。

三 连词

连词,前人和时贤也已作了许多研究,研究成果很多。但也还有不少问题需要进一步探究。主要是同义连词辨析的问题。

有的比较清楚,如"和"、"或(者)"、"还是"。这一组表示联合关系的连词之间的区别还比较清楚。首先,"和"跟"或(者)"、"还是"是对立的,"和"表示加合关系,"或(者)"、"还是"表示选择关系。例如:

(1) 买三斤苹果和三斤橘子。　　〔买两种,共六斤〕
买三斤苹果或(者)三斤橘子。　〔买一种,只买三斤〕
买三斤苹果还是三斤橘子?　　〔买一种,只买三斤〕

"和"同"或(者)"、"还是"的对立,在下面的句子中表现得更加明显:

(2) 王平和张华是表兄妹。
＊王平或(者)张华是表兄妹。
＊王平还是张华是表兄妹?

例(2)只能用"和",不能用"或(者)"、"还是",这是因为"表兄妹"是一个表示亲属关系的名词,它作"是"的宾语时,要求作主语的成分必须是个复数名词性成分。这就决定了"王平"、"张华"之间只能用表示加合关系的"和",不能用表示选择关系的"或(者)"、"还是"。"或(者)"和"还是"虽然都表示选择关系,二者也有不同。"或(者)"用于陈述句,"还是"用于疑问句。总之,这三个连词的区别是明显的。不过,它们却又可以出现在同一语境中,即都可以出现在表示无条件的连词后。请看:

(3) a. 无论/不论/不管是晴天和下雨天,他都坚持晨练。
　　 b. 无论/不论/不管是晴天或(者)下雨天,他都坚持晨练。
　　　　无论/不论/不管是晴天还是下雨天,他都坚持晨练。

(4) a. 无论/不论/不管做饭、洗衣服和搞卫生,你都得认认真真地干。
　　 b. 无论/不论/不管做饭、洗衣服或(者)搞卫生,你都得认认真真地干。
　　　　无论/不论/不管做饭、洗衣服还是搞卫生,你都得认认真真地干。

(5) a. 难道无论/不论/不管做饭、洗衣服和搞卫生都不用花力气吗?
　　 b. 难道无论/不论/不管做饭、洗衣服或(者)搞卫生都不用花力气吗?
　　　　难道无论/不论/不管做饭、洗衣服还是搞卫生都不用花力气吗?

例(3)是陈述句,例(4)是祈使句,例(5)是疑问句,表示无条件的连词"无论/不论/不管"所带起的联合结构中间"和"、"或(者)"、"还是"都能用。为什么在这种条件下,"和"、"或(者)"、"还是"可以通用?也需要寻求答案。

更多的同义连词现在辨析得还不是很清楚,还值得进一步研究,例如表示递进关系的"而且"、"况且"、"何况",表示让步的"虽然"、"尽管"、"固然",表示转折关系的"但是"、"可是"、"然而"、"不过"、"只是",表示假设让步转折关系的"即使"、"就是"、"哪怕",以及表示因果关系的"所以"、"因而"、"于是"、"以致"、"从而"、"可见",都有必要分别进行全面、细致的辨析,以利于汉语教学和中文信息处理。

四 助词

现在一般说的助词是一个大杂烩,哪一类都不好归进去的词往往就放到助词里了。所以,从某个角度说,助词是汉语词类划分中剩余词的收容所。助词数量很少,总计不到 50 个,而这些词它们的个性往往大于共性,各词的语法功能很不相同。对于助词,需要一个一个地研究。

一、助词有多少?

关于助词,到底有多少? 不是很清楚。语法学界在看法上有一个变化的过程。在相当长一段时间里,所谓助词包括以下三小类:

1. 结构助词。如:的、所、似的……
2. 时态助词(后改为动态助词)。如:了、着、过……
3. 语气助词。过去所谓的语气助词,只指:啊、吧、吗、呢、啦……

后来许多学者把语气助词作为独立的一类,跟助词并列,称为语气词。这样一来,所说的助词只包括结构助词和动态助词两小类了。

当然也有学者还是不主张分,如张斌主编的《现代汉语虚词词典》(2001)。

现在所说的助词到底有多少呢?《现代汉语虚词例释》共收助词34个,现列举如下:

罢了　便了　不成　的　的话　地　底　得　等
等等　多(二十多个)　过　开外　来(二十来个)　来着　了　乃尔
前后　上下　似的　所　也罢　也好　一般　一样
以来　以内　以外　与否　云　云云　着　之　左右

其中,"便了"、"底"、"乃尔"、"云"、"云云"等5个现代汉语里已不用了,这样实收现代汉语助词29个。侯学超的《现代汉语虚词词典》共收助词40个,具体如下:

把(千把块钱)　般(老牛般的吼叫着)　被(杯子被打破了)　不成
地(de)　的　的话　得　底　等　等等　多(二十多个)
给(杯子给打破了)　过　将(笑将起来)　开外　看(尝尝看)
来1(二十来个)　来2(20年来)　来3(妈妈怎么给你说来)　来着　了
喽(咱们走齐喽)　前后　上下　似的　所(所见所闻)
样(雾样的黄尘)　也罢　也好　一般　一样　以来　与否
云(佛教说的大慈大悲、慈悲为怀云,也是要叫人做善事)　云云　着
着呢(好着呢)　之　左右

其中,"底"、"将"、"云"、"云云"等,现代汉语里已经不用;"被"、"给",到底该算是助词还是介词,学术界有争议;而"喽",算是助词呢,还是语气词,学术界也有争论。如果把这些都刨去,实收现代汉语助词33个。张斌主编的《现代汉语虚词词典》除语气助词外,其他助词共有27个,具体如下:

把(千把块钱)　罢了　不成　地　的　的话　得　得了

而已　否　过　好了　就是　看(尝尝看)　来(妈妈怎么给你说来)
来的　来着　了　们　所　也　也罢　也好　着
着呢(好着呢)　者　之

如果把早期白话使用而现在普通话里已不使用的助词"便了"、"底"、"将"、"乃尔"、"也"、"云"、"云云"和侯学超所收的、学术界会有很大争议的"被"、"给"和"喽"那些词除去,三位提到的助词合计有以下44个:

把(千把块钱)　罢了　　　般(老牛般的吼叫着)不成　的
的话　　　地　　　　得　　　　　　得了　等
等等　　　多(二十多个)　而已　　　　　　否　　过
好了　　　就是　　　开外　　　　　　看(尝尝看)　来1(二十来个)
来2(20年来)　来3(妈妈怎么给你说来)来的　　　　　　来着　了
们　　　　前后　　　上下　　　　　　似的　　所
样(雾样的黄尘)也罢　　　也好　　　　　　一般　　一样
以来　　　以内　　　以外　　　　　　与否　　着
着呢(好着呢)者　　　　之　　　　　　　左右

其中共同承认的只有以下13个:

不成　　的　　　的话　　地(de)　　得
过　　　来着　　了　　　所　　　　也罢
也好　　之　　　着

这里就很值得探讨这样一个问题:某个词是不是助词到底该根据什么样的标准来确定?

二、一些助词的具体用法

有不少常用的助词,它们的具体用法至今说不清楚。譬如

"了",什么时候用?什么时候不用?我们也说不大清楚。一般都认为它是已然态的动态助词,表示完成或实现。但实际语言中并不是表示完成或实现的都一定要用"了",但是用不用又不是随意的。这就麻烦了。这对母语为汉语的中国人来说,在使用上不觉得有什么难;对外国学生来说,这可是个令人头痛的事。请先看些例子:

(1)昨天她看了电影来找我,说有件重要的事要跟我商量。

(2)我去年一年才看(了)三个电影。

(3)刚才看的电影不是越剧《红楼梦》。

这三个例句里的"看",所表示的行为动作都已完成或者说实现,"看"都属于过去已然态,但"看"后用"了"的情况完全不同:例(1)一定要用"了"。请看:

(4)*昨天她看电影来找我,说有件重要的事要跟我商量。

例(2)用不用"了"都可以,意思基本一样。例(3)根本不能用"了",用"了"以后句子反倒站不住。我们不能说:

(5)*刚才看了的电影不是越剧《红楼梦》。

动态助词"着"的情况也类似。一般都认为"着"表示进行、持续,但是表示进行的句子,用不用"着",同样有三种情况。请看:

(6)他笑着说。

(7)他正吃着饭呢。

(8)"你爹呢?""他在看电视。"

例(6)里的"着"一定得用,不用的话句子就站不住,我们绝对不说:

(9)*他笑说。

例(7)里的"着"则可用可不用。例(7)也可以说成:

(10)他正吃饭呢。

例(8)里的谓语动词"看"后则不能用"着",我们不说:

(11)"你爹呢?""*他在看着电视。"

动态助词"了"和"着"到底什么时候必须用,什么时候绝对不能用,什么时候可用可不用?就需要研究清楚。如果我们有谁能把"了"、"着"的用与不用说得一清二楚,这对于对外汉语教学来说,那真是做了一件功德无量的事。

再说结构助词"的"。这些年来,对这个"的"没少研究,但还是有许多问题不清楚。突出的问题是什么时候用"的",什么时候不用"的",现在还说不清楚。

先说定语和中心语之间的"的"。有的偏正结构定语和中心语之间可用"的",也可不用"的"。例如:

(12) 干净手绢儿　　木头桌子　　树叶子　　热馒头
　　　干净的手绢儿　木头的桌子　树的叶子　热的馒头

有的则根本不能用"的"。例如:

(13) 男同学　　女孩子　　饺子汤　　煤油炉子
　　　*男的同学　*女的孩子　*饺子的汤　*煤油的炉子

可是,有的则一定要用"的"。例如:

(14) 水的密度　　铁的重量　　热的烤鸭
　　　*水密度　　*铁重量　　*热烤鸭

定语与中心语之间的"的"用与不用的规律是什么?张敏(1998)从认知语言学的角度专门对这个问题作过解释,认为根据认知领域的临摹性(iconic,iconicity,又译为"象似性")原则,汉语"定—中"之间用不用"的"反映了真实世界里定语和中心语所指之间的紧密程度。但功能语法学只能提供一种倾向性的解释,不能提供严格的规则或者说规律。再说,不同民族的认知心理不一定完全相同。

就一个具体的偏正结构来说,所谓真实世界里定语和中心语所指之间的紧密程度,不同的民族可能会有不同的心理反应。就拿"男/女+指人名词"这种偏正结构定语和中心语所指之间的紧密程度来说,就是在汉族人心目中感受也不一定相同:

(15) a. 男/女同学　　　　男/女孩子
　　 b. *男/女的同学　　　*男/女的孩子
(16) a. 男/女售货员　　　 男/女司机
　　 b. 男/女的售货员　　 男/女的司机
(17) a. *男/女工人　　　　*男/女居民
　　 b. 男/女的工人　　　 男/女的居民

看来,就对外汉语教学来说,光是给一个认知解释,不能完全解决偏正结构里用不用"的"的问题。这个问题仍然有进一步研究的价值。

句尾的"的"也有一个什么时候用,什么时候不用的问题。陆俭明(1980)举过这样一个真实例子:在某校的对外汉语教学中,一个外国留学生,在作文中写了这么一个句子:

(18) *他这样做是合情合理。

老师批改时在末尾加了个"的",改成:

(19) 他这样做是合情合理的。

并对学生说,在"合情合理"前面用了"是",那么按汉语的习惯后面就要求有个"的"与它相配,构成"是……的"格式,现在这句话后面缺了这个"的",句子就煞不住,显得很突,所以要加上"的"。后来学生在作文中又写了这么一个句子:

(20) *他这样做是偏听偏信的。

这一回老师却把那个"的"给删去了,改为:

(21)他这样做是偏听偏信。

学生去问老师,为什么要删去"的",老师说:有了这个"的",显得拖泥带水;去掉这个"的",说成"他这样做是偏听偏信",就很干脆有力。学生感到茫然了。问老师:"您上次不是说前面用了'是',后面要用'的'相配吗?怎么这个句子前面用了'是',后面又不能用'的'了呢?"老师被问得一时答不上话来。这个问题也确实不大好回答,因为我们还没有研究清楚到底在什么情况下句末一定要带"的",什么情况下可带可不带,什么情况下绝对不能带这个"的"。

关于"的"字,还有一个涉及结构分析的问题,那就是"谁的主席"中的"的"该怎么分析。(朱德熙先生把"谁的"看作准定语,但"的"的性质没有说)这里的"谁的"是不是一个"的"字结构呢?跟"这是谁的书"中的"谁的"一样不一样呢?其中的"的"是不是跟"你的(书)、我的(笔)、红的、吃的"里的"的"一样,也是结构助词呢?"谁的主席"到底是个什么性质的结构(它跟"学生会的主席"这一偏正结构的性质显然不同)?这都是值得研究的问题。

五 语气词

关于语气词有几个问题值得注意。

一、关于语气词结构问题

过去分析句子结构不包括语气词,朱德熙先生提出有个语气词结构的问题,那么句子该怎么分析?语气词属于哪一个层次?请看下面的例句:

(1)你知道她来吗?

如果运用层次分析法,该怎么切分?假如我们对例(1)作如下四种切分:

(2)a.'你 知道 她 来 吗?
　　　———————————— —

b.你 '知道 她 来 吗?
　— ————————————
　　　————————

c.你 知道 '她 来 吗?
　—　———
　　　————
　　　　————————

d.你 知道 她 '来 吗?
　　　　————
　　　————————
　　————————————
　— —

上面例(2)的四种切分,分别意味着:按 a 切分,"吗"加在整个句子后面,句子重音在"你"上,重点问"你知道吗";按 b 切分,"吗"加在全句谓语"知道她来"后面,句子重音在"知道"上,重点问"知道吗";按 c 切分,"吗"加在作宾语的小句"她来"后面,句子重音在"她"上,重点问"她来吗";按 d 切分,"吗"加在"来"后面,句子重音在"来"上,重点问"来吗"。哪一种切分合理?是不是四种切分都可以?如果都可以,那么类似的结构是不是都是这样切分?语言事实告诉我们,好像不能一刀切。例如:

(3)你猜他来吗?

例(3)显然通常会理解为要问"他来吗",而不会理解为要问"你猜吗",因此只能作如下的切分:

(4) 你　猜　他　来　吗?
　　　—　————
　　　　　—　————
　　　　　　　————

下面的句子就只能理解为要问"你希望吗",而不会理解为要问"他来吗",因此只能作如下的切分:

(5) 你　希望　他　来　吗?
　　　—　————
　　　　　　　————　—

提出"语气词结构"的概念,对分化类似例(1)的歧义现象确实有帮助。但带来的问题是:句末语气词是句子平面上的东西,还是词组平面上的东西?目前一般认为语气词是句子平面的东西。如果承认有语气词结构,那么语气词是否还是句子平面上的东西?如果是,那么所谓语气词结构是否就不能看作词组,是否就处理为一种特殊的句子;如果不是句子平面的东西,那么就要修正我们原先对语气词的看法。这些问题都值得深入去研究。

二、怎样确定一个语气词所表示的语气?

确定语气词所表示的语气,不能光凭感觉,而要得到验证。比如要判断出现在疑问句末尾的语气词是不是疑问语气词,绝不能只根据语感,而要看它是不是真正负载疑问信息;这一点又必须能在形式上得到验证。(陆俭明 1984)

比如语气词"啊",不少书都说它能在疑问句末尾表示疑问语气。如《现代汉语词典》(2002增补本)"啊"条的第三个义项是这样写的:"用在句末表示疑问的语气:你吃不吃啊?/你这说的是真的啊?"试问,这些句子里的"啊"是表示疑问语气吗?应该说,如果把这些句子里的"啊"去掉,所表示的疑问语气丝毫没有变化。这一点跟"吗"、"呢"情况不同,例如"你去吗?"如果把"吗"去掉,就变成"你去?"这当然还是个疑问语气,但所表示的疑问语气显然不同:

(6) 你去吗? 〔问话人事先不知道你去不去〕

(7) 你去? 〔问话人事先听说过,问话是为了证实〕

再例如"他去呢?"如果把"呢"去掉,变成"他去?"还是一个问句,但是这两个问句所表示的疑问语气差别更大:有"呢"是特指问句,无"呢"是是非问句。可见,"吗"、"呢"确实能表示一种特殊的疑问语气,对于"吗"和"呢",我们确实可以说,用在句末表示疑问语气。然而,"啊"不是这样的情况,用不用"啊"并不改变句子的疑问语气,事实上它在问句中的作用并不是表示疑问语气。胡明扬(1981)和《现代汉语虚词例释》(商务印书馆,1982)认为,疑问句末尾的"啊"的作用是使问句语气和缓而不显得生硬。是不是这样?疑问句末尾的"啊"到底起什么作用?也还可以进一步讨论。

三、关于语气词的具体使用条件

现在工具书关于语气词的解释,总的说是太粗,不确切,不大注意使用条件的说明。比如"吧"和"呢",一般都谈到它们可以用在假设复句里表示假设的分句末尾。如:

(8) 办吧,没有那么多钱;不办吧,上头有意见。

(9) 办呢,没有那么多钱;不办呢,上头有意见。

问题是,是不是所有的假设分句末尾都可以用它们呢?它们的使用条件是不是都相同呢?请看下面的例子:

(10)"明天上课你把这封信带给王平。""他要不来上课呢?""不来上课就算了。"

例(10)"他要不来上课呢?"中的"呢"不能换成"吧"。

(11)房间大呢,我要;不大呢,我不要。

这里的"呢"也不能换成"吧"。什么时候用"呢",什么时候不能用"呢",什么时候用"吧",什么时候不能用"吧",都应有具体说明。而要说清楚,就需要我们去研究。

四、还有没有别的语气词?

现代汉语中的语气词除了我们讲的"啊、吗、吧、呢……"外,还有没有?比如"你试试看"、"你骑骑看"、"你吃吃看"里的"看"是不是语气词?有人认为是语气词,有人认为是助词。又如:

(12)等我写完了的(de)。

这里的"的(de)"是什么词?跟助词"的"显然不是一码事。如果是语气词,这是一个什么语气词?

上面各类虚词都举了些实例,这是零碎的,个别的。

从总体上说,也有值得进一步研究的问题,比如虚词的语义背景,就很值得研究,每一个虚词出现的语义背景都值得去分析。

总之,虚词需要继续深入研究,而且需要加大力度去进行研究。

六 在分析、研究方法上有深化的空间

上面我们对现代汉语虚词进行分析、研究,所用的基本是美国结构主义语言学的理论方法。上个世纪50年代中期所爆发的乔姆斯基革命,结束了美国结构主义语言学理论一统天下的局面,出现了形式语言学派、功能语言学派、认知语言学派三足鼎立的新局面,而且整个语言研究由基本单纯描写以解决"是什么"的问题进到重视解释以解决"为什么"的问题。这应该说是语言研究的进步。我们认为,美国结构主义语言学理论方法不能丢,不但不能丢,还得时时运用它。熟练运用美国结构主义语言学理论方法仍然是我们从事语言研究或语言教学所必备的基本功。不过,我们也得关注和学习当今前沿的形式派、功能派、认知派的语言学理论与方法,以便对某些虚词现象做出必要的解释,加深我们对汉语虚词的认识。从这个意义上来说,汉语虚词研究在分析、研究方法上有深化的空间。当然,这一方面我是有点力不从心了,愿后学能在这方面有所作为,开辟汉语虚词研究的新天地。

主要参考文献

(以作者姓氏汉语拼音顺序排列)

北京大学中文系汉语专业(1978):《语法修辞》,商务印书馆。
北京大学中文系1955、1957级语言班编(1982):《现代汉语虚词例释》,商务印书馆。
陈昌来(2002):《介词与介词功能》,安徽教育出版社。
渡边丽玲(1991):副词的修饰域与语义指向,北京大学中文系硕士论文。
傅雨贤、周小兵等(1997):《现代汉语介词研究》,中山大学出版社。
郭锐(2003):《现代汉语词类研究》,商务印书馆。
何容(1942):《中国文法论》,商务印书馆。
侯学超(1998):《现代汉语虚词词典》,北京大学出版社。
胡明扬(1981):北京话的语气助词和叹词,《中国语文》第6期。
胡树鲜(1988):"还"、"也"、"又"的语言环境,《河北师院学报》第2期。
华南师范中文系(1981):《现代汉语虚词》,广东人民出版社。
黄河(1990):常用副词共现时的次序,见北京大学中文系编《缀玉二集》,北京大学出版社。
蒋琪、金立鑫(1997):"再"与"还"重复义的比较研究,《中国语文》第3期。
景士俊(1980):《现代汉语虚词》,内蒙古人民出版社。
兰州大学中文系(1981):《语法修辞基础》,甘肃人民出版社。
黎锦熙(1924):《新著国语文法》,商务印书馆。
李临定(1980):"被"字句,《中国语文》第6期。
李临定(1986):《现代汉语句型》,商务印书馆。
李小荣(1996):词语教学札记,北京语言学院内部刊物《教学参考》第2期。

刘一之(2001):《北京话中的"着(·zhe)"字新探》,北京大学出版社。
刘月华等(1983):《实用现代汉语语法》,外语教学与研究出版社。
鲁川(1987):介词式汉语句子语义成分的重要标志,《语言教学与研究》第2期。
鲁川(1994):《动词大词典》,中国物资出版社。
陆俭明(1980a):"还"和"更",《语言论丛》第六辑,商务印书馆。
陆俭明(1980b):关于汉语虚词教学,《语言教学与研究》第4期。
陆俭明(1983):汉语中表示主从关系的连词,《北京大学学报》第3期。
陆俭明(1984):现代汉语里的疑问语气词,《中国语文》第5期。
陆俭明(1986):周遍性主语句及其他,《中国语文》第3期。
陆俭明(1994):致第四届现代汉语语法研讨会的贺信,见邵敬敏主编《句法结构中的语义研究》,北京语言文化大学出版社,1998年。
陆俭明(1997):关于语义指向分析,《中国语言学论丛》总第1辑。
陆俭明(1999):关于汉语词类的划分,见吕叔湘等著《语法研究入门》,商务印书馆。
陆俭明(2002):再谈"吃了他三个苹果"一类结构的性质,《中国语文》第4期。
陆俭明(2003):有关汉语被动句的几个问题,在"汉语被动表述问题国际学术会议"(武汉华中师范大学,2003.10.1—12)上发表。
陆俭明、侯学超(1961):对《关于"和"的用法》的一些意见,《中国语文》第2期。
陆俭明、马真(1985a):虚词研究浅论,见陆俭明、马真《现代汉语虚词散论》,北京大学出版社;又见《现代汉语虚词散论》(修订版),语文出版社,2003年。
陆俭明、马真(1985b):关于时间副词,见陆俭明、马真《现代汉语虚词散论》,北京大学出版社;又见《现代汉语虚词散论》(修订版),语文出版社,2003年。
吕冀平(1983):《汉语语法基础》,黑龙江人民出版社。
吕叔湘主编(1980):《现代汉语八百词》,商务印书馆;又见增订本,1999年。
马俊英(2003):副词"还"与"还是"、"又"的比较分析,北京大学中文系硕士论文。
马希文(1983):关于动词"了"的弱化形式/·lou/,《中国语言学报》第一期。
马真(1981):修饰数量词的副词,《语言教学与研究》第1期;又见陆俭明、马真《现代汉语虚词散论》(修订版),语文出版社,2003年。

马真(1982):说"也",《中国语文》第4期;又见陆俭明、马真《现代汉语虚词散论》(修订版),语文出版社,2003年。

马真(1983a):关于"都/全"所总括的对象的位置,《汉语学习》第1期;又见陆俭明、马真《现代汉语虚词散论》(修订版),语文出版社,2003年。

马真(1983b):说"反而",《中国语文》第3期;又见陆俭明、马真《现代汉语虚词散论》(修订版),语文出版社,2003年。

马真(1984):关于表示程度浅的副词"还",《中国语文》第3期;又见陆俭明、马真《现代汉语虚词散论》(修订版),语文出版社,2003年。

马真(1985):"稍微"和"多少",《语言教学与研究》第3期。

马真(1986a):"比"字句内比较项Y的替换规律试探,《中国语文》第2期。

马真(1986b):"比"字句新探,日本《亚非语言文化研究》总31期;又见 陆俭明、马真《现代汉语虚词散论》(修订版),语文出版社,2003年。

马真(1986c):"很不——补说",《语言教学与研究》第2期。

马真(1988):程度副词在表示程度比较的句式中的分布情况考察,《世界汉语教学》第3期;又见陆俭明、马真《现代汉语虚词散论》(修订版),语文出版社,2003年。

马真(1989):说副词"有一点儿",《世界汉语教学》第4期。

马真(1991):普通话里的程度副词"很、挺、怪、老",《汉语学习》第2期。

马真(1994):"反而"的语法意义,《世界汉语教学》第1期。

马真(1997):《简明实用汉语语法教程》,北京大学出版社。

马真(1999):关于"不要",日本《关西汉协通讯》第一期。

马真(2000):表示重复的副词"又"、"再"、"还",《语法研究和探索》(十),商务印书馆,又见陆俭明、马真《现代汉语虚词散论》(修订版),语文出版社,2003年。

马真(2001):表示加强否定语气的副词"并"和"又",《世界汉语教学》第3期;又见陆俭明、马真《现代汉语虚词散论》(修订版),语文出版社,2003年。

马真(2002):在对外汉语虚词教学中要重视比较的方法,在北京语言文化大学对外汉语研究中心主办的"国际汉语教学讨论会"(7.24—26,昆明)上的宣读。

马真(2003a):"已经"和"曾经"的语法意义,《语言科学》第1期。

马真(2003b):谈谈虚词研究的方法,《语言文字学论坛》第1辑,中国社会科学出版社。

马真(2004):在对外汉语虚词教学中要重视比较的方法,见赵金铭主编《汉语口语与书面语教学——2002年国际汉语教学学术研讨会论文集》,北京大学出版社。

马真(2005):是词的意义还是格式的意义,见崔健、曹秀玲主编《对韩(朝)汉语教学研究》,延边大学出版社。

马真(2006):谈谈《现代汉语词典》第5版虚词的注释,《语言文字应用》第1期。

马真(2008a):在汉语教学中要重视词语使用的语义背景,见蔡建国主编《中华文化传播　任务与方法》(196-208),上海人民出版社。

马真(2008b):要充分注意虚词使用的语义背景,见泰国皇太后大学诗琳通中国语言 文化中心《汉学研究》总第2期。

马真(2012):汉语虚词研究中要注意的三个问题,见人大国际学院讲座文集语言文化卷《语言文学发展与跨文化交际》(30—63页),中国人民大学出版社。

马真(2013):谈谈虚词释义的问题,见沈阳主编《走向当代前沿科学的现代汉语语法研究》(190—200页),商务印书馆。

马真(2014):包含副词"也"的并列复句句式及其他,《世界汉语教学》第1期。

孟田编著(1981):《关联词语例释》,黑龙江人民出版社。

潘尔尧(1954):"还"、"又"的一些用法,《语文学习》第12期。

蒲喜明(1993):副词"再"、"又"的语用意义分析,《陕西师范大学学报》第3期。

齐沪扬(2002):《语气词与语气系统》,安徽教育出版社。

曲阜师范大学本书编写组(1987):《现代汉语常用虚词词典》,浙江教育出版社。

商务印书馆辞书研究中心修订(2001):《新华词典》(2001年修订版),商务印书馆。

邵明德(1960):副词"还"的用法,《语文学习》第5期。

沈阳(1997):名词短语多重移位及把字句的构造过程与语义解释,《中国语文》第6期。

史锡尧(1990):副词"又"的语义及其网络系统,《语言教学与研究》第4期。

王国璋、安汝磐(1980):《常用词用法例释》,中国人民大学出版社。

王还(1994):对外汉语教学:汉语内部规律的试金石——以"反而"为例,《世界汉语教学》第1期。

王力(1943):《中国现代语法》,商务印书馆。

王自强(1984):《现代汉语虚词用法小词典》,上海辞书出版社。

王自强(1998):《现代汉语虚词词典》,上海辞书出版社。

杨淑璋(1985):关于"还"和"再"的区别,《语言教学与研究》第3期。

舆水优(1981):《中国语常用语句例解(词语例解)》,东京外国语大学语学教育研究协议会,日本东京。

袁毓林(2002):多项副词共现的语序原则及其认知解释,《语言学论丛》第二十六辑,商务印书馆。

张斌主编(2001):《现代汉语虚词词典》,商务印书馆。

张敏(1998):《认知语言学与汉语名词短语》,中国社会科学出版社。

张旺熹(2009):连字句序位框架及其对条件成分的映射,见张旺熹主编《汉语句法结构 隐性量探微》,北京语言大学出版社。

张亚军(2002):《副词与限定描状功能》,安徽教育出版社。

张谊生(2000):《现代汉语副词研究》,学林出版社。

张谊生(2002):《助词与相关格式》,安徽教育出版社。

张谊生(2003):范围副词"都"的选择限制,《中国语文》第5期。

张谊生(2005):汉语"都"的语法化和主观化,《徐州师范大学学报》(哲学社会科学版)第1期。

中国社会科学院语言研究所词典编辑室(2002):《现代汉语词典》(增补本),商务印书馆。

中国社会科学院语言研究所修订(2003):《新华字典》(第10版),商务印书馆。

周小兵(1991):表示限定的"只"和"就",《第三届国际汉语教学讨论会文选》,北京语言学院出版社。

朱德熙(1959):说"差一点",《中国语文》第9期。

朱德熙(1982):《语法讲义》,商务印书馆。

虚　词　索　引

（只列本书分析到的虚词）

A

啊　壹·七,伍·五
按期　叁·三

按时　叁·三
按说　贰·一

B

把　壹·五,壹·六,壹·七,贰·二,伍·二
吧　壹·七,伍·五
白　壹·六
白白　壹·六
被　壹·七,伍·二
甭　叁·一
比　壹·七,壹·十,肆·四,伍·二
比较　叁·三
必将　壹·六,叁·三
毕竟　叁·三
便　叁·三

别　叁·一
别是　壹·五
并　壹·二,贰·一
并且　壹·二
不　叁·一
不但　壹·七,壹·八
不管　叁·五
不光　壹·八
不过　叁·三
不时　叁·三
不只　壹·八

C

才　叁·二
曾　叁·三
曾经　叁·三,肆·二
差不多　壹·五
差点儿　壹·五,壹·十

常　叁·三
常常　壹·六,叁·三,叁·六
朝　伍·三
趁早　叁·三
迟早　叁·三

除了　贰·二
从　壹·五,叁·三
从此　壹·七,叁·三

从而　叁·五
从来　壹·五,叁·三

D

大大　叁·三
大抵　叁·三
大概　叁·三
大力　壹·三,叁·三
大为　叁·三
大约　叁·三
大致　叁·三
当即　叁·三
当真　叁·三
到　伍·二
到底　叁·三,伍·一
的　壹·二,伍·四

登时　叁·三
等　叁·一
等等　叁·一
的确　叁·三
顶　壹·一,叁·三
顶多　叁·三
都　壹·四,叁·一,叁·三,伍·一
对　壹·六
对于　壹·六,壹·七
顿时　叁·三
多（么）　叁·三
多少　壹·二,壹·五,壹·七,叁·三

E

欸　壹·七
而后　叁·三

而且　壹·二,叁·一

F

反而　贰·一
非常　壹·一,壹·五,叁·三

分别　壹·九
分外　壹·五

G

赶紧　壹·一,叁·三
赶快　叁·三
赶忙　壹·一,叁·三
刚　叁·三

刚刚　叁·三
刚好　叁·三
格外　壹·五
各自　壹·九

给　伍·二
根据　壹·三
更　壹·一,叁·一,叁·三
更加　叁·三
更为　叁·三
共　叁·三
姑且　叁·三
怪　壹·一,壹·二,壹·八,叁·三

关于　壹·五,壹·七
光　壹·七,壹·九,叁·一
归　伍·二
果然　叁·三
果真　叁·三
过　壹·三,叁·三,伍·二
过于　壹·三,叁·三

H

还　壹·一,叁·一,叁·二,肆·一,肆·三,伍·一
还是　壹·一,壹·七,叁·三,伍·三
毫　壹·五,壹·八
好　叁·三
好了　叁·四
何况　叁·一
和　壹·二,壹·五,叁·一,伍·三

很　壹·一,壹·二,壹·八,叁·三
忽　壹·七
忽然　壹·七,叁·三
忽然间　叁·三
互　壹·三
互相　壹·三
或（者）　壹·一,壹·七,伍·三
或许　壹·七

J

几乎　壹·五
及　叁·一
及其　叁·一
及早　叁·三
极　壹·一,叁·一,叁·三
极力　叁·三
极其　叁·三
极为　壹·三
即　叁·五
即将　叁·三
即刻　叁·三

即使　壹·七
急忙　叁·三
既　壹·七,贰·二,叁·五
既然　壹·七
间或　叁·三
渐　壹·七,叁·三
渐次　叁·三
渐渐　壹·七,叁·三
将近　叁·三
将要　叁·三
较　叁·三

较为　壹·六,叁·三
叫　伍·二
仅　叁·三
仅仅　叁·三
尽管　壹·七,叁·五
进而　叁·五
净　叁·一

究竟　壹·一,伍·一
就　壹·四,叁·二,叁·三,伍·一
就要　叁·三
据　壹·三
决　壹·五
绝　壹·五
绝对　壹·五

K

看　伍·五
恐怕　壹·六

快　叁·三
况且　叁·一

L

来着　壹·七
老　壹·一,壹·二,叁·三
了　壹·七,伍·二,伍·四
历来　叁·三
立即　叁·三
立刻　叁·三
立时　叁·三
连　壹·三

连忙　叁·三
临　叁·三
屡　壹·三
屡次　壹·三
略　叁·三
略略　叁·三
略微　叁·三

M

吗　壹·一,壹·七,叁·二,伍·五
马上　叁·三
蛮　壹·一,壹·二,叁·三
嘛　壹·七
没(有)　叁·一
每每　叁·三

猛地　叁·三
猛然　叁·三
明　壹·七
明明　壹·七
莫非　壹·七
蓦地　叁·三

N

难道　壹·一,壹·七
难免　壹·五

呢　壹·一,壹·七,叁·二,伍·五

O

偶而　叁·三
偶尔　叁·三

呕　壹·七

P

颇为　壹·三

Q

恰好　叁·三
恰恰　叁·三
恰巧　叁·三
千万　壹·一,壹·五

且　叁·三
全　叁·一
权且　叁·三

R

然后　叁·二
让　伍·二
任凭　壹·七
仍　叁·三

仍旧　叁·三
仍然　叁·三
日见　叁·三
日渐　叁·三

S

霎时　叁·三
稍　壹·六,叁·三
稍微　壹·二,壹·五,壹·六,壹·七,
　叁·三
甚为　壹·三
十分　壹·一,壹·五,叁·三

时常　叁·三
时刻　叁·三
时时　叁·三
始终　叁·三
事先　叁·三
丝毫　壹·五,壹·八

素　叁·三
素来　叁·三
虽　壹·七
虽然　壹·七

太　壹·一,壹·五,壹·八,叁·一,叁·三
太过　叁·三

随后　叁·三
随即　叁·三
随时　叁·三
所　壹·二

T

挺　壹·一,壹·二,叁·三
通常　壹·六
同时　叁·三

W

万分　壹·三,壹·五
万万　壹·一,壹·五

往　伍·二
往往　叁·三,叁·六

X

先　叁·三
先后　叁·三
先行　叁·三
险些　壹·五
现　叁·三

相继　叁·三
向　壹·七,伍·二
向来　叁·三
行将　壹·三,叁·三
幸亏　壹·七

Y

也　叁·二,叁·三,叁·四,肆·五
也许　壹·六,壹·七,叁·三
业经　叁·三
业已　叁·三
一度　叁·三
一方面　壹·七
一概　伍·一
一共　叁·三
一连　壹·三

一律　伍·一
一面　壹·七
一齐　叁·三
一同　叁·三
一下(子)　叁·三
一向　叁·三
一直　叁·三
一总　叁·三
依旧　叁·三

依然	叁·三	由于	壹·七,壹·八
已	叁·三	有(一)点儿	壹·二,壹·八,叁·三
已经	壹·四,壹·五,贰·二,叁·三,肆·二	有时	叁·三
以及	叁·一	有些	壹·八,叁·三
以至	叁·五	又	壹·四,贰·一,肆·一,伍·一
以致	叁·五	与否	壹·三
异常	壹·六,叁·三	预先	叁·三
因为	壹·八	愈	叁·三
永	叁·三	愈发	叁·三
永远	叁·三	愈加	叁·三
尤	叁·三	约	叁·三
尤其	叁·三	约莫	叁·三
尤为	叁·三	越	叁·三
由	伍·二	越加	叁·三
		越发	叁·三

Z

在	叁·三,伍·二	正好	叁·三
再	壹·四,叁·一,肆·一,伍·一	正在	叁·三
暂	叁·三	直	叁·三
暂且	叁·三	只	壹·七,壹·九,叁·一,叁·三,伍·一
早就	叁·三	只要	叁·五
早日	叁·三	只有	叁·五
早晚	叁·三	至多	叁·三
早已	叁·三	至今	叁·三
照常	叁·三	至少	叁·三
照旧	叁·三	至于	壹·七
照样	叁·三	终归	叁·三
着	伍·四	终将	叁·三
真	壹·八	终究	壹·六,叁·三
真的	叁·三	终久	叁·三
正	叁·三		

终于 叁·三	足 壹·三
骤然(间) 叁·三	足足 壹·三,叁·三
逐步 叁·三	最 壹·一,壹·三,叁·三
逐渐 叁·三	最多 叁·三
总 叁·三	最少 叁·三
总共 叁·三	最为 壹·三,叁·三
总归 叁·三	

原版后记

我自1960年于北京大学中文系汉语专业毕业留校任教以来，一直从事现代汉语的教学研究工作。"文革"后曾进行过一段汉语双音节词的研究，撰写发表了《先秦复音词初探》(《北京大学学报》1980年第5期、1981年第1期连载)。从1981年开始，我承担中文系汉语专业本科生高年级的"现代汉语虚词研究"专题课，同时给外国留学生也开设了"现代汉语虚词"专题课，从此我的主要精力转入了现代汉语虚词的教学研究工作，直至现在。

虚词在语言中的作用，特别是在汉语中的作用，前人已经谈得很多。虚词类似人体的经络，在语言中，特别是在汉语中有着极为重要的地位，这几乎已成为汉语语法学界的共识。语言实践告诉我们，无论是外国人还是中国人，虚词运用不当是常见的语言毛病。怎么让同学们准确了解和掌握汉语虚词的意义和用法？怎么让同学们自己去发现和纠正在虚词使用上的毛病？怎么让同学们上了这门课之后，不只了解我们讲过的某些虚词的意义和用法，而且能从中具体感悟到分析汉语虚词的思路和方法，当自己面对虚词使用的具体语言事实时，能分析、总结、描写某个虚词的语法意义和使用规则？这些都是我承担现代汉语虚词研究教学任务以来一直在思考的问题。我得设法给学生一把怎么准确了解虚词、切实掌握虚词、正确运用虚词的"钥匙"。为了能给学生这把"钥匙"，我自己先尝试对现代汉语虚词进行分析和研究，同时要求学生做大量思考性的练习(每学期7—8次),目的是要促使学生自己去找资料,动脑筋思考问题,从而培养学生面对具体的语言事实发现问题、分析问题、解决问题的研究能力。就这样,二十多年来,我一边教学,一边研究,研究所得就及时补充到教学内容中去,而在教学过程中同学提出的问题、同学在作业中发表的看法和出现的错误,又反过来促使我去进一步思考、研究。在这样的师生互动中,研究不断推进,对怎么研究现代汉语虚词的认识不断深化和积累,我的讲稿也换了一本又一本。二十多年的课上下来,每一届学生,无论是中国学生还是外国留学生,都觉得上这个课有用,有收获,学到了知识,更学到了方法;而这让我感到安慰。

把研究所得写成书,这我得感谢商务印书馆的张万起先生。早在十多年前,他得知我在讲授"现代汉语虚词研究",就约我写一本有关现代汉语虚词的书。张万起年岁比我略大一些,但他是我的学弟(我是1955级语言班的,他是1957级语言班的),并曾经在"大跃进"的年代一起集体编写过《现代汉语虚词例释》,所以不好推辞。但我迟迟没有如约交稿,好在他不催,一直说"你什么时候写好,就什么时候交给我",这使我没有压力,可以慢慢想,慢慢动笔。想什么呢?主要在想到底要写成一本什么样的书。最后决定,还是把交给学生的那把"钥匙"变成文字,以求教于同仁,并希望能对我们的现代汉语虚词研究有所裨益。

在我的虚词教学和研究中,除了《现代汉语虚词例释》以外,《现代汉语八百词》和《现代汉语词典》,一直是最重要的参考文献。这三部工具书对我帮助很大,尤其是吕叔湘先生主编的《现代汉语八百词》,给了我多方面的启迪,我从中吸取了许多营养,对这部书真可谓爱不释手。科学研究要求我们,一方面要虚心学习和吸取前人的研究成果，另一方面应该在前人研究成果的基础上有所发现，有所前进。正是这种理念，鼓励我在经常翻阅、经常引用这三部书的同时，也对其中的某些看法提出自己的一些意见。对其他一些有关现代汉语虚词的论著，我也持这样的态度。当然，所提出的某些修正意见是否妥当、合适，还得请诸位同仁和广大读者多提意见。

最后我要感谢商务印书馆汉语编辑室主任周洪波先生和责编宿娟女士的大力支持和帮助，没有他们的支持和辛勤劳动，这本书不可能那么快跟读者见面。

马　真

2004 年 4 月于北京蓝旗营寓所